空調衛生設備技術者必携
読みかえしてみて 眼からうろこが落ちた
【給排水・衛生設備 工事読本】

監修
安藤紀雄
共著
安藤紀雄・瀬谷昌男・堀尾佐喜夫・水上邦夫

日本工業出版

本書推薦の言葉

　本書の著者である安藤紀雄、瀬谷昌男、堀尾佐喜夫、水上邦夫の4人の大先輩は、給排水衛生設備に精通されたメンバーであり、長年に渡り本分野を実務面とともに、教育面からも牽引してこられた4人組である。今も、給排水設備の研究会等を通し交流が続いている。若々しく精力的に執筆業務を熟されており、先に空調衛生設備「試運転業務の実務知識」、「建築設備 配管工事読本」をはじめ、本書とも関連の深い「空調・換気・排煙設備工事読本」といった各種設備工事の実務をわかりやすく綴った名著を多数刊行されている。実に輝かしい実績を積まれており、見事である。一連の著書にも目を通させて頂きながら、新たに頂いた本書を手にし、感銘を受けた。

　専門書は、ややもすれば本文の記述が冗長になったり、難しい数式が並ぶこともあるが、本書の主旨でも筆者らが述べているように、実に簡潔に給排水衛生設備の要所を解説している。これは、長年、給排水設備工事の現場実務者を対象とした講習会等を通して、教育と技術の伝承に従事されてきた経験の豊富さが伺える。加えて、本文に散りばめられた多くのイラストは、実に給排水衛生設備を事細かにリアルに表現されている。私は、給排水衛生設備の現場教育や計画・設計において、ちょっとしたスケッチのセンス、技術表現の絵心というものは技術者の創造力技量を測る上で、大変、重要なファクターだと考えている。掲載されたイラストから、筆者の給排水衛生設備技術者としてのマインドが、柔らかいタッチで伝わってくるような気がする。思わずペンを取って自分で描きたくなる絵図らでもある。

　また、読み疲れたことに、ちょっとシエスタ（休憩）をといったように豆知識、技術用語が、本文に現れてくる。筆者の一人の安藤氏が長らく業界雑誌に連載として、執筆していた海外の話題、技術の本質などを、英語のテクニカル・タームを交えながら記載されている。昨今、海外市場が求められる中、建設技能教育も国際化してきており、これからを示唆した感性を感じる。国内外の職人教育も重要な仕事になる中、本文のわかり易さとともに、重要なキーワードが強調され、かつ英文も併記されている本書は、初学者にとっても大変、学びやすい一冊と言えよう。

　建築設備工事は、空調設備工事、給排水衛生設備工事、電気設備工事を3本の柱とすれば、著者らがシリーズとして刊行してきた4冊の著書を一括して揃え、日常の多忙な業務の合間に、時には通勤・通学の電車の中でも気楽にページを開き学習することで、有能な設備工事技術者が育成されることを願っている。これだけの著書を書かれた筆者らの技量と尽力に対し、敬意を表する次第である。

2019年8月吉日
関東学院大学　建築・環境学部
教授　大塚雅之

本書の発刊に当たって

　我々著者一同は、好評発売中の―空調衛生設備者必携シリーズ―の「**空調衛生設備 試運転調整業務の実務知識**」、「**建築設備 配管工事読本**」および「**空調・換気・排煙設備 工事読本**」をすでに日本工業出版から発刊している。
　そして、上記の3書はいずれも、読者より"解り易く読みやすい実学書である"という、うれしい評価を頂戴している。

　本書は、そのシリーズの姉妹編として、「**―空調衛生設備技術者必携：読みかえしてみて、眼からうろこが落ちた―給排水・衛生設備 工事読本**」というタイトルで、この度発刊を企画したものである。

　上記の「**空調衛生設備 試運転調整業務の実務知識**」および「**建築設備 配管工事読本**」の2書に関しては、非常に**ミクロな観点（専門的観点）**から言及し紹介しているのに対し、本書は、「**空調・換気・排煙設備 工事読本**」と同様な目的で、**給排水衛生設備工事の実務知識**をできるだけ**マクロな観点（総括的観点）**から総括した、実務上非常に有益な書であると自負している。

　具体的にいうと、給排水・衛生設備工事の施工実務に数か所携わり、すなわち7～8年程度にわたって経験を積み、これから**大現場の現場所長**としての**現場工事実務**を担当される技術者が、担当プロジェクトの全容を客観的に把握する、換言すると**給排水・衛生設備工事**のジェネラリストとして、顧客から信頼され、現場マネージメント業務を遂行するに、ふさわしい実務経験と見識を体得するための必読書である。

　さて、建築設備技術者にとっては、"**釈迦に説法！（like teaching Babe how to play baseball）**"であろうが、建築にとって不可欠な建築設備は、①空気調和換気設備工事、②給排水衛生設備工事、③電気設備工事（昇降機設備工事を含む）の以上**三大設備工事**から構成されている。

設備工事は、かつて建築工事の**付帯工事（subordinate works）**と呼ばれた不遇な時代もあったが、現在では、完全に**主体工事（main works）**に**メタモルフォーゼ（独：Metamorphose）**したといっても過言ではない。

　というのは、そのいずれか一つの**設備機能**が欠けても、建物は十分に機能しないからである。**給排水・衛生設備工事**は、最近建築設備の中でも、特に重要な位置を占めるようになっている。数多くの給排水・衛生設備工事の現場施工に携わり、その着工から竣工引き渡しまで体験したベテランならいざ知らず、"**群盲象を評す（群盲象をなでる）**"というように、自分が担当してきた、給排水・衛生設備工事のごく一部（例：給水設備・給湯設備・排水設備・消火設備等）だけをもって、給排水・衛生設備工事の全体像（プロフィール）を理解していると思っている、衛生設備技術者が大半ではないだろうか・・・・。

　本書は、**給排水・衛生設備工事**を高品質で、納期通りに、かつ安全に遂行する上で、当然知悉しておくべき要点を楽しく解りやすく解説するものである。

　なお、本書をできるだけ親しみやすい書とするため、柔らかい図および表を数多く挿入し、特別な専門用語には、【技術用語解説】欄を、またその他【知っておきたい豆知識】・【ちょっと一息！】などコーナーを設けている。

　本書を読まれて皆様の"眼からうろこ"が落ちれば、筆者らにとってこれに優る喜びはないが、本書がねらいとする特徴は、以下の通りである。

（１）　楽しく気軽に読める読み物とするために、一般に他の参考書の冒頭で、ページを割いて解説する、原論（環境工学・流体工学など）については、必要最小限の記述にとどめたこと。

（２）　**難解な専門技術用語**などは、その使用を極力避けていること。
　　　　注：必要な場合には【技術用語解説】欄を設け、平易な解説を行っていること。

（３）　上述（１）の目的を達成するため、特に必要と思われる場合を除いて、**数値や公式**の類には極力言及しない。
　　　　⇒必要な場合は、他の参考書を参照のこと！

（４）　文章だけに頼らず、その内容を簡単に楽しく理解してもらえるよう、親しみやすい挿絵や表類を数多く掲載していること。

（5） 今後の海外工事等に対応しやすいように、参考として可能なかぎり、技術用語等に（　）書きで英語を付していること！
（6） 給排水・衛生設備やそれに関連する製品開発の歴史的背景にも、**温故知新**として、できるだけ触れていること。
（7） 社内中堅技術社員のための**深化教育用テキスト**として最適であること。

末尾になりますが、中国語の4文字成句の中に"**十全十美**"という成句がある。
この成句の意味は、"**完全・無欠**"という意味で、裏の意味は、"**この世の中に完全無欠な人はいない。**"ということである。
このことは、そっくりそのまま給排水・衛生設備の**設計図書類**にも該当する。
したがって、我々が設備工事を着工するに当たっては、複数の技術者が事前に一同に集まって、**設計図書類**の"**精査・見直し会議（DR：デザインレビュー）**"を開催し、衆知を出し合って、**設計図書類**に潜在する**あらゆる不具合**を事前につぶしておく必要がある。換言すると、工事段階での"**3T工事（手待ち工事・手戻り工事・手直し工事）**"を極力回避する目的で、上記の**設計上の不具合**を後工程（工事施工段階）まで、極力持ち込まないことである。

2019年10月吉日　　監修者：安藤紀雄

【目　次（CONTENTS）】

第1話　水に関する雑知識
1・1　水の三態 2
（1）水の相変化
（2）水の密度と温度
（3）水の沸騰と凝縮
（4）水の相および相変化に起因する建築物被害
1・2　水の分子構造と性質 4
（1）水の分子構造
（2）クラスタ水とは？
（3）水の特性
（4）水の相および相変化に起因する建築物被害
1・3　水の気体溶解度 6
（1）水の気体溶解度
（2）海水の特性
（3）河川水の特性
1・4　地球上の水の循環 9
（1）水の存在と循環
（2）日本における降水量
（3）日本における水利用収支
1・5　水源水と水質 11
（1）水質の現状
（2）飲料水その他の基準
（3）水質環境基準と水質汚濁の現状
1・6　水の化学的性質 17
（1）水のpH：酸性とアルカリ性
（2）水の硬度
（3）水の色度と水の濁度
1・7　水質の汚濁指標 21
（1）人間の健康を害する物質
（2）BOD（Biochemical Oxygen Demand）
（3）COD（Chemical Oxygen Demand）
（4）SS（Suspended Solid）
（5）TOC（Total Organic Carbon）および
　　 TOD（Total Oxygen Demand）
（6）DO（Dissolved Oxygen）
1・8　水道用水源の現状 24
（1）用水の分類
（2）日本における水道水の水源分類

第2話　上水道設備と下水道設備
2・1　建物に水を配る上水道設備 30
（1）上水道とは？
（2）水道法の要点（抜粋）
2・2　上水道施設の全体構成 33
（1）取水施設
（2）導水施設
（3）浄水施設
（4）送水施設
（5）配水施設
（6）給水装置
2・3　建物からの排水を廃棄・
　　 処理する下水道 42
（1）下水道とは？
（2）下水道法の要点（抜粋）
（3）公共下水道の水質基準
（4）排水設備の設置
（5）排水設備の基準
（6）排水に関する受忍義務など
2・4　下水道施設の全体構成 51
（1）公共下水道と流域下水道と都市下水路
（2）圧力式下水道と真空式下水道

第3話　給水設備工事
3・1　給水設備工事とは？ 54
3・2　使用水量の実態 55
（1）都市の使用水量
（2）建物、住宅の使用水量
3・3　設計用給水量 57
（1）建物使用人員による算出
（2）衛生器具数による算出
3・4　適正水圧と最低必要流量 59
（1）適正水圧
（2）最低必要流量
3・5　給水負荷の変動 60
（1）給水負荷の予測
3・6　飲料水の水質管理 62
（1）水道水の水質管理
（2）建物での水質管理
3・7　貯水の考え方 63
（1）受水槽
（2）高置水槽
3・8　給水方式の種類 65
（1）直結給水方式
（2）直結増圧給水方式

（3）高置水槽給水方式
（4）ポンプ直送給水方式
（5）圧力タンク給水方式
3・9　多元化給水設備 69
3・10　水の汚染 70
（1）給水系配管における汚染
（2）湯は物を溶かす
3・11　給水配管材料と配管方式 75
（1）給水主管の配管方式
（2）給水枝管の配管方式

第4話　給湯設備工事

4・1　給湯設備とは？ 78
（1）水の状態変化
（2）湯はものを溶かす
4・2　使用温度と給湯温度 80
（1）使用温度
（2）給湯温度
4・3　湯の使用量 82
（1）建物用途別の給湯使用量
4・4　設計用給湯量 85
（1）年間平均給湯量およびピーク時給湯量
（2）瞬時最大給湯流量
4・5　給湯設備の省エネルギー 87
（1）熱源機器
（2）機器・配管からの熱損失
（3）給湯消費エネルギー係数（CEC/HW）
4・6　給湯の加熱方式 89
（1）加熱装置の種類
4・7　給湯方式 93
（1）中央式給湯方式
（2）局所式給湯方式
（3）住棟セントラル給湯方式
（4）住戸セントラル給湯方式
4・8　給湯配管材料とその配管方式 ... 95
（1）給湯配管材料
（2）配管方式
4・9　給湯設備の安全方式 97
（1）安全装置
（2）配管の膨張対策
4・10　給湯の汚染 101
（1）レジオネラ属菌および一般細菌
（2）トリハロメタンの増加
（3）湯の使い始めの注意

第5話　排水設備工事

5・1　排水設備工事とは？ 103
5・2　排水の分類と系統分け 103
（1）建物からの排水の分類とその内容
（2）排水の種類別系統分け
（3）特定施設からの排水
5・3　3種類の排水方式 107
5・4　排水設備の守護神：
　　　排水トラップ 109
（1）排水トラップの目的と原理
（2）排水トラップの種類と用途
5・5　排水中の障害物の関所：
　　　阻集器 113
（1）阻集器の目的と種類
（2）グリース阻集器の構造と材質
5・6　排水配管の種類と排水の流れ ... 116
（1）多様な排水管の種類
（2）排水の流れ
（3）ジャンプする排水：排水の跳水現象
（4）特殊排水管継手
5・7　排水配管材料とその配管方法 121
（1）排水配管材料
（2）最近の汚水排水配管材料
（3）最近の雑排水配管材料
（4）排水配管施工上の留意事項抜粋
5・8　雨水排除と雨水排水配管 ... 126
（1）雨水排除と降雨量
（2）ルーフドレンと雨水排水配管
（3）雨水流出抑制型下水道
5・9　敷地排水 129
（1）敷地排水と下水道
（2）敷地排水管とインバートます
5・10　特殊排水とその処理方法 ... 131
（1）特殊排水の種類と水質
（2）特殊排水の処理方法

第6話　通気設備工事

6・1　通気設備工事とは？ 135
6・2　呼吸する通気管の設置目的 ... 135
6・3　通気管の種類とその特徴 ... 136
6・4　通気管配管材料 138
6・5　通気管配管施工上の留意点 ... 139
6・6　通気口の出入口 140

6・7　通気口の代役：無弁通気口 ... 141

第7話　排水再利用設備工事
7・1　排水再利用水設備とは？ 145
7・2　中水と中水道 145
7・3　再利用水の原水とその処理法 ... 146
（1）排水の種類と原水
（2）原水の処理方法
（3）排水の膜処理法の種類
7・4　再生水の水質・用途・配管 ... 151
（1）再生水の水質
（2）再生水の用途
（3）再生水の配管
7・5　排水再利用施設 155
（1）低濃度原水を利用した排水再利用施設
（2）高濃度原水を利用した排水再利用施設

第8話　衛生器具設備工事
8・1　衛生器具設備工事とは？ 159
（1）衛生器具の種類と分類
（2）衛生器具の材質と性能
（3）衛生器具の取付け高さと周囲の寸法
8・2　衛生器具の配置と使われ方 ... 164
（1）衛生器具の配置と待ち時間の緩和
（2）衛生器具の使われ方の実例
8・3　適正器具数の考え方 166
（1）必要器具数と適正器具数
（2）衛生器具の利用形態とサービスレベル
（3）衛生器具算定法の概要
8・4　給水・給湯器具などの
　　　衛生器具：各論 169
（1）衛生器具とは？
（2）給水器具・給湯器具
（3）大便器
（4）小便器
（5）手洗い器・洗面器と洗面化粧台
（6）流し（シンク）
（7）浴槽とシャワー
（8）衛生設備ユニット

第9話　浄化槽設備工事
9・1　浄化槽とは？ 193
（1）浄化槽の仕組み
（2）浄化槽の特徴
（3）浄化槽設置台数

9・2　浄化槽の歴史 197
（1）江戸時代から明治時代まで
（2）大正時代から昭和時代まで
（3）平成時代以降
9・3　浄化槽の関連法令等 201
9・4　浄化槽の設置場所と放流先 ... 202
（1）浄化槽の設置場所
（2）浄化槽への流入水
（3）浄化槽への事業排水の受け入れ可能な業種
（4）浄化槽の放流先
（5）浄化槽に係る排水規制の適用
9・5　浄化槽の対象人員と
　　　BOD負荷量の算定 204
（1）建築用途別処理対象人員の算定
（2）浄化槽の汚水量およびBOD負荷量
9・6　浄化槽の種類 205
（1）みなし浄化槽（旧名：単独処理浄化槽）
（2）合併処理浄化槽
（3）高度処理型合併浄化槽
（4）浄化槽の大きさによる分類
9・7　浄化槽の処理方式 211
（1）構造基準型（構造例示型）
（2）大臣認定型（性能評価型）
9・8　浄化槽の設置事例 220
（1）浄化槽設置時の手続き
（2）浄化槽設置時の規定
（3）浄化槽設置後の保守管理
（4）浄化槽設置時の補助金制度
（5）浄化槽設置の事例

第10話　消火設備工事
10・1　消火設備工事とは？ 224
10・2　火災発生の条件・種類
　　　　および進行プロセス 224
（1）火災が発生する三つの条件
（2）火災の種類
（3）火災の進行
10・3　消火の方法 227
10・4　消火設備の種類 229
10・5　水を使う消火設備 231
（1）屋内消火栓設備
（2）屋外消火栓設備
（3）連結送水管設備
（4）スプリンクラー消火設備
（5）連結散水消火設備

viii

（6）水噴霧消火設備
（7）泡消火設備
10・6　ガスを使う消火設備 241
（1）二酸化炭素消火設備
（2）ハロゲン化物消火設備
（3）不活性ガス消火設備
（4）粉末消火設備
10・7　その他の消火設備 244
（1）大空間の消火設備
（2）パッケージ型消火設備／パッケージ型自動消火設備
（3）排気フードの消火設備

第11話　ガス設備工事

11・1　ガス設備工事とは？ 249
11・2　ガスの種類 249
（1）都市ガス
（2）液化石油ガス
（3）液化天然ガス
11・3　ガスの組成とその性質 253
（1）都市ガスとLPガスの組成
（2）都市ガスとＬＰガスの特性
11・4　ガスの供給方式 256
（1）都市ガスの供給方式
（2）LPガスの供給方式
（3）LPGガスの新バルク供給システム
11・5　ガス配管の設計 261
（1）ガス用配管の設計手順
（2）超高層ビルなどのガス用配管の設計
11・6　ガス使用機器と給排気 266
（1）ガス燃焼に必要な空気量と換気量
（2）ガス機器の種類とその給排気方法
11・7　ガスの安全対策設備 269
（1）ガスによる事故の原因と対策
（2）ガスの安全設備の概要
（3）ガス内管工事：資格制度

第12話　ごみ処理設備工事

12・1　ごみ処理設備工事とは？ 276
**12・2　廃棄物処理法の目的と
　　　　その実務知識** 276
（1）廃棄物処理法の目的
（2）廃棄物処理法に関する実務知識
12・3　家庭発生ごみとビル発生ごみ ... 279
（1）ごみおよびごみのリサイクル

（2）家庭ごみとビルごみ
（3）ごみの有料化
12・4　生ごみとディスポーザ排水処理 .. 283
（1）生ごみの量と質
（2）台所器具：ディスポーザ
（3）ディスポーザの復活
（4）ディスポーザ排水処理システム
（5）ディスポーザ排水による環境破壊

第13話　特殊衛生設備工事

13・1　プール設備工事 289
（1）プールの種類
（2）遊泳プールの設備
（3）ウォータパーク（屋内通年型プール）
（4）屋内プールの環境制御
13・2　水族館設備工事 296
（1）日本の水族館の嚆矢
（2）水族館の設備
（3）水族館の水処理設備
（4）水族館設備余談
13・3　水景施設設備工事 302
（1）水景施設とは？
（2）水景施設（修景施設）の意義
（3）水空間の演出
（4）水の演出形態と演出装置
（5）韓国：清渓川の親水空間の創出
13・4　大浴場・温泉施設設備工事 ... 308
（1）日本における大浴場の歴史
（2）大浴場の設備
（3）特殊な浴場設備
（4）温泉とは？
（5）温泉の影に潜むリスク：2例
**13・5　集合住宅（マンション）
　　　　設備工事** 315
（1）関東大震災と同潤会アパート
（2）集合住宅（マンション）と設備
（3）マンションの給排水・衛生設備
（4）マンションの換気・冷暖房設備
（5）超高層マンションビルの林立
（6）マンションの長期修繕計画
13・6　ホテル設備工事 324
（1）ホテル特有な施設
（2）ホテルの給排水設備
（3）ホテルの省エネルギー
13・7　病院設備工事 326
（1）病院の構成

ix

（2）設備面から見た病院の特徴
（3）院内感染

第14話　給排水衛生設備工事：トピックス10

14・1　給排水衛生設備：特有のバルブ類・栓類 331
（1）給排水衛生設備用バルブと空調設備用バルブ
（2）鉛フリーバルブとは？
（3）バルブの脱亜鉛現象とは？
（4）水道メータユニットとは？
（5）バタフライ弁のゴム劣化トラブルとは？
（6）節水こま装着水栓とは？
（7）節湯水栓とは？
（8）洗浄弁（フラッシュバルブ）とは？
（9）バキュウムブレーカとは？
（10）減圧式給水逆流防止器とは？
（11）緊急遮断弁とは？
（12）ホースエンドガス栓とは？
（13）ナイフゲートバルブとは？

14・2　給排水衛生設備と自動制御 ... 342
14・2・1　自動制御とは？
14・2・2　給排水衛生設備：固有の自動制御例
（1）各種水槽廻りの自動制御
（2）排水ポンプの自動交互運転
（3）貯湯槽の給湯温度制御
14・2・3　給排水衛生設備における自動制御の今後
（1）自動制御製品の開発・利用・応用
（2）診断技術の開発・利用・応用
（3）計測／検診技術の開発・利用・応用
（4）自動制御とIoTとの関連性

14・3　給排水衛生設備とその耐震対策 .. 350
（1）給排水衛生設備の耐震
（2）地震時の対応策

14・4　特殊なトイレの話 356
（1）大自然の中のトイレ
（2）山岳トイレ
（3）地震時の避難所のトイレ
（4）宇宙船のトイレ

14・5　衛生設備用特殊用途ポンプ類 .. 359
（1）給水ポンプユニット
（2）井戸用ポンプ
（3）排水ポンプ
（4）汚水排水ポンプ・汚物排水ポンプの今昔
（5）自吸水ポンプ

14・6　水に関するトピックス：あれこれ 363
（1）バーチャル・ウォータと水ESCOの話
（2）おいしい水とは？
（3）純水とその製造法
（4）昭和の名水百選と平成の名水百選

14・7　東京ドーム球場：排水トラップの封水深・東京スカイツリー：排水配管方法 368
（1）東京ドーム球場の排水トラップの封水深
（2）東京スカイツリーの排水配管方法

14・8　温泉の種類と温泉の誕生 370
（1）温泉の誕生
（2）温泉表はあてにならない？
（3）クアハウス（Kur Haus）とは？

14・9　海洋深層水 374
（1）海洋深層水：導入の歴史
（2）海洋深層水：用途とその利用

14・10　海水淡水化利用 377
（1）海水淡水化とは？
（2）海水淡水化方式の種類
（3）海水淡水化の世界的動向

おわりに 381

【引用・参考文献】 382

【索引】 384

第1話　水に関する雑知識

"人間は一人で生きていくことはできない！"という格言があるように、"人間は水なしに生きて行くわけにはいかない！"のである。

人と水との関わりは、**人類の発生**とともに始まっている。世界史の教科書の冒頭に**世界4大文明（civilization）：注**という用語が登場するが、これらの文明は、いずれも水とは切っても切れない運命にある**大河流域**に成立した。

> 注：世界4大文明：①エジプト文明（ナイル河）、②メソポタミア文明（ティグリス・ユーフラティス河）、③インダス文明（インダス河）、④黄河・長江文明（黄河・長江）

人類は、文明の発達に伴い、水を利用するとともに、それを制御（control）する必要も生じ、この結果これまでに歴史的にさまざまな**人と水との対応**が見られる。

ところで、元ダイワハウス工業会長の故石橋信夫氏は、氏の著：**志在千里**（オーエス出版社）の中の一節（p14～p17）で次のように語っている。

だいたい日本人ほど、水を大切にしない国民は、世界中に例がない。人は**資源（resources）**といえば**石油（petroleum・oil）**と思っているが、そうではなく**水（water）**である。"油断"より"水断"が心配である。**ダムの建設**より**森林の育成**が大切で、水の活用法をもっと考えるべきである。"……と。

ちなみに、現在でもアジア・アフリカなど、31か国が**水不足**に苦しんでいるという。そして、**水不足**が深刻になれば、国際的な紛争の火種ともなるのである。

ところで、以降の各話で紹介する**給排水・衛生設備工事**の主役は、なんと

図1・1　油断大敵？水断大敵？

いっても**水（water）**の問題で、**水**無くしては当該設備は存在できない。

したがって、ここではまず水に関する雑知識について紹介していくことにしたい。

1・1 水の三態

（1）水の相変化

水（water：H_2O）は**温度（temperature）**と**圧力（pressure）**の変化に伴って**固体（solid）**の水から、**液体（liquid）**の水、**気体（gas）**としての**水蒸気（vapor）**と**相変化（phase change）**する。そして**固相・液相・気相**が共存する点を**三重点（triple point）**と呼んでいる。

図1・2　華麗に変貌する：水の三態

【知っておきたい豆知識】

三重点（triple point）

普通の液体は、温度を下げていくと、固相・液相・気相の3つが共存する**三重点**があり、ある温度・圧力でこの3つの状態で共存する。

ただし、**ヘリウム（He）**は、これに対応する点はなく、固体の状態は加圧しない限り存在しない。

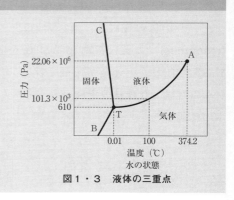

図1・3　液体の三重点

（2）水の密度と温度

水の**密度（density）**は、約4℃で最大となり、温度がそれより低くなっても、高くなっても、**密度**は小さくなる傾向がある。

氷は水より**密度**が小さいので、コップの中で**氷**は浮き、コップに水をいっぱいに入れて

氷が融けてきても、水があふれることはない。

具体例で示すと、**池の水**は温度が下がると、図1・4に示すように、表面から凍結（freezing）はじめるので、池の中の**魚**や**藻**は凍結から保護されることになる。

（3）水の沸騰と凝縮

水を加熱すると、水の表面から**気化（蒸発）**が始まるが、さらに温度を上げると、水の内部からも**気化**が始まる。この状態を**沸騰（boiling）**といい、沸騰の始まる温度を**沸点（boiling point）**という。沸点は、101.325kPa（1気圧）のもとで100℃であるが、例えば富士山頂（海抜：3,776m）

図1・4　池の水の凍結と生物

では、気圧が低いため沸点が下がり、衆知のように**おいしいご飯が炊けなくなってしまう**。

ところで**水蒸気**を冷却したり、圧力をかけていくと**水**になるが、この現象を**凝縮（condensation）**と呼ぶ。具体的な例では、冬の朝などにみられる**窓ガラス面の結露現象**がある。これは、外気によって冷却されたガラス面に、空気中の水分が**凝縮**して付着したものである。

（4）水の相および相変化に起因する建築物被害

水の**相**および**相変化**によって、表1・1に示すように、**建築物**はさまざまな被害（damage）を受ける。

表1・1　水の相および相変化によって受ける建築物の被害

	水	氷（雪）	蒸気
水	圧力浸透、白化、水あかと汚れ、かび、さび、局部電解、毛細管浸透、洪水	凍上、霜柱、つらら、凍結融解破壊、可動部凍結、水管破裂、浴槽破壊、床凍結の滑り	防水層ふくれ、塗装膜はく離
氷雪	吹込み雪の水漏れ、すがもり、融雪浸水	雪圧による圧壊、雪吹込み、軒なだれ、なだれ、落雪、落氷、雪おろし時の事故	—
蒸気	結露、汚れ、湿性かび、さび、透湿性悪化	ジャックフロスト（氷華）、塗膜粉化	湿性かび発生、白アリ害、さび

1・2 水の分子構造と性質

（1）水の分子構造

水は図1・5に示すように、1個の**酸素原子**と2個の**水素原子**によって形成されている**分子(molecule)**である。**酸素原子**は2個の**電子(electron)**が不足した状態であり、また**水素原子**は1個の**電子**が不足した状態となっている。

これを互いに補う形で**共有結合**と呼ばれる分子を構成しており、図1・5に示すように、その**接合角**は約105度となっている。

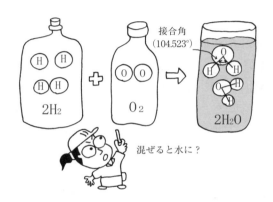

図1・5　酸素原子と水素原子と水素分子の接合角

（2）クラスタ水とは？

クラスタ水(cluster water)とは、聞きなれない言葉であろうが、**クラスタ(cluster)**とは、ブドウ・サクランボ・フジの花の**ふさ(房)**のことである。したがって、**クラスタ水**は、日本語で"房状の水"という意味に理解して欲しい。

酸素原子は、**水素結合**という形で他の**水素原子**と繋がることができるので、水の分子は**酸素原子**と**水素原子**が互いにパートナーを変えながら、あたかも**フォークダンス**をするように動き回っている。

したがって、水の分子は、**単体**として存在するばかりではなく、**グループ**で存在することができる。このような水を**クラスタ水(cluster water)**と呼び、**単分子**の水を**自由水(free water)**と呼ぶ。

ちなみに、クラスタの大きさや**クラスタ水**と**自由水**の存在割合は、温度やその他の条件によって異なる。

（3）水の特性

かつては、**水**と**空気**は人の周辺に存在する最も普通の**ありふれた物質**と考えられていた。しかしながら、研究が進むにつれて次第に、**水の特異性（peculiarity of water）**が数多く知られるようになってきている。

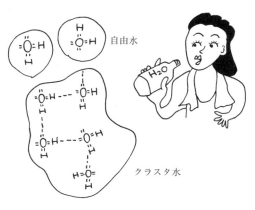

図1・6　クラスタ水の模式図

水の具備する**特異性**は、**水の分子構造**に由来するものが多い。水は**酸素（O_2）**と近い原子である**いおう（S）・セレン（Ce）・テルモ（Te）**などの**水素化合物**と比較して、際立って**沸点（boiling point）・融点（melting point）**がともに高く、比熱（specific heat）も大きい。例えば、水の比熱を1とすると、たいていの液体の比熱は、0.5程度、金属の比熱は0.1以下となる。

水は、温度変化による**密度変化**にも特異性があることは既述の通りであるが、その他に**表面張力（surface tension）**および**毛細管現象（capillary phenomenon）**などさまざまな特異性が見られる。それらの特異性によって、**水の惑星（water planet）**と呼ばれる**地球**は支えられているのであるが……。

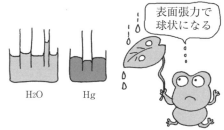

図1・7　水の表面張力と毛細管現象

例えば水の比熱、すなわち水の**熱容量（heat capacity）**が、大きいために**大量の水**で覆われている**地球**は、生物にとって極めて住みやすい、温暖な環境を提供しているわけである。

水の物性を表す項目には、温度・密度・粘度・動粘度・表面張力・定圧比熱容量等々の他、水の**気体溶解度**が挙げられるがこれについては次項を参照のこと。

1・3 水の気体溶解度

(1) 水の気体溶解度

溶解度 (solubility) とは、"飽和溶液 (saturated liquid) における、**溶質の濃度 (density of solute)**" と定義されている。既述のように、水の具備する特異性の一つとして**溶解度**が挙げられる。

水はなんでも溶かしこんでしまう性質を具備しているということができる。

ただし、加える順番を変えると**溶解しやすさ**がかわるものがあり、また水の温度によっても**溶解度**は異なる。一般に気体の水に対する溶解度は、**ヘンリー (Henry) の法則**に従い、図1・8に示すように温度の上昇とともに減少する。

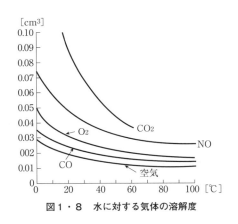

図1・8　水に対する気体の溶解度

【技術用語解説】

ヘンリーの法則 (Henry's Law)

溶液中の溶質の濃度：Xは、その溶液に接する**ガス中の溶質の分圧：P**に比例する。すなわち、**P＝H・X**で表され、このHを**ヘンリーの定数 (Henry's Constant)** という。この法則は、**希薄溶液**のみで成立する。

例えば、**酸素 (O_2) は窒素 (N_2)** の2倍ほどの溶解度となっている。空気中での**酸素**と**窒素**の比は約5：1であるのに対し、水中では2：1となっている。この違いが、**水中の生物の生態**に大きく寄与している。

一方で、**溶解度**が大きいということは、**純水 (pure water)** や**超純水 (ultra-pure water)** を製造することの困難さを表している。

第1話　水に関する雑知識

【技術用語解説】

純水（pure water）と超純水（ultra-pure water）
さまざまな物質を溶かしこんでいる**水**は、その用途によってはさまざまな支障を生じさせる。特に研究用・医療用・ボイラ用・半導体用・医薬品製造用などの場合には障害となる。
純水は**日本薬局法**の**精製水**と同じで、**蒸留法・イオン交換樹脂法・逆浸透膜処理法**などによってつくられるもので、pH：5.0～7.0、$KMnO_2$（過マンガンサンカリ）消費量：約3mg/リットル、蒸留残留物：1.0mg/リットルとされている。
超純水は、さらに**高度の水処理**をした水で、JIS K 6211（分析化学用語）には、"蒸留またはイオン交換を行い、さらにイオン交換・逆浸透または限外ろ過などを行って高度に精製した水"と定義されているが、**定量的な定めはない**。
ちなみに、現在では一部の高精度の水を必要とする産業では、**超々純水**と呼ばれる**純水**も使用され、**ppt（1兆分の1）**という**高純度**の水も採用されている。

（2）海水の特性

地球上の水の終着駅である**海**には、なんと60種類を超えるほとんどの**元素（chemical element）**および**化学工場**などで作られた多くの**人工生成物**が融け込んでいる。その中で塩類（salt）の濃度は、約3.5％と言われている。

海水の利用には、**直接利用**と**淡水化利用**とがあり、**海水の淡水化利用法**には、以下に示すようなさまざまな方法があるが、これらの中で**蒸発法（evaporation method）**と**逆浸透法（reverse osmosis method）**が、比較的多く採用されている。

【技術用語解説】

海水の淡水化法とその利用
◇**蒸発法**：①多段フラッシュ法、②多重効用法、③蒸気圧縮法
◇**逆浸透法（RO法）**：(凝集ろ過法により「前処理」を採用)
◇電気透析法
◇冷凍法：①真空冷凍法、②液体直接接触冷凍法、③LNG冷熱利用法
◇太陽熱利用法：①直接法、②間接法
　海水の利用の**直接利用**には、トイレの**洗浄水**や発電所の**冷却水**などの例がある。一方、**淡水化利用**には**生活用**と**工業用**などの例がある。
　ちなみに、長崎のレジャー施設：**ハウステンボス**では、海水淡水化能力が日量：1,000m^3の**海水淡水化装置**が設置されている。

（3）河川水の特性

降水による**表流水（river water）**や**地下水（underground water）**を集めてくる河川の水は**淡水（fresh water）**である。河川水の水質は、その**水源**や流域の**地質**の影響を強く受けている。

某専門家の調査研究報告によると、日本では**硫酸塩（sulfate）**と**アルカリ度（alkali）**の比率は、東北から北海道が高く、西の方は低いという傾向があるという。

実は、これが**脳卒中（stroke）**の発生率の分布と近似していることが指摘され、大きな反響を呼んだことがある。この調査研究報告が、その後世界的に**水質**と**心臓疾患**などとの**因果関係（causal relationship）**を追求する研究のトリガーとなり、多くの研究成果をもたらしたという。

【知っておきたい豆知識】

酸性河川水の中和事業

河川水は、全て**上水の原水**として適切か？ということが言えないのである。筆者がかつて山形県に汽車旅をしていた時のことである。山形市に近づくと車中から川岸で釣りをしている**釣り人（angler）**を見かけたことがある。すると、地元の人らしき車中の客が、"あの釣り人は、馬鹿だな！この川は魚がいないのを知らないのかな？"とつぶやいた。引き続き"この源流は、火山性の硫黄水で酸性度が高いんだから……。"と付け加えていた。

ところで、筆者は2009年3月に**給排水設備研究会（JSPE）**の恒例行事：第8回温泉研究会の企画として**草津温泉**に出かけたことがある。その際に、国土交通省関東地方整備局管轄の**品木ダム水質管理事務所**を見学する機会を得た。

実は、草津白根山やその周辺に**水源**をもつ**湯川・万座川・大沢川**などは、昔から地域の人々には**強い酸性の川**として恐れられていた由。

硫黄の山：草津白根山に降った雨が、地下の硫黄分を溶け込ませ、**強い酸性**の水となって流れ出て、やがて**吾妻川**に流れ込むため、**川の水**は人間の暮らしには使えないばかりか、**生き物**も生息不可能な川として、流域に深い影響を与えてきたという。かつて、この河川水はpH：2～3程度もあり、大雨の時**洪水**から人を守るため**護岸コンクリート**や釘までも溶かし、魚・昆虫も住めない川となっていた由。　そのために、吾妻川に流れ込む強い酸性の川を中和する**水質改善事業**が実施に移され、1985年（昭和60年）から稼働している。

この**河川水中和方法**は、極めて原始的な方法であるが、**石灰岩**を粉末状にして、石灰を川の水と攪拌して**石灰ミルク**を川に放流し、ある距離を流れる間に、川の中に石灰が**自然溶解**して、河川水中に魚が住めるpH：6〜7程度まで中和するものである。実は**品木ダム**とは、この中和反応過程で生成される**中和生成物堆積ダム**なのである。ダムが堆積物で埋まらないように、ダムに**浚渫船**を浮かべダムの浚渫作業も行っている。

しかしながら、現在**湯川**をはじめとする**酸性河川**の水質改善は、全体の40％に過ぎないという。なお、このダムの下流では、中和した水によって**発電**を行っているという。ちなみに、日本ではこのような河川水中和事業を行っているのは、ここと**秋田県玉川温泉（浴槽のpH：1.2)**の2か所だけだそうである。

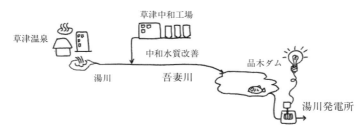

図1・9　草津の中和事業

1・4　地球上の水の循環

(1) 水の存在と循環

地球上に存在する水は、**海水・地下水・河川水**などを合わせると約13.86億km³あると推計されている。その大部分は、海水で約96.5％、次が地下水で約1.7％である。我々人間が**飲み水 (potable water)** に使える**淡水 (fresh water)** は地球上の水のわずか約2.5％の0.35億km³で、そのうち**南極 (the Antarctic)** と**北極 (the Arctic)** の淡水が69.5％を占めている由。

一方、大気中の水は、約1.3万km³と淡水全体の0.04％に過ぎないが、河川水・湖沼の総量約10.4万km³と比較すると、かなりの量の水が大気中に存在することがわかる。

この約1.3万km³の淡水は、太陽の熱で蒸発し空気中に存在し雲となり、雨や雪となって再び地上に降ってくる。水は**液体・気体（水蒸気)・固体（雪や氷)** と形を変えながら、**地球**と**地球**を取り巻く**空気層**の間を循環していることになる。

説明するまでもないであろうが、この水の循環が、実は地球の**気候変動（climate change）**を大きく支配しているのである。

図1・10　地球を循環する水

（2）日本における降水量

日本は、比較的降水量が多い国と言われているが、地域的には以下のような特徴がある。すなわち、表日本では**梅雨**や**台風**の影響もあり、降水量は6月〜8月にピークを迎え、東北・北陸・北海道などでは**積雪**の影響により降水量（降雪量）は12月〜1月にピークを迎えることになる。関東・中部・近畿などの**水需要**の大きい地域：都市部の**年間降水量**は、少ないということも特徴的である。

注：最近では**異常気象**とか**ゲリラ豪雨**という用語が、一般化しつつあり、日本各地で**洪水災害**や**土砂崩れ**が頻発している。

（3）日本における水利用収支

図1・11は、日本における**水収支（water balance）**を示したものである。日本は地形的に**勾配**が急であり、**河川距離**が短いので**取水可能量**が少なく、水利用の観点からは**不利な条件**となっている。

また、古くから**既得水利権**によって**取水量**がほとんど確定されているために、水を有効に利用できないという弊害も生じている。

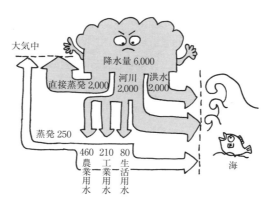

図1・11　日本における水利用収支

1・5　水資源と水質

(1) 水質の現状

雨は、太陽エネルギーによって生成される**天然の蒸留水（natural distilled water）**ということができる。したがって、空中の塵埃（dust）などを含むものの、**純水（pure water）**にかなり近いと言える。

【知っておきたい豆知識】

酸性雨（acid rain）

　純粋の雨は、中性の水蒸気が凝縮する過程で、大気中の**炭酸ガス**で飽和され、pH：5.6と**弱酸性**を示している。ところが、日本の各地域に降る雨は、pHがこれ以上の**酸性**を示しており、このようにpH：5.6以下で降る雨を特に**酸性雨**と呼んでいる。**酸性雨**による自然環境への影響では、北欧地域の**湖沼生物の死滅**、あるいは中部ヨーロッパの**森林の枯れ死（例：ドイツ南部のシュバルツバルト）**が代表例である。**酸性雨**は、そのまま**湖沼**や**河川**にも流れ込んでおり、源水の酸性化が進むことにもなる。

　さらに、屋外の**大理石**や**古代大理石遺跡**の表面が近年の**酸性雨**の影響で、表面から急速に溶解し、見る影もなく劣化している。（例：アテネのパルテノン神殿など）その他酸性雨は**RC造**のビルの劣化促進にも大きく関与している。その**抑制策**としては、大気中に排出される**硫黄酸化物（SOx）**や**窒素酸化物（NOx）**を減少させることである。

しかしながら、実際には河川を流れ下り我々人間の手元に届くまでには、上述の**酸性雨**などを含め、さまざまな物質を溶かしこんできている。さらに人為的な**農畜産物排水**や生

活排水・工場排水の流入によって汚染（pollution）されている。

かつては、"三尺流れれば、水はきれいになる"などと言われていたが、それは**環境容量（environmental capacity）**が無限と考えられてきた時代の話である。

その昔は、**汚染物質（pollution matters）**も非常に少なかったので、河川水中での**拡散（diffusion）**と**自浄作用（self-purification action）**によって、河川の水質が保全されていたからに過ぎない。

現在では、さまざまな**基準**や**浄化技術**によって、**水質（water quality）**を改質しなければ、河川水をそのまま利用することができない環境に追い込まれている。

表1・2 健康に関する項目（31項目）

	項目	基準
1	一般細菌	1 mlの検水で形成される集落数が100以下
2	大腸菌	検出されないこと
3	カドミウム及びその化合物	カドミウムの量に関して、0.003mg/L以下
4	水銀及びその化合物	水銀の量に関して、0.0005mg/L以下
5	セレン及びその化合物	セレンの量に関して、0.01mg/L以下
6	鉛及びその化合物	鉛の量に関して、0.01mg/L以下
7	ヒ素及びその化合物	ヒ素の量に関して、0.01mg/L以下
8	六価クロム化合物	六価クロムの量に関して、0.05mg/L以下
9	亜硝酸態窒素	0.04mg/L以下
10	シアン化物イオン及び塩化シアン	シアンの量に関して、0.01mg/L以下
11	硝酸態窒素及び亜硝酸態窒素	10mg/L以下
12	フッ素及びその化合物	フッ素の量に関して、0.8mg/L以下
13	ホウ素及びその化合物	ホウ素の量に関して、1.0mg/L以下
14	四塩化炭素	0.002mg/L以下
15	1,4-ジオキサン	0.05mg/L以下
16	シス-1,2-ジクロロエチレン及びトランス-1,2-ジクロロエチレン	0.04mg/L以下
17	ジクロロメタン	0.02mg/L以下
18	テトラクロロエチレン	0.01mg/L以下
19	トリクロロエチレン	0.01mg/L以下
20	ベンゼン	0.01mg/L以下
21	塩素酸	0.6mg/L以下
22	クロロ酢酸	0.02mg/L以下
23	クロロホルム	0.06mg/L以下
24	ジクロロ酢酸	0.03mg/L以下
25	ジブロモクロロメタン	0.1mg/L以下
26	臭素酸	0.01mg/L以下
27	総トリハロメタン	0.1mg/L以下
28	トリクロロ酢酸	0.03mg/L以下
29	ブロモジクロロメタン	0.03mg/L以下
30	ブロモホルム	0.09mg/L以下
31	ホルムアルデヒド	0.08mg/L以下

(2) 飲料水その他の基準

特に**飲料水（potable water）**は、人間の健康に直接かかわるため、**安全性**と**飲みやすさ**をベースとして、**水道法**によって厳しい基準が定められている。その代表的なものが、表1・2および表1・3に示す、**水道法第4条に基づく水質基準**に規定されている**健康に関する項目（31項目）**および**水道水が有すべき性状に関する項目（20項目）**である。

また、**ボイラ用水**や各種工業用の**用途別水質基準**なども、関連協会によって定められている。

表1・3　水道水が有すべき性状に関する項目（20項目）

	項目	基準
1	亜鉛及びその化合物	亜鉛の量に関して、1.0mg/L以下
2	アルミニウム及びその化合物	アルミニウムの量に関して、0.2mg/L以下
3	鉄及びその化合物	鉄の量に関して、0.3mg/L以下
4	銅及びその化合物	銅の量に関して、1.0mg/L以下
5	ナトリウム及びその化合物	ナトリウムの量に関して、200mg/L以下
6	マンガン及びその化合物	マンガンの量に関して、0.05mg/L以下
7	塩化物イオン	200mg/L以下
8	カルシウム、マグネシウム等（硬度）	300mg/L以下
9	蒸発残留物	500mg/L以下
10	陰イオン界面活性剤	0.2mg/L以下
11	ジェオスミン	0.00001mg/L以下
12	2-メチルイソボルネオール	0.00001mg/L以下
13	非イオン界面活性剤	0.02mg/L以下
14	フェノール類	フェノールの量に換算して、0.005mg/L以下
15	有機物(全有機炭素（ＴＯＣ）の量)	3mg/L以下
16	pH値	5.8以上8.6以下
17	味	異常でないこと
18	臭気	異常でないこと
19	色度	5度以下
20	濁度	2度以下

(3) 水質環境基準と水質汚濁の現状

1) 水質の環境基準

水質を良好な範囲に保持する目的で、二つの法律が制定されている。その一つは、工場や事業所などから排出される**汚濁成分**を含んだ排水を**公共用下水**に排出するに当たって、**排出濃度**や**排出総量**を規制するものである。

規制の対象は、カドミウム（Cd）・シアン化合物（CN compounds）・水銀（Hg）などの**有害物質**と**BOD・COD・SS**などその他の物質となっている。

その二つは、人体の健康を保護し、**生活環境 (life environment)** を保全する上で、維持することが望ましい**水質の環境**で、河川・湖沼・海域の**環境基準**として**環境基本法**で定められている。

【知っておきたい豆知識】

四大公害訴訟
環境問題は**地球環境問題**と**地域環境問題**に大別されるが、ここでは、日本の**地域環境問題**を代表する過去の**四大公害訴訟**を紹介しておく。
① 熊本水俣病：熊本県の水俣湾周辺で、言語障害・起立不能などの病状が多発。
原因は、新日本窒素水俣工場の排水中の**メチル水銀**。魚介類の**食物連鎖**で濃縮され、それらを常食した地元住民の間に発生。
② 新潟水俣病：新潟県阿賀野川流域で、**熊本水俣病**と同様の症状が多発。
原因は、阿賀野川上流の昭和電工鹿瀬工場の排水中の**メチル水銀**。川魚の**食物連鎖**で濃縮され、常食した地元住民の間に発生。
③ イタイイタイ病：富山県神通川流域で、骨が簡単に折れ"イタイイタイ"と患者が訴えた病気。原因は、神通川上流の三井金属神岡鉱業所からの排水中の**カドミウム**が、下流の農地に沈殿し**農作物**を汚染して、常食した人に発生。
④ 四日市ぜんそく：これは**空気汚染公害**で、三重県四日市市臨海工業地帯周辺で、住民にぜんそく**状況**が多発。原因は、四日市コンビナート各工場から排出される**いおう酸化物**。コンビナートの風下地域に被害が集中。
④の例を除き、いずれも工場からの**有害物質**の排出により、河川・海域が汚染されたことに起因することに注意されたい。

まず、**健康保護**の目的では、カドミウム（Cd）・鉛（Pb）・六価クロム（Cr^{+6}）・ひ素（As）などの23物質について、それぞれの基準値を定めている。

また、**生活環境**の保全に関しては、表1・4に示すように、**水域種別**の利用目的別に、かなり詳細で多様な基準値が定められている。

表1・4 生活環境の保全に関する水質環境基準

水域種別	利用目的	基準値を定めている項目
河川	AA（水道1級、自然環境保全など） A（水道2級、水産1級、水浴など） B（水道3級、水産2級） C（水産3級、工業用水1級） D（工業用水2級、農業用水など） E（工業用水3級、環境保全）"	水素イオン濃度（pH）、生物化学的酸素要求量（BOD）、浮遊物質量（SS）、溶存酸素量（DO）、大腸菌群数など
湖沼	AA（水道1級、水産1級、自然環境保全） A（水道2、3級、水産2級、水浴など） B（水道3級、工業用水1級、農業用水） C（工業用水2級、環境保全）	水素イオン濃度（pH）、化学的酸素要求量（COD）、浮遊物質量（SS）、溶存酸素量（DO）、大腸菌群数など
海域	A（水産1級、水浴など） B（水産2級、工業用水） C（環境保全）	水素イオン濃度（pH）、化学的酸素要求量（COD）、溶存酸素量（DO）、大腸菌群数、n-ヘキサン抽出物質（油分等）など

【技術用語解説】

閉鎖性水域汚染（water pollution of closed area of the sea）
　上流に大きな**汚染源**があり、水の循環が不十分な**湖沼**や**内海・内湾**などの**閉鎖性水域**では、汚染質が希釈分解（dilution & decomposition）する**浄化作用**が弱く、**水質汚濁**が顕著に現れる。東京湾・琵琶湖・大阪湾・大村湾などがこの代表である。

2）水質汚濁の現状

　水質の汚濁状況を概観するには、全国の多数の**調査地点**における**汚濁質濃度**が**環境基準**に合致しない比率、すなわち**不適合率**を利用するのが簡便であり、毎年**環境白書**にこの値が公表されるようになって久しい。

　まず、図1・12は、**健康項目**の**環境基準不適合率**を示したものである。この図より我々の先輩たちが、1965年代（昭和40年代）後半から、1975年代（昭和50年）前半にかけて努力したおかげで、相当**環境改善**がなされてきたことが読み取れる。

　その結果、日本のほとんどの地点で、**健康への危険性**はほぼなくなったということができる。

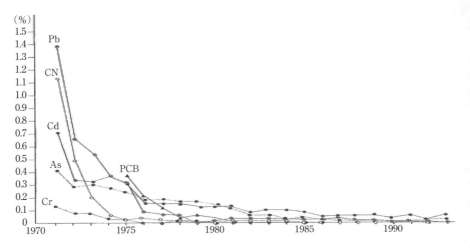

図1・12　各健康項目別不適合率の推移（旧環境基準による評価）

　一方、水中の**BOD・COD・SS**などの**有機汚濁物質**は、**生産工場**や**生活排水**から**水域**に流入するが、図1・13に示すように**環境基準**を満足している地点の割合は、**健康項目**ほど高くない。このうち**河川**と**湖沼**においては、**大都市部**の都市河川で、**下水道**の完備にともなって、一部の大幅な**水質改善**が順次見られ、全国的に多少の改善の動きが読み取れる。

　ただし、1994年（平成6年）度は、**異常渇水**のために**汚染濃度**が上昇し、一時的に**環境基準達成率**が低下している。また、**海域**においては、いまだに**改善の大きな動き**が現れるまでには至っていないようである。

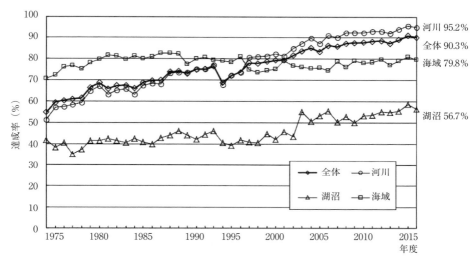

図1・13 水域別水質環境基準(CODまたはBOD)達成率の推移

【技術用語解説】

生活排水(domestic wastewater)
　各種建築用途(事務所建築・ホテル・住宅等)の厨房・トイレ・浴場・洗濯機からの排水のこと。下水道の**処理区域**以外では、**工場排水**と区別し、別途に**浄化槽**(septic tank:第9話参照)で処理する必要がある。

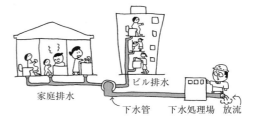

図1・14 生活排水

1・6 水の化学的性質

　水の**化学的性質(chemical property)**は、日常の水利用の観点からすると、かなり重要な問題を含んでいる。利用する水を分析し(analyze)、これに対する**水処理(water treatment)**の過程を考えたり、水の汚染(pollution)を防ぐ手段を講ずるためには、水の**化学的性質**を知悉しておかねばならない。

日本における水道水の**水質基準**は、既述のように**水道法第４条**に基づく**水質基準に関する省令**により規制が行われているが、**水の化学的性質**に関わるものが多い。

（１）水のpH：酸性とアルカリ性

今更いうまでもないが、水には**酸性水**と**アルカリ性水**が存在し、**酸性**と**アルカリ性**の度合いを示す指標としては、**pH（ペー・ハー）** がある。実は自然水（free water）には普通 CO_2 と CO_3^{2-} **イオン**が含まれている。そして CO_2 が多量に含まれていると、次の式により**水素イオン**を発生して水は**酸性（acidity）** となる。

$$CO_2 + H_2O \Leftrightarrow HCO_3^- + H^+$$

一方 CO_2 が少なく、CO_3^{2-} が多量に含まれていると、次の式により**水素イオン**を発生して、**アルカリ性（alkalinity）** となる。

$$CO_3^{2-} + H_2O \Leftrightarrow HCO_3^- + OH^-$$

一般的に**地下水（groundwater）** の場合には**酸性**が多く、**表流水（river water）** の場合が多いとされているが、**地下水**は揚水されて大気に放置されると CO_2 が放出され、CO_3^- が多くなり**アルカリ性**となる。また、**石灰（lime）** の地層などを通過する地下水などは、CO_3^{2-} が増えて**アルカリ性**を呈する。

① 酸性（acidity）：**リトマス紙**を赤く変える性質で、pH値が７より小さい値を示し**金属腐食**を起こしやすい性質がある。

② アルカリ性（alkalinity）：**リトマス紙**を青く変える性質で、pH値が７より大きい値を示す。

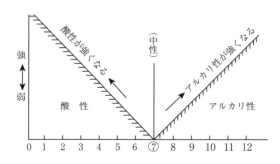

図１・15　酸性とアルカリ性とpHの関係

【技術用語解説】

リトマス (litmus)
　地衣類の**リトマスゴケ**を原料とする天然色素。**酸**と**塩基**により変色する。pH：8.3以上では**青色**、pH：4.5以下では**赤色**を呈する。溶液の**酸性度**を判定するおおよその**指標**となるが、精密な実験には用いられない。**リトマス**は**溶液**として用いることもあるが、**試験紙**として用いることが多い。

（2）水の硬度

　水の硬度（water hardness）とは、水中に溶存する**カルシウム（Ca）**および**マグネシウム（Mg）イオン**の量を、これに対応する**炭酸カルシウム（CaCO₃）**の量に換算して、試料：1リットルについての**mg**で表したものである。ところが、硬度の表示方法にも、①全硬度、②カルシウム硬度および③マグネシウム硬度の3種類がある。

　一般に**硬度**と呼ばれるものは、**全硬度**を意味しているが、他に**炭酸塩硬度・非炭酸塩硬度**という表示もある。また**一時硬度**と**永久硬度**に区分して表示することもある。これは、水を煮沸（boiling）して除かれる硬度を**一時硬度**、残留する硬度を**永久硬度**とするもので、**一時硬度**は**炭酸塩硬度**を示し、**永久硬度**は**非炭酸塩硬度**を示すものである。

　しかしながら、最近では**一時硬度・永久硬度**という区分は使用されなくなっている。ちなみに、**硬度**もその国々でまちまちであり、表1・5に示すように、日本以外に①アメリカ硬度、②ドイツ硬度、③フランス硬度、④イギリス硬度（クラーク硬度）などがある。

表1・5　各国の水の硬度比較

名称	記号	質量/体積	SI（kg/m³）	塩	換算	種類
アメリカ硬度	mg/L, ppm	mg/L	0.001	Ca塩とMg塩	CaCO₃	総硬度
ドイツ硬度	°dH	mg/100cm³	0.01	Ca塩とMg塩	CaO	
フランス硬度	°f	mg/100cm³	0.01	CaCO₃	—	Ca一時硬度
イギリス硬度（クラーク度）	°E	gr/gal	0.014253768	CaCO₃		

第1話　水に関する雑知識

【ちょっと一息！】

硬水 (hard water) と軟水 (soft water)

　水1リットル中の**炭酸カルシウム**の量が、100mg以上の水は**硬水**、100mg以下の水は**軟水**と呼ばれている。水の硬度は飲み物・料理・お酒などに大きな影響を与え、昔から世界各地でその土地土地の水の硬度に適合した飲み物・料理法が生まれている。

　ちなみに、**軟水**は日本茶・紅茶に適しており、**硬水**は珈琲に適していると言われている。また、**軟水**は日本料理（特に京都料理）の決め手となる**出汁**を取るのに最適で、反面グツグツ煮込む**スープストック**は、西欧各地の**硬水地域**で作られたものだと言われている。**軟水**が多い日本ではご飯を炊き、**硬水**が多い中国では**せいろ**でご飯を蒸す料理法が主流であるとも…。

図1・16　硬水と軟水は、どうちがうの…？

　ところで、ビールや日本酒は、主として**軟水地域**で、ウイスキーは**硬水地域**で飲まれている由。硬度の低い**軟水**から醸造した日本酒は**甘口**で、やや硬度の高い**軟水**から醸造した日本酒は**辛口**であるという。

　筆者は、灘の菊正酒造㈱で**日本酒指導師範**の資格を取得しているが、その研修時に得た知見によると、原水が異なるので、**灘の酒**と**伏見の酒**では微妙に味わいが異なるという。ちなみに、フランスでは水をいっさい使用しない**葡萄酒（wine）**が飲まれているのは、水がおいしくないからだと極言している人もいる。

（3）水の色度と水の濁度

　水道法第4条による**水質基準項目と基準値(49項目)**中の、最後の45番目に**色度(colour)**および46番目に**濁度(turbidity)**という項目が規定されている。

① **色度(colour)**：色度は、**水の色の程度**を示す指標である。水には各種有機物による着色が見られるが、鉄（赤色）・マンガン（黒色）・銅（青色）・亜鉛（白色）など、無機物による着色もしばしばある。水の色度は、**懸濁物**と分けて考えられており、一般には水の**上澄液**の色の色度を対象にしている。

　　色度の測定はかなり難しく、後述の**濁度**と同じように**標準液**に比較して決められるものである。標準液としては、**塩化白金カリウム（K_2PtCl_6）**と**塩化コバルト（$CoCl_2$**

が用いられ、水：1リットル中に白金（Pt）：1mg、コバルト（Co）：0.5mgを含む場合の色を色度：1としている。

水道水の基準値では、色度：5以下と規定されているが、一般には色度：10以上でないと着色を判別しにくいといわれている。

② **濁度（turbidity）**：濁度は水の**濁りの程度**を示す指標である。水を濁らす物質は、いろいろあるので測定は難しいが、一般に**濁度**として示される値は、**標準液**と比較して決められたものと考えてよい。標準液としては、**白陶土（カリオン）**を水中に分散させて1時間静置させ、液面：50～150mmの間に懸濁している粒度のものを集め、乾燥後再び**微粉末**にして粒度を一定にする。

この白陶土（カリオン）：1mgを蒸留水：1リットル中に懸濁させたときの**濁りの程度**を濁度：1と定めている。水道水の基準値では、濁度：2以下と規定されており、濁度：10を超えると容易に濁りが認められるという。

1・7　水質の汚濁指標

銅山の**鉱毒水（mining water pollution）**による**水質汚濁**などの被害は、日本でも明治時代（1868～1912）にもあったが、当時の**産業規模**は今日の比ではないが、被害の規模も一部に限られていた。

【知っておきたい豆知識】

足尾鉱毒事件

これは**足尾銅山鉱毒事件**とも呼ばれるが、19世紀後半の明治時代初期から、栃木県と群馬県の**渡良瀬川周辺**で起きた、日本で初めてとなる**足尾銅山**での公害事件。銅山の開発により**排煙・鉱毒ガス・鉱毒水**などの**有害物質**が周辺環境に著しい影響をもたらした。1890年（明治23年）代より、栃木の政治家であった**田中正造**が中心となり、国に問題提起するものの**加害者認定**がなされなかった。**100年公害**と言われたこの事件の加害者を、ついに**古河鉱業**と断定して**加害責任**を認めさせ**歴史的な日**を迎えることになったのは、なんと1974年（昭和49年）5月のことであった。

図1・17　煙害により、崩落を続ける足尾雄の山（赤倉山麓）

しかしながら、最近の我が国における**産業規模**の拡大や大都市への**人口集中（concentration of population）**によっておこる、**水質汚濁**と**その影響**は、昔のものとは比較にならぬ重大な問題となってきている。

大都市内における**河川の汚濁**が著しいのは、人口や工場が過密となり、水質汚濁の原因となる**汚水の排出量**が多いので、排水される**汚濁負荷（pollution loading）**に対して、河川の自己流量が少なく、**浄化能力不足**となっているためである。

また、**一般家庭汚水**などを処理するための**下水道の整備**が遅れていることも見逃せない汚濁の原因の一つとなっている。

産業構造が複雑になるにつれて**汚染原因**の種類も多様化している。排水の規制項目も、かつては、pH・BOD・COD・SSの程度であったものが、最近では**水質汚濁防止法・排水基準を定める総理府令**などにより、**規制領域**を定めて、各種の項目が加えられている。

（1）人間の健康を害する物質

排出水に含まれる**汚染物**の中で、特に**人間の健康**を害する**有害物質（hazardous material）**として、規制されているのは、**カドミウム (Cd)・シアン (CN)・有機リン (organic P)・鉛 (Pb)・六価クロム ($CrCl_6$)・ヒ素 (As)・水銀 (Hg)・アルキル水銀の化合物・PCB**など29項目で、**環境濃度**としての基準値が、1970年（昭和45年）に定められている。

シアンや**有機リン**のような**急性毒性物質**は、含有量によってはすぐに**水中の魚が死んだ**りするため、その発見も早いが**有機水銀**や**カドミウム**などでは、**魚介類**や**米類**に蓄積されて、これらを通じて**食物連鎖**として人体に摂取されるので、被害者を生じる危険性が高い。

【技術用語解説】

食物連鎖 (food chain)
　生物群衆の構成原理の一つで、**食うものと食われるもの**が鎖状（chain）に繋がっている状態を示す。ちなみに、生きている生物を食う連鎖を**捕食連鎖**、寄生による連鎖を**寄生連鎖**、動植物の遺体の分解にあずかる連鎖を**腐食連鎖**などとも呼んでいる。

図1・18　食物連鎖

これらのものについては、**水質汚濁防止法**により**総理府令**で**健康９項目**に関するものとして基準値を定めて規制しており、一時期に比べるとかなり改善されてきている。また、**健康９項目**以外のものも、**排出水の汚染規制**が行われている。

（2）BOD（Biochemical Oxygen Demand）

　BOD（生物化学酸素要求量）は、水中に含まれる**有機物質**の指標であり、一般に**水質汚濁**の代表的な指標としてよく使用されている。

　水中の**腐敗性有機物**が、微生物によって**無機性酸化物**と**ガス**とに分解され安定する際には、水中で吸収される酸素量はかなり消費される。このときに消費される必要酸素量を**BOD**といい、単位は**mg/リットル（ppm）**で示される。

　必要酸素量が多い場合は、水中の**腐敗性有機物**も多いとされ、その水は**汚染度**が高いとされている。BODを測定するには、１リットルの水を20℃で５日間放置して、その間に消費される酸素の量が何mgであったかを測り、その濃度を**mg/リットル（ppm）**で表示する。水の比重（specific gravity）を１とすれば、ppmの単位は、**mg/リットル**または**g/m³**で示されるので、**BOD：90ppm**の水は、20℃、５日間で１リットルにつき**90mg**の酸素が消費される**汚染水**ということになる。

　BODは**水質**を表示する指標であるが、その質の水量がどれだけであるかを示すには、下記に示すように、**BOD量**または**BOD負荷**で表示する。

$$\text{BOD負荷}(g/日) = \text{BOD}(g/m^3) \times \text{流量}(m^3/日)$$

（3）COD（Chemical Oxygen Demand）

　COD（化学的酸素要求量）は、水中に含まれる**有機物**、および**無機性亜酸化物**の量を示す指標である。CODは、**汚濁水**を酸化剤で化学的に酸化した時に消費された**酸素量**をいい、単位はCODと同様に**mg/リットル（ppm）**で示される。

　COD値は、使用する**酸化剤・加熱方法・加熱時間・液性試薬濃度・残留酸化物の定量法**などによってかならずしも同一の値にはならない。

　また、**BOD**と**COD**とは**相関関係（corelation）**もあるが、本質的には常に相関があるとは言えない。環境基準では、湖沼や海域での汚濁指標として、**COD**を採用し、JISでは100℃における**酸化過マンガン酸カリウム（KMnO₄）法**による数値を**COD**としている。

（4）SS（Suspended Solid）

　SS（浮遊物質）とは、粒径：2mm以下の水に溶けない**懸濁性の物質**のことをいう。JIS

では特に定義されていないが、一般にJISにおいては、**懸濁物質**と同じと解釈されている。**水の汚濁度**を視覚的に判断する指標としてはよく使用され、単位はmg/リットル（ppm）で表示される。**SS（浮遊物質）**は、**全蒸発残留物**から**溶解性残留物**を除いたものということもできる。

（5）TOC (Total Organic Carbon) および TOD (Total Oxygen Demand)

既述の**BOD**と**COD**は、酸化が不十分なため、それぞれの間にその**相関性**と**再現性**に問題があるので、**TOC・TOD**の実用化の検討が進められている。

① **TOC（全有機炭素量）**：水中に存在する**有機物**に含まれる**炭素**の**総量**をいい、水中の炭素は**有機物**の他、**炭酸（carbonic acid）・重炭酸（bicarbonate）**も含まれていることから、測定は**水中の総炭素量**から**無機性炭素量**を引いて求める。

② **TOD（全酸素要求量）**：水質汚濁の原因となる**有機物**には、**炭素化合物**の他に、**硫黄**や**窒素**を含む**尿素（urea）**とか**たんぱく質（protein）**などの化合物（compound）もあることから、水中の**被酸化性物質**を完全に燃焼させ、それに消費される酸素量を検出し**汚染度**としたものである。

ちなみに、**BOD**または**COD**と**TOC**および**TOD**との間に相関が認められる場合には、**TOC・TOD**の測定により、**BOD・COD**をある程度推定することができるということである。

（6）DO (Dissolved Oxygen)

DO（溶存酸素）は、水中に溶けている**酸素**のことで、必ずしも**水質の汚濁**を示す指標ではない。しかしながら、**酸化物・亜硫酸第一鉄**などの**還元性物質**による直接酸化や生物化学的に**有機汚濁物を浄化する微生物の生活・魚介類の生活**にとっては欠くことのできないものであって、**DOの少ない水**は**水中生物**に害を与えるため水質の重要な測定項目とされている。

1・8　水道用水源の現状

第1話の掉尾を飾る話題になるが、ここで**水道用水源（city water source）**の現状について、少し触れておきたい。

（1）用水の分類

用水（water）とは、①飲料用水（city water）、②灌漑用水（irrigation water）、③工業

用水(industory water)、④防火用水(water of fire extingishing) および⑤農業用水 (agricutural water) などに使用する水のこと、あるいはその水を引いたり蓄えたりするための**池・水路**のことである。

この用水の中で、**用水**というと②の**灌漑用水**、つまり田畑に導いて**作物の育成**にあてるための水の意味で使用されることが多い。

図1・19 灌漑用水

(2)日本における水道水の水源分類

我々人間の日常生活にとって不可欠な用水が上述の**飲料用水**である。それでは、その**飲料用水＝水道水**の水はどこからきているかご存知でしょうか？

実は、**水道水**の水源の種類は、図1・20に示すように、①地表水、②伏流水、③地下水、④その他に分類される。その中で、①地表水は**河川水・ダム湖水・湖沼水**に分類され、③地下水は**浅井戸水・深井戸水**に分類される。

水道水の水源は、**河川水(25.5%)**と**ダム湖水(47.3%)**で、全体の72.8%を占めていることが理解できる。

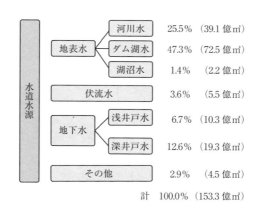

図1・20 日本における水道水の水源分類

1）地表水の特徴

　地表水は、**河川水**や**ダム湖水**や**湖沼**などの**陸地表面**に存在する水のことである。**河川水（river water）** は、降水状況などの**自然条件**によって**水質**が変動しやすいという特徴がある。

　一方、**ダム湖水（dam-storage water）** や**湖沼水（marsh & lake water）** は、**河川水**ほど**水質**の変動は大きくないが、一端**汚濁（pollution）** が進行すると、水の動きが小さいため、回復に時間がかかるという短所がある。

【知っておきたい豆知識】

水の富栄養化（eutrophication）
　上流から流入する**窒素（N_2）** や**りん（P）** によって、水域が次第に**肥沃化**し**藻類（algae）** が増殖して、その**腐敗（decay）** も含めて、急速に水質が悪化する現象。飲料水や悪臭（mal-odour）や**赤潮**や**青潮**による**漁業被害**などの影響を広域に引き起こす要因となる。

2）伏流水（subterranean water）の特徴

　伏流水とは、河川水などの**地表水**が周辺の砂層などの中に浸透して、流れる水のこと。**伏流水**は、地中でろ過（filtration）が行われるため、**地表水**と比べて水質がよく、**濁り**が少ないという特徴を具備している。

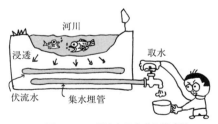

図1・21　伏流水の生成の模式図

【ちょっと一息！】

"醍醐なる味かな…！"

　西国三十三ヶ所巡りの第11番札所に、西国札所随一の難所：**深雪山上醍醐寺（京都）**がある。ちなみに、豊臣秀吉の花見の会で有名な**醍醐寺**は、**下醍醐寺**と呼ばれて平地に建立されている。

　上醍醐寺へは山路を山頂まで歩かねばならないが、登りつめたところに**醍醐水**という**名水（地下水）**が湧いている。建物に囲まれて**霊泉**には見えないが、表に汲み上げた水が用意されていて筆者も**醍醐味**が味わうことができた。

　醍醐とは、元来仏教用語で、"最上の美味"の意であるが、平安前期、理源大師が山上で不思議な老人に出会いこの**霊泉**を口にした。そして"醍醐味なるかな！"と漏らしたという。実は**醍醐味**という用語はこのことに由来するとか・・・。

3）地下水の特徴

地下水（underground wter）には、**浅井戸水**と**深井戸水**とがある。一般的に、**浅井戸水**とは、水を通しにくい層より上の深さ：10m～30m程度の比較的浅い地下水をいう。一方、水を通しにくい層より下の地下水を**深井戸水**と呼んでいる。いずれの井戸の水も水質は、良好で安定しているが、**浅井戸水**は地上からの影響を受けることがある。

　ちなみに、**深井戸水**は地上からの影響は少ないが、一度汚染されてしまうと、その影響が長く継続するという短所がある。

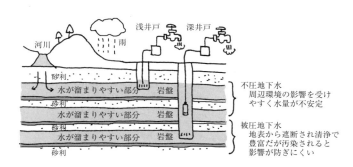

図1・22　浅井戸水および深井戸水の生成の模式図

【技術用語解説】

地下水汚染（groundwater pollution）
　我々の目に見えない**地下**においても、**汚染**は進行中である。地下水中には、工場からの廃液や町のクリーニング店で使用した**トリクロロエチレン**や**テトラクロロエチレン**など汚染物質が、かなりの範囲で**高濃度**になっている部分があることがわかってきた。
　汚染が地中であるため、原因者や汚染範囲が把握しにくい。また、汚染された地下水の**浄化方法**は、一度汲み上げて**ばっ気処理（aeration treatment）**したり、地中から空気を吸引したり、さまざまな**浄化方法**が開発途上である。

【知っておきたい豆知識】

カナート（アラビア語：qanat）とカレーズ（アラビア語：karez）
　カナート：qanatとは、元来**イラン**の乾燥地帯にみられる**地下水・地下用水路**のことである。同様のものを、アフガニスタン・パキスタン・ウズベキスタン・新疆ウイグル自治区などでは、**カレーズ（karez）**と呼んでいる。
　カレーズ（karez）とは、天山山脈の雪解け水を砂漠を越えて、平地まで引っ張ってくる**地下水路**の名前で、平地では飲料水の他に、**綿花畑やブドウ畑**に引き込み**綿花やブドウ**の栽培に活用している。
　筆者は、10数年前たまたま**中国新疆ウイグル自治区**の**トルファン**を訪れた際に、**カレーズ（karez）**を訪れたことがある。その時、この**地下用水路**を豊富な冷たい水が、とうとうと流れているのを目の当たりにして感激した覚えがある。
　聞くところによると、**トルファン**ではいたるところで**竪穴の井戸**が掘られ、井戸をつないだ**地下水**が町を流れている。その数、約1,000ヶ所にもおよぶとか・・・。

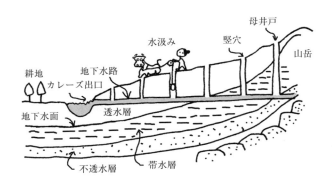

図1・23　命の水を運ぶカレーズの流れ

第2話　上水道設備と下水道設備

　上水道（raw water supply facilities）と下水道（sewerage facilities）は、給排水・衛生設備工事の設置工事対象外ではあるが、給排水・衛生設備技術者としては、知らん顔をして避けて通ることのできない関門である。
　というのは、上水道も下水道も給排水・衛生設備の範疇には入らないが、かつては必須知識として、1級管工事施工管理技士試験および2級管工事施工管理技士試験において、この上水道および下水道からも問題が出題されていたのである。いつのまにか、上水道および下水道は給排水衛生設備工事の管轄外ということで出題対象外となってしまっている。
　しかしながら、上水道は建物に水を供給する最上流（the first upstream）に位置し、建物からの排水を捨てる最下流（the last dowmstream）に位置しており非常に重要な設備

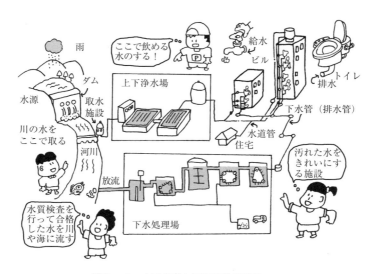

図2・1　上下水道と衛生設備の関係

である。人体で例えれば、人間は飲料・食料を**口＝上水道**から摂取し、摂取した飲料・食料を**体内各臓器＝衛生設備**で処理・消化した上で、**泌尿器・肛門＝下水道**に放流・排泄している。筆者の**独断(dogmatism)** と**偏見(prejudice)** かも知れないが、"給排水衛生設備は、その上流の**上水道**に始まり、その下流の**下水道**で終わる"と言っても過言ではないのである。

2・1 建物に水を配る上水道設備

(1) 上水道とは？

上水道は、水源で取水した水を**導水管(raw water supply main)** で**浄水場(purification facilities)** に送り、浄化・消毒して**送水ポンプ**で加圧して給水地域に**配水(water distribution)** する施設のことである。

(2) 水道法の要点(抜粋)

ここでは、**上水道設備**を理解する上で不可欠な**水道法(以降「法」という)の目的**とその**用語**の要点を抜粋して紹介する。

1) 法第1条 水道法の目的

この法律は、水道の布設及び管理を適正かつ合理的ならしめるとともに、水道を計画的に整備し及び水道事業を保護育成することによって、清浄にして豊富低廉な水の供給を図り、もって公衆衛生の向上と生活環境の改善に寄与することを目的とする。

2) 法第3条 用語の定義

① 水道：**水道**とは、**導水管**および**その他の工作物**により、水を人の飲用に適する水として、供給する施設の総体をいう。ただし、臨時に設置されたものを除く。

② 水道事業：**水道事業**とは、一般の需要に応じて、**水道**より水を供給する事業であり、**給水人口**が100人以下であるものを除く。

③ 簡易水道事業：**簡易水道事業**とは、**給水人口**が5,000人以下である**水道**より、水を供給する事業をいう。

④ 水道用水供給事業：**水道用水供給事業**とは、**水道**により**水道事業者**に対して、その用水を供給する事業をいう。ただし、**水道事業者**または**専用水道**の設置者が**他の水道事業者**に分水する場合を除く。

⑤ 水道事業者：**水道事業者**とは、第6条第1項の規定による認可を受けて**水道事業**を

経営するものをいい、**水道用水供給事業者**とは、法第26条の規定による認可を受けて**水道用供給事業**を経営するものをいう。

⑥ 専用水道：**専用水道**とは、（イ）寄宿舎・社宅・療養所などの**自家用水道**、（ロ）その他水道事業による水道以外の水道であって、次のいずれかに該当するものをいう。

◇100人を超えるものに、その居住に必要な水を供給するもの。

◇その他の水道施設の1日の**最大給水量**が、政令で定める基準を超えるもの。ただし、他の水道から供給を受ける水のものを**水源**とし、かつその**水道施設**のうち、**地中**または**地表**に施設されている**部分の規模**が政令で定める基準以下であるものを除く。

⑦ 簡易専用水道：**簡易専用水道**とは、（イ）水道事業による水道、（ロ）専用水道以外の水道で、**水道事業**による水道から供給される水のみを**水源**とする水道で、**水槽の有効容積**の合計が、10m^{3}以下のものをいう。

注意：家庭用の井戸は、水道事業による供給される水のみを**水源**とするものではないので、**簡易専用水道**ではない。

⑧ 水道施設：**水道施設**とは、水道のための**取水施設・貯水施設・導水施設・浄水施設・送水施設**および**配水施設**（専用水道にあっては**給水の施設**を含むものとし、建築物に設けられたものを除く）であって、**水道事業者・水道用水供給事業者**または**専用水道の設置者**の管理に属するものをいう。

⑨ 給水装置：**給水装置**とは、図2・2に示すように、需要者に水を供給するために、**水道事業者**の施設した**配水管**から分岐して設けられた**給水管**およびこれに直結する**給水用具**をいう。

⑩ 水道の布設工事：**水道の布設工事**とは、水道施設の**新設**または政令で定めるその**増設**または**改造**の工事をいう。

⑪ 給水装置工事：**給水装置工事**とは、給水装置の**設置**または**変更**の工事をいう。

⑫ 給水区域・給水人口および給水量：**給水区域・給水人口および給水量**とは、それぞれ事業計画で定めた、給水区域・給水区域および給水量をいう。

第2話　上水道設備と下水道設備

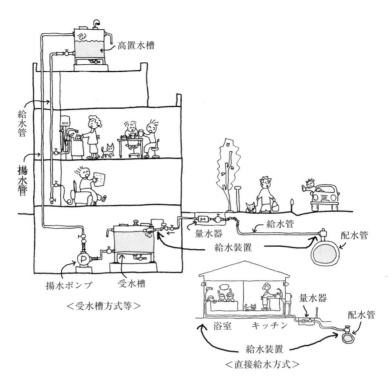

図2・2　水道法の給水装置と建築設備の給水装置の区分

【技術用語解説】

給水装置（water supply device）
　給水装置という用語がよく使用されるが、この用語は**水道法**と**建築設備**とでは異なることに是非留意して欲しい。
◇**水道法**における給水装置：
　公道に布設されている**配水管**より分岐した部分から、各需要者の**給水栓**までの区間に設けられた装置をいい、**給水管（水道引込み管）・止水栓・量水器・水栓**などを含む。
◇**建築設備**における給水装置：
　受水槽・揚水ポンプ・揚水管・高置水槽・圧力水槽・ポンプユニット・給水管などの給水のための機器・配管をいう。

2・2　上水道施設の全体構成

　一般に**水道施設**は、図2・3に示すように、**取水施設・導水施設・浄水施設・送水施設・配水施設**から構成されているが、次の3つの条件が具備されていることが要求されている。
① 　飲料水としての**水質基準（第1話参照）**に適合した水を供給できること。
② 　**十分な水量**が確保できること。
③ 　**適正な水圧**で供給できること。

　なお、以降で述べる**各水道施設**の基準については、**水道法第5条**に規定されているが、ここでは割愛させていただく。

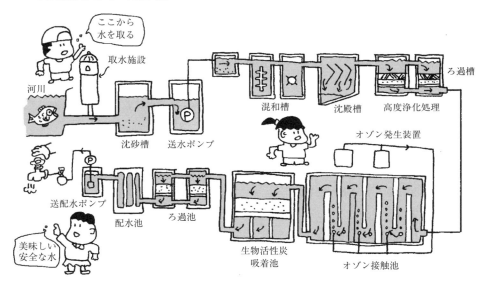

図2・3　水原水から上水が誕生するまで

（1）取水施設

　取水施設（water intake facilities）とは、河川・湖沼・貯水池・地下水などの**水源**より、水を取り入れ、**粗いごみや砂**を取り除き、**導水施設**へ水を送り込む施設のことである。**水源**の種類により必要となる設備および特徴は異なる。
① 　河川水：河川水は、**取水地点**の状況により設けられた**取水ダム・取水門・取水塔・沈砂池**などから取水される。その特徴は以下の通りである。
　　・一般に多くの**不純物（impurities）**を含んでいる。

- 特に**洪水**時における**汚濁**（pollution）が激しくなり、藻や草類その他を流すので、**水質**は極端に悪くなる。
② 湖沼水：取水の方法は、河川水の場合と同様であるが、以下のような特徴がある。
- 静止しているので、比重の大きい物質が次第に沈降して良好な水質となる。
- 近年都市部の湖沼は、**工場排水**や**生活排水**の流入により**水質汚染**がかなり進んでいる。
③ 貯水池水：河川上流の谷合などに人工的にダムを築き、河川水を導水して**貯水**する。取水方法は、河川水や湖沼水に準ずるが、特徴としては**自浄作用**が大きいことである。
④ 地下水：第1話で既述のように、地下水には地表より30m以内の**浅層水**と30m以上の**深層水**に大別される。取水方法は**井戸**によるが次のような特徴がある。
- 浅層水は人家などが近くにある時、**汚水の侵入**により**水質**が汚染されていることがある。
- 深層水は大地での**浄化作用**が十分に行われるので、**水質**は比較的良好である。また、年間を通じて**水温**が一定している。

なお、地下水の**汲み上げ**量が多くなると、**地盤沈下**（subsidense）が起こるおそれがある。**汲み上げ量**を規制するための直接的な対策として、**工業用水法施行令**および**工業用水施行規則**や**建築物用地下水の採取規制**がある。

（2）導水施設

導水施設（water conduit facilities）とは、**取水施設**より**浄水施設**までの水路のことで、その**導水路量の計画**は**計画取水量**を基準に決めている。

導水の方式には、**自然流下**によるものと**ポンプ加圧送水方式**とがあり、導水路内を**満流状態**で流れ、**導水路外側に対して有圧**となるものと、**非満流水状態**で流れ、**導水路外側に対して無圧**となるものに分けられる。

① 導水きょ (water conduit facilities)：

   導水きょは、**無圧の導水路**に採用される。きょ（渠）は、**溝状**を意味するが、上部に蓋をした**暗きょ**（closed gutter）および上部が開放状態の**開きょ**（open gutter）とに分けられる。一般的には、**暗きょ**が望ましいが、**開きょ**の場合には**水質汚濁防止**または**危害防止の措置**を講じる必要がある。

   導水渠における平均流速の**最大水速**は、3m/sが望ましいが、細かい砂粒が水路内

に沈殿しないように、**最小水速**は0.3m/s程度が望ましい。

図２・４　琵琶湖疎水第三トンネル東口

【ちょっと一息！】

琵琶湖疎水とインクライン

　琵琶湖の水を京都まで引き込む、明治期京都の一大プロジェクト：**琵琶湖疎水事業**は、1885年(明治18年)に着工し1890年(明治23年)に完成した。このプロジェクトは、北垣国道(三代目京都府知事)と若き土木技師：田邊朔郎により推進されたものであった。当初の目的は、**製造機械用・運輸**・田畑の**灌漑・精米水車用・防火用水・上水・下水**の7項目であったが、後に米国を視察した田邊朔郎の意見で、**水力発電**が加えられたという。**物流用運河**としても大いに利用され、高低差のある**蹴上**と**伏見墨染**間には、**インクライン**が設置され台車により船を行き来させた由。

② 導水管の管種 (materials of water cunduit)：

　上記の中で有圧なものは、**導水管**を採用するが、**導水管**は内圧および外圧に耐える強度が不可欠である。一般的な**管種**としては、**ダクタイル鋳鉄管・鋼管・遠心鉄筋コンクリート管・硬質ポリ塩化ビニル管**などがある。

　管路には、一般に**制御弁・空気弁・泥吐き管**などを取り付ける。また、管路の**埋設深さ**は**道路交通法**では公道面で**管頂**まで120cm以上とされている。

（3）浄水施設

浄水施設 (water purification facilities) とは、**沈殿・ろ過・消毒**などの処理を行う施設で、**着水井・凝集用の薬品注入設備・凝集池・沈殿池・ろ過池・消毒設備**から構成されている。なお、**計画浄水量**は**計画1日最大給水量**を基準としているが、以降で各設備の役割について述べる。

① 着水井 (receiving well)：原水の水位の動揺を安定させるとともに、原水量の調整を行う。また、流入水中の**じんかい(塵芥)をスクリーン**によって除去する。

② 凝集用薬品注入施設 (flocculant dozing facilities)：原水中に浮遊している砂など

の粒子を、短時間に沈殿・除去ための**薬品**を注入するための施設である。原水により**凝集剤**の他に、**アルカリ剤**や**酸化剤**などが注入される。

ちなみに、主な凝集剤には、**水道用硫酸アルミニウム（硫酸ばん土）**や**みょうばん類**などがある。

③ 凝集池（coagulation pool）：**凝集池**とは、原水と凝集剤を混和するための池のことで、**混和池**と**フロック形成池**とから構成されている。なお、混和はできるだけ短時間で行う方がいい。**フロック形成池**は、**混和池**で形成した**フロック（技術用語解説参照）**を凝集吸着する機能を具備している。

【技術用語解説】

フロック（floc）
　水に**凝集剤**を加えて混和させた時に形成される**金属水酸化物**の凝集体。フロックが形成される過程で、水中の**浮遊物質・細菌**などもとりこまれて凝集体となり、これらが互いに集合して沈殿しやすい**綿状の塊**となる。ちなみに、フロック形成には、凝集剤の種類と注入量、混和時間、混和の程度、pH、水温などが影響する。蛇足であるが、日本人がよく使用する**まぐれ当たり（フロック）**の英語は、**fluke（フルーク）**であり、**フロック**と発音すると通じないことに注意のこと！

---

④ 沈殿池（sedimentation pool）：

　沈殿池（sedimentation pool）とは、**フロック形成池**からの原水を導入して、**フロックを沈殿・除去**し、次工程の**ろ過池**の負荷を軽減させるための池である。なお、沈殿池には、**普通沈殿池・横流式沈殿池（薬品沈殿池）・高速凝集沈殿池**などがある。

⑤ ろ過池（filtration pool）：

　ろ過池（filtration pool）とは、前工程で処理された原水を**ろ過**する施設であるが、原水をろ過する速度によって**緩速ろ過方式**と**急速ろ過方式**がある。

・**緩速ろ過方式（slow speed sand filtration system）**：1日4～5m程度の**ろ過速度**で水の**砂層ろ過**を行う水浄化方法で、**低濁度の水**を処理するのに適している。

　砂層表面に形成される**生物ろ過膜**の働きにより**懸濁物（SS：Suspended Solid）**の抑留や溶解成分の酸化・吸着などが行われる。

・**急速ろ過方式（rapid speed filtration system）**：原水を**単層砂ろ過**では、120～150m/日の速度で、**多層砂ろ過**では、240m/日の速度で**ろ過層**を通過させる**ろ過**

第2話　上水道設備と下水道設備

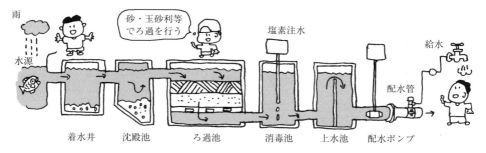

図2・5　緩速ろ過方式のプロセス

方法で、一般に**濁度・色度**の高い原水を処理するのに適している。

このろ過法はろ過表面での**付着抑留**が**ろ過作用**の主要因と考えられ、前工程の**薬品沈殿**で処理した処理水をろ過するものであるので、前工程で**凝集（coagulation）**を適切に行うことがキーポイントになる。

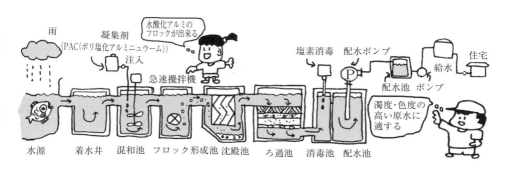

図2・6　急速ろ過方式のプロセス

・**緩速ろ過と急速ろ過による、味の不快感とにおいの比較**

　図2・7は、**味覚センサーの検査結果**による**緩速ろ過**と**急速ろ過**による水質を比較対照したものである。この図より**緩速ろ過**の場合には、**急速ろ過**の場合に比べて、**味の不快感**および**におい**が少ないことがわかる。

⑥　消毒設備（sterilization facilities）：

　消毒設備（sterilization facilities）とは、ろ過だけで水中の**病原生物**を100％除去することは望めないので、**原水の質**いかんにかかわらず、浄水の最終プロセスに設置す

る**原水消毒施設**である。

なお、消毒薬としては、一般に**液化塩素・高度さらし粉・次亜塩素酸ソーダ**などが使用されるが、**水道法施行規則**では**残留塩素（residual chlorine）**の量が、以下のように規定されている。

・**給水栓**における水が**残留塩素**で、**0.1mg/リットル（結合残留塩素では0.4mg/リットル）**以上に保持するよう**塩素消毒**する。

ただし、供給する水が**病原生物**に著しく汚染されるおそれのある場合は、遊離残留塩素で**0.2mg/リットル（結合残留塩素では1.5mg/リットル）**以上に保持するように**塩素消毒**を行う。

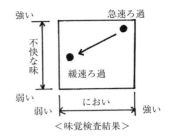

＜味覚検査結果＞

＜味覚センサ測定計＞

図2・7

【技術用語解説】

◇**遊離残留塩素 (free residual chlorine)**
　水を**塩素剤**で消毒した時に、他の成分と結合しないで**次亜塩素酸（HOCL）**と**次亜塩素酸イオン（OCL⁻）**の形で残留した塩素のこと。両者の比率は、水のpHによっても異なるが、後述の**結合残留塩素**と比較すると**酸化力・殺菌力**がつよい。これは、また**遊離塩素・遊離有効塩素**と呼ばれることもある。

◇**結合残留塩素 (combined residual chlorine)**
　水を**塩素剤**で消毒した時に、**アンモニア・鉄・マンガン・硫化水素**などの成分と結合して、残留した塩素のことで、**結合有効塩素**とも呼ばれることもある。

【ちょっとお耳を拝借！】

塩素消毒の温故知新話
　今の現代人には、とても信じられないであろうが、日本でも1877年（明治10年）に**コレラの大流行**があり、**飲料水注意報**の通達が出されたという。この通達によると、井戸への**汚水流入の防止・下水道の設置・井戸から3間（5.4m）以内のかわや（トイレ：注）の設置禁止**などが盛り込まれたそうだが、**薬品による消毒**の話はなかった由。
　注：**かわや**は、漢字では**厠**と書くが、川の上に設けた小屋の意味があり、かつては、人がここで用を足していたことの名残りであるようだ・・・。

ちなみに、コッホが**コレラ菌**を発見して**生活用水**により**コレラ菌**が伝播されることが判明したのは、それから5年後の1882年（明治15年）のことであった。

　1910年（明治43年）にアメリカでは、**塩素ガス**による消毒が始まり、1937年（昭和12年）に水道水が原因ともなった**赤痢**が発生して、水道水の**残留塩素濃度**が定められた。日本では1945年（昭和20年）に、GHQ（占領軍総司令部）により水道水に対する**塩素消毒強化**の指令が出され今日に至っているのである。

　飲料水の**消毒法**としては、塩素による消毒法以外に、**オゾン処理・紫外線処理・煮沸**などがあるが、消毒効果の**持続性**という観点からは、**上水道**というような**大規模な消毒**には持続性のある**塩素消毒**が適していると言える。

　ただし、留意しておいて欲しいことは、**塩素消毒**といえども万能ではない。塩素に対して、**強い抵抗力**をもつ**病原性原虫**も発見されているからである。

　例えば、**クリプトスポリジウム**による恐れのある場合には、それに対する**特別のろ過装置**を設けて処理したり、**紫外線処理設備**を設ける必要がある。

【技術用語解説】

クリプトスポリジウム
　クリプトスポリジウムとは、牛・馬・豚・犬・猫・ねずみなどに寄生して（being parasitic）いる**原生動物（the Protozoa）**である。汚染された生水や生野菜、手指などを介して人間の口から体内に侵入感染すると、下痢・腹痛・発熱などの病状を起こす。1996年（平成8年）に埼玉県越生市で、**町営水道**が汚染されて、町民の約70％に該当する約8,000人が感染した事例がある。したがって、2007年（平成19年）には水道法で**耐塩素性病原生物**を不活性化することができる**紫外線処理設備**を**水道施設**に設けることが義務付けられた。

【ちょっとお耳を拝借！】

オゾン消毒（sterilization with ozone）
　日本では、**水道水の消毒法**としては、依然として**塩素消毒**が採用されているが、最近では西欧で一般的な消毒法であると言われる、**オゾン消毒**も併用されるようになってきている。**オゾン消毒**とは一般には**空気**を原料として、**オゾン発生機（ozonizer）**で無声放電によって、酸化力が強い**オゾンガス（O_3）**を発生させて、空気・水・固体などの表面を**殺菌消毒**する方法である。

　オゾンの殺菌作用はオゾン（O_3）が分解されて生じる**原子上の酸素（O）**の殺菌作用によって、直接的に**微生物（microbe）**を死滅させる作用である。

（4）送水施設

送水施設（water transmission facilities）は、**浄水場**から後述の**配水施設**まで、**ポンプ**や**送水管**などの設備で送水する設備のことをいう。その計画送水量は、計画1日最大給水量（1年を通じて給水量の最も多い量）を基準と定めている。

（5）配水施設

配水施設（water distribution facilities）とは、**配水地・配水塔・高架タンク**または**配水ポンプ**により、**給水区域**の需要者に、その必要とする水圧で**所要量**を配水するための施設である。

その計画配水量は、平時においては計画時最大給水量、火災時においては、計画1日最大給水量の1時間当たりの水量と**消火用水量**を合計したもので、配水管の水圧は、最小動水圧：150kPa以上の確保を標準としている。

次に、ここで**配水管の布設**に関して、留意すべき事項を以下に示す。

① **配水管**が他の**地下埋設物**と交差または近接する時には、少なくとも**30cm**以上の間隔を保つこと！
② **寒冷地**における配水管の**埋設深さ**は、**凍結深度**（frost depth）よりも深くすること！
③ **配水管**の誤認を避けるため、**埋設管**には原則として**布設業者名・布設年次・業種別名**などを明示すること！
④ **遮断バルブ・制御用バルブ**で管径：400mm以上の場合には、必要に応じて**バイパス弁**を設けるか、**副弁内蔵型**のバルブを設置すること！
⑤ **消火栓**は**沿線の建物**などの状況に配慮し、**100m～200m間隔**に設置すること！
⑥ **消火栓**の口径は、原則として**65mm以上**とすること！

（6）給水装置

給水装置（water supply device）とは、配水管以降の**給水引込分岐管**や**器具**および**装置**のことを指す。**給水装置**の布設上の留意事項を以下に示す。

① **配水管**からの給水引込枝管の取出位置は、他の**給水引込管**の取付口から**30cm以上**離すこと！
② **配水管**への取付口における給水管の口径は、当該給水装置による**水の使用量**に比べて著しく過大な口径としないこと！
③ **配水管**の水圧に影響を及ぼすおそれのあるポンプは、直接連結しないこと！

第2話　上水道設備と下水道設備

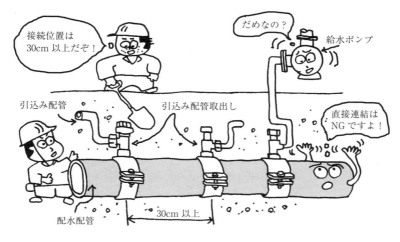

図2・8　給水引込枝管の取出間隔

④　当該給水装置以外の**水管**および**その他の設備**に直接連結しないこと！

【知っておきたい豆知識】

上水道の種類
　既述のように、水道は**水道法**によって、**上水道**は次のように**上水道・簡易水道・専用水道・貯水槽水道**の4つに分類されている。
①　**上水道**：上水道とは、給水人口が**5,000人**を超える水道のこと。
②　**簡易水道**：**簡易水道**とは、給水人口が**101人～5,000人以下**の水道のこと。
③　**専用水道**：**専用水道**とは、寄宿舎・社宅などの**自家用水道**などで、**100人**を超える**居住者**に給水するもの、または1日の給水量が**20m³**を超える給水設備　のこと。
④　**貯水槽水道**：**貯水槽水道**とは、2002年（平成14年）の**水道法**の改正で新たに定義された水道のこと。ビルやマンションなどの建物で、**水道局**から供給される水を一端**受水槽**に貯水し、ポンプで直接あるいは屋上に設置した**高置水槽**に送ってから利用者に給水する施設のことである。ただし、受水槽容量：10m³を超える**簡易専用水道**、および受水槽容量：10m³以下の**小規模貯水槽水道**の2種類がある。

　なお、既述のように、**受水槽**に入るまでの水質は**水道局**が管理するが、**受水槽**から**給水栓**までの設備の管理は、すべて**設置者（建物の所有者）**の責任となっている。ただし、**受水槽水源**のすべて、あるいは一部に**井戸水**等を使用している施設や、**受水槽**の用途がもっ

ぱら**消火用・工業用**などで、まったく**飲用**に利用されていない施設は適用が除外される。

ちなみに、2013年（平成25年）3月のデータでは、日本総人口の97.8%に当たる、12447万人が**水道**を利用している由。

【ちょっとお耳を拝借！】

水道事業業の抱える課題
　最近では、**人口減少**に伴う**水需要の減少・水道施設の老朽化・深刻化**する**人材不足**・必要な水道料金原価の**見積もり不足**の恐れなどの課題に直面している由。特に**水道管路**は、**法定耐用年数**が40年であり、**高度経済成長期**に整備された、**管路施設の更新**がなかなか進まないために、管路の老朽化はますます深刻化している。日本でも、"安全と水はタダ！"ではなくなりそうである。

2・3　建物からの排水を廃棄・処理する下水道

（1）下水道とは？

下水道（sewerage facilities） とは、下水を排除するように設けられる**排水管渠**および**その他の排水施設（灌漑用排水施設を除く）**およびこれに接続して**下水（sewerage）**を処理するために設ける**処理施設（し尿浄化槽を除く）**、またはこれらの施設を補完するために設けられる**ポンプ施設**および**その他の施設**の総称のことである。現在では、**下水道**が完備している都市は、**近代都市（advanced city）**の代名詞ともなっている。しかし、残念ながら日本の**下水道普及率**は77%（2014年）で、先進諸外国に比べると普及が遅れていると言わざるを得ない。

ちなみに、イギリスでは97%、ドイツやスエーデンでは93%、米国では91%である由。

（2）下水道法の要点（抜粋）

ここでは、**下水道設備**を理解する上で不可欠な**下水道法（以降「法」という）の目的**とその**用語**の要点を抜粋して紹介する。

1）法第1条　下水道法の目的

この法律は、流域別下水道整備総合計画の策定に関する事項並びに**公共下水道、流域下水道**及び**都市下水路**の設備その他の管理の基準等を定めて、下水道の整備を図り、もって都市の健全な発達及び公衆衛生の向上に寄与し、合わせて公共水域の水質保全に資することを目的とする。

2）法第2条 用語の定義

① **下水**：**下水**とは、**生活**もしくは**事業**（**耕作の事業を除く**）に起因し、もしくは**付随する廃水（以下汚水という）**または**雨水**をいう。

② **下水道**：**下水**を排除するために設けられた**配水管・排水きょ**、その他の**排水施設（かんがい施設を除く）**、これに接続して下水を処理するために設けられる**処理施設（し尿浄化槽を除く）**、またはそれらの施設を補完するために設けられる**ポンプ施設**、その他の施設の総体を**下水道**という。

注意：第9話で詳述する**し尿浄化槽**は**下水道**に該当しない。

③ **公共下水道**：主として市街地における下水を**排除**または**処理**するために、**地方公共団体**が管理する下水道で**終末処理場**を有するもの、または**流域下水道**に接続するものであり、かつ**汚水**を排除すべき**排水設備**の相当部分が**暗きょ**である構造のものをいう。

【ちょっと一息！】

ジャンバルジャンの地下水道

地下水道（underground sewer ditch）というと筆者は、すぐにフランスの小説レ・ミゼラブル中のジャンバルジャンが逃走に利用した大きな**暗渠形式**の**パリの下水道**を思い出す。**パリの下水道ツアー**は、現在観光客の**人気ツアーコース**の一つになっており、事前に申し込みを行えばガイドの案内で参加できるそうである。

ところで、ヨーロッパ最古の下水道は、BC5000年頃に、メソポタミア文明の発祥地：**チグリス・ユーフラテイス河**沿いに発達した都市ですでに設置されていた由。

また、インダス文明の発祥地：**モヘジョダロ**などにも、**下水道**が存在していたことが判明している。ちなみに、古代の**下水道**はその末端が**都市区域外**まで延長されておらず、途中に**沈殿池（sedimentation basin）**を設け、最終的に**地下浸透（subsurface infiltration）**させていたようである。

ちなみに、ヨーロッパでは、**し尿（raw sewage）**を肥料（manure）として使う習慣が一部の地域を除きなかったため、下水のない地域では、なんと**し尿**を窓から外に投げ捨てていたとも言われている。パリでは、17世紀はじめに**下水道**が整備され、18世紀はじめには**ヴェルサイユ宮殿**には**水洗トイレ（flush toilet）**が設置された。

14世紀に全ヨーロッパでペスト（plague）が流行し、その後インドの風土病（endemic disease）であったコレラ（cholera）が、19世紀ヨーロッパに侵入・蔓延し、急速な西欧大都市の都市化に伴って河川の汚水による汚染が進んだので、ロンドン・パリなどでは本格的な下水道が建設されるようになった由。

図2・9　パリの下水道

④　流域下水道：もっぱら地方公共団体が管理する下水道により、排除される下水を受けて、これを排除または処理するために、地方公共団体が管理する下水道で、2つ以上の市町村の区域における下水を排除する下水であり、終末処理場を有するものをいう。

⑤　都市下水路：主として市街地における下水を排除するために地方公共団体が管理している下水道（公共下水道および流域下水道を除く）で、政令で定める規模以上のものであり、かつ地方公共団体が下水道法第27条の規定により指定したものをいう。

⑥　終末処理場：下水を最終的に処理して河川その他の公共の水域または海域に放流するために、下水道の施設として設ける処理施設およびこれを補完する施設をいう。

【技術用語解説】

終末処理場（sewerage treatment plant）

　下水暗きょにより**流集**された下水を最終的に処理して、**公共水域**に放流するために、**下水道の施設**として設けられた**処理施設**で**下水処理場**とも呼ばれる。処理場は**固液分離**を目的として、**予備処理施設・水処理施設・汚泥処理施設**とに分けられる。

　これらの構成は処理規模によっても異なるが、一般に**予備処理施設**は粗い浮遊物を**沈殿池**や**除塵装置**で除去する。次に**水処理施設**は、**最初沈殿池・生物反応施設・最終沈殿池・消毒施設**などで構成されており、さらに高度な処理が必要な場合には、それに応じて**高度処理施設**が付加される。

　なお、水処理によって**分離された汚泥**は処分方法に応じて**減量・安定化**がなされ、必要に応じて再利用するための施設が付加され、**処理施設**が構成される。

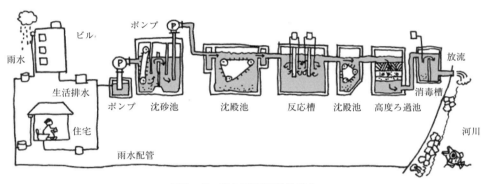

図2・10　終末処理場の施設構成

⑦　排水区域：**公共下水道**により**下水**を排除することができる地域で、**下水道法第9条第1項**により公示された区域をいう。

⑧　処理区域：**排水区域**のうち、排除された**下水**を**終末処理場**により処理することができる地域で、**下水道法第9条第2項**において準用する**同条第1項**の規定により公示された区域をいう。

（3）公共下水道の水質基準

　公共下水道から**河川**、その他の**公共水域**または**海域**に放流する水の水質は、**下水道法第8条**で規定されているが、政令で定める**技術上の基準**に適合するものとする。放流水の水質の**技術上の基準**として、**令第6条**に記載されている数値は次の通りである。

① 水質イオン濃度：pH：5.8以上 pH：8.6以下とする⇒
強酸性の水や**強アルカリ性**の水を放流してはならない！
② 大腸菌数：3,000個/m^3以下、浮遊物質量：40mg/リットル以下とする。

その他、第5条第2項には、**生物化学的酸素要求量（BOD）・窒素含有量・燐含有量**などが規定されているが、本稿では割愛させていただくことにする。

（4）排水設備の設置

下水道法の**排水設備**とは、**下水道法第10条の1**で規定されているが、その土地の下水を**公共下水道**に流入させるために必要な**排水管・排水きょ**、その他の**排水施設**をいう。**公共下水道**の使用が開始された場合、その区域内の土地の所有者・使用者または占有者は、遅滞なく次の区分に従って、**下水**を**公共下水道**に流入させるために必要な**排水設備**を設置しなければならない。

① 建築物の敷地では、その建築物の所有者。
② 建築物の敷地でない土地では、その土地の所有者。

ただし、次の③の土地を除く。

③ 道路その他公共施設の施設では、その公共施設の管理者。

なお、設置された**排水設備**の**改修・修理**は、**設置者**が行い、**清掃・その他の維持**は、その土地の所有者が行う。

（5）排水設備の基準

排水設備の設置または**構造**については**下水道法第10条第3項および令第8条**に規定されているが、**建築基準法・その他の法令**の規定の適用がある場合においてはそれらの規定による。

しかし、次に示すように**政令で定める技術基準**のあるものはそれによる。

① 排水設備は、**地方公共団体**の条例で定めるところにより、**公共下水道ます**、その他の**排水施設**または**排水設備**に接続させる。
② 排水設備は、堅固で**耐久力**のある構造のものとする。
③ 排水設備は、**陶器・コンクリート・れんが**、その他の**耐久性**ある材料で作り、**漏洩**を最小限とする措置をとる。
④ **分流式**の公共下水道に下水を流入させる排水設備は、**汚水**と**雨水**を分離する構造とする。

注意：分流式排水とは、**汚水**と**雨水**を別々の**管きょ**で排除する排水方式で、**水質汚濁防止**に有利なために、現在多くの都市で採用されている。ただし、後述の**建築設備**における**分流式排水**では、**汚水**と**雑排水**を別々な管路で排除する**排水方式**のことをいう。

図2・11　下水道法における分流式排水

注意：合流式排水とは、下水道では**汚水**と**雨水**を、建築設備では**汚水**と**雑排水**を同一の管路で排除することをいう。

図2・12　下水道法における合流式排水

⑤ **管きょ勾配**は、やむを得ない場合の除き表2・1による。

表2・1 管きょ勾配

管径（mm）	最小勾配
65以下	1/50
75、100	1/100
125	1/150
150以上	1/200

⑥ 排水管の**内径**および排水きょの**断面積**は、条例の定めるところにより、**下水**を支障なく流下できるものとする。

⑦ **汚水（冷却に用いた水・その他の汚水で、雨水と同程度以上に清浄であるものを除く）** を排除すべき排水きょは、**暗きょ**とする。ただし、**製造業**または**ガス供給業**の用に供する建物内においては、この限りではない（令第8条第7号）。

注意：開きょとは、蓋など上部の覆いがない**排水溝**および**排水管の溝**のことである。道路脇によく設置されている**U字溝**もこれに該当するが、蓋つきであっても取り外しが容易なものは**開きょ**の範疇に包含される。

一方、**暗きょ**とは、**開きょ**とは全くの逆で、蓋などで完全に覆われている**排水溝**および**排水管の溝**のことである。

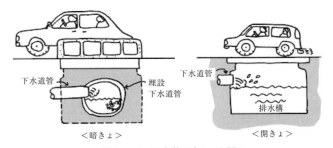

図2・13 下水道の暗きょと開きょ

⑧ **暗きょ途中にます**または**マンホール**を必ず敷設する必要があるのは、以下の場合である。

　ア） もっぱら、**雨水**を排水すべき**暗きょ**の始まる箇所。

　イ） 下水の**流路**の**方向**、または**勾配**が著しく変化する箇所。
　　　ただし、**暗きょ**の清掃に支障がない時は、この限りではない。

　ウ） **管きょ**の長さが、**内径**または**内法幅**の120倍を超えない範囲内において**管きょ**の清掃に適当な箇所。

⑨ **汚水**を排除すべき**ます**または**マンホール**にあっては、**悪臭**の漏洩を防止するため、**密閉**（airtightness）できることができる蓋を設ける。
⑩ もっぱら**雨水**を排除する**ます**の底には、必ず深さ：15cm以上の**泥溜め**を設ける。その他の**ます**では接続する管きょの**内径**または**内径幅**に応じて**相当幅**の**インバート**（invert）を設ける。

【技術用語解説】

インバート（invert）
インバート（invert）とは、本来**横走り管内面**の最も低い場所を指す技術用語であるが、一般には図2・14に示すような**インバートます**の底部に設けられる**半円形状（ハーフパイプ状）の溝**のことを指す。現場の衛生設備職人用語では、**インバートます**に**インバル溝**（invert gutter）の加工を施すことを、"インバルを切る"などと呼んでいる

図2・14　排水ます（インバートます）のインバート

（6）排水に関する受忍義務など

1）他人の土地への排水（法第11条の1）

排水設備を設置しようとするものは、他人の土地または**排水設備**を使用しなければ**下水**を**公共下水道**に流入させることが困難である場合には、他人の土地に**排水設備**を設置し、または他人の**排水設備**を利用することができる。

2）費用負担（法第11条の2第1項・令第8条の2）

他人の**排水設備**を使用する場合には、利益を受ける割合に応じて**費用**を負担する。また、1日50m^{3}以上の**汚水**を継続して**公共下水道**に排除する者は、あらかじめ**公共下水道管理者**に届け出が必要となる。

3）水洗便所への改造（法第11条の3）

処理区域内において、**くみ取り便所**が設けられている建築物を所有する者は、**下水処理**を開始すべき日から3年以内に、その便所を**水洗便所**に改造する。

ただし、近く除去・移転される建築物を除く。

4）除害施設の設置（法第12条）

公共下水道管理者は、表2・1に示すような著しく**公共下水道**もしくは**流域下水道**の施設の機能を妨げ、または損傷するおそれのある**下水**を継続して排除する**公共下水道**の使用者に対し、政令で定める基準に従い、条例で、**下水による障害**を除去するために必要な措置を設け、または必要な措置を講じる旨を定めることができる。

注意：除害施設を設置するのは、あくまで**公共下水道**の使用者であって、**公共下水道管理者**ではない。

下水排除基準は、様々な対象物質および項目が規定されている。その内容は、**処理困難物質**と**処理可能項目**に大別され、さらに**有害物質**と**環境項目**に分類される。その中で環境項目のみを抜粋して、参考までに東京都23区内における下水排除基準（ただし、ダイオキシンを除く）を示す（表2・2）。

表2・2　除害施設を設置すべき下水

対象物質または項目		対象者	水質汚濁防止法上の特定施設の設置者	
			50 ㎥/日以上	50 ㎥/日未満
環境項目等	総クロム		2 mg/L 以下	2 mg/L 以下	2 mg/L 以下
	銅		3 mg/L 以下	3 mg/L 以下	3 mg/L 以下
	亜鉛		2 mg/L 以下	2 mg/L 以下	2 mg/L 以下
	フェノール類		5 mg/L 以下	5 mg/L 以下	－
	鉄（溶解性）		10 mg/L 以下	10 mg/L 以下	－
	マンガン（溶解性）		10 mg/L 以下	10 mg/L 以下	－
	生物化学的酸素要求量（BOD）		600 mg/L 未満 (300 mg/L 未満)	－	
	浮遊物質量（SS）		600 mg/L 未満 (300 mg/L 未満)	－	
	ノルマルヘキサン抽出物質	鉱油	5 mg/L 以下		
		動植物油	30 mg/L 以下		
	窒素		120 mg/L 未満	－	
	リン		16 mg/L 未満	－	
	水素イオン濃度（pH）		5を超え9未満 (5.7を超え8.7未満)	5を超え9未満 (5.7を超え8.7未満)	
	温度		45℃未満 (45℃未満)	45℃未満 (45℃未満)	
	ヨウ素消費量		220 mg/L 未満	220 mg/L 未満	

※BOD、SS、pH、温度に係る（　）内の数値は製造業又はガス供給業に適用

2・4 下水道施設の全体構成
(1) 公共下水道と流域下水道と都市下水路

下水道の種類については、**下水道法**の項ですでに紹介済みであるが、再録すると**公共下水道・流域下水道・都市下水路**の3区分がある。

① 公共下水道（public sewrage system）：一つの市街地の**下水**を処理するもの。
② 流域下水道（regional sewrage system）：2以上の市町村の**下水**を処理するもの。

いずれも**終末処理場（下水処理場）**で住宅・事務所ビル・ホテルなどから排出される**生活排水**や工場などから排出される**事業所排水**を処理して、河川や海に放流するもの。

③ 都市下水路（storm sewer system）：市街地における**雨水**の専用排除を目的に作られたもので、**生活排水**や**事業所排水**を流すことはできない。したがって、一般的に**下水道**といえば、①**公共下水道**および②**流域下水道**のことを指す。

ちなみに、これらの**下水道施設**を組み合わせて**一覧化**したものが、図2・15に示す、**下水道施設の全体構成図**である。

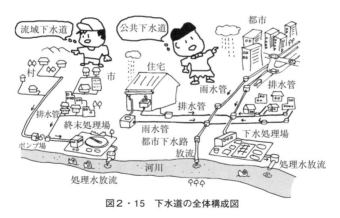

図2・15 下水道の全体構成図

【知っておきたい豆知識】

特別な配慮が不可欠な排水

下水道には、どんな**汚水**でも流してもいいというわけではないのである。**事業所**などから排出される**重金属**などの**有害物質**に対しては、全国一律に**排出基準**が定められている。

さらに、**下水道**の立地条件や使用状況に応じて、**水温・pH・BOD・浮遊物質（SS）・動植物油（ノルマルヘキサン抽出物）**などについて**排出基準**が設けられている。特にほとんどの地域では、定められた以上の排水量を流す**厨房排水**では、**動植物油**を除外する**除害施設**を設置しなければ排水を放流できない。

下水道には**生活排水**や**事業所排水**と**雨水排水**を同じ排水管に流す、いわゆる**合流式**と**雨水排水**を別に流す**分流式**がある。

しかし、比較的新しく作られた**下水道**では**分流式**が多く採用されている。このほかに農村集落の**家畜のし尿**や**生活排水**を流して処理する**農村集落排水**も**下水道**と同じ役割を果たしている。

（2）圧力式下水道と真空式下水道

下水道は、本来下水を**重力式（gravity system）** で排除し、やむを得ない場合には、下水を管路途中に設けた**排水ポンプ場**でポンプアップし排水していた。

農村や漁村の集落などのように、下水の発生が点在するような場合には、**重力排水方式**では排水管の**勾配**によっては、排水管路の深さが深くなるので、**圧力式下水道**や**真空式下水道**が設置されるようになった。

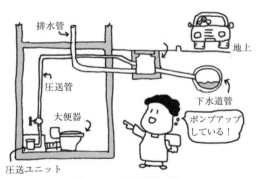

図2・16　圧力式下水道

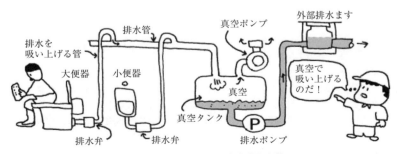

図2・17　真空式下水道

第2話　上水道設備と下水道設備

【知っておくとお得！】

津波被害を最小限に食い止めた、スリランカ ゴール(旧市街)の下水道

　2004年(平成16年)にインドネシアのスマトラ島**バンダ・アチェ**付近を**震央(seismic center)**として、発生した**マグニチュード：9.1～9.3**の超巨大地震：**スマトラ島沖地震**を覚えておられるであろうか？この巨大地震により、多くの死傷者を含む**甚大な被害**が発生したが、震央の**バンダ・アチェ**地域以外の被害の大半は、**大津波(TSUNAMI)**によるものであった由。

　筆者は、2006年(平成18年)3月に、この津波の被害地：スリランカの南端に位置する**ゴール(ガッラ：GALLE)**市街をたまたま訪れる機会を得た。この**ゴール市街**は、**旧市街**と**新市街**とに分かれているが、**旧市街**は海に直接面しており、**堅固な砦**に囲まれたコロニアルな**城塞都市**である。

　現地の住民から当時の話を聞くことができたが、津波は低地にある**新市街**から侵入し、**旧市街**にも押し寄せてきたという。一時、**旧市街**も大人の腰くらいの高さまで浸水したが、3～4時間もするとすっかり**津波海水**は退いてしまった由。その理由は、この城塞都市の地下には、**植民地時代**から**大きな下水道設備**が設置されており、この**下水道**を通じて**津波海水**が海に放流されたからだという。

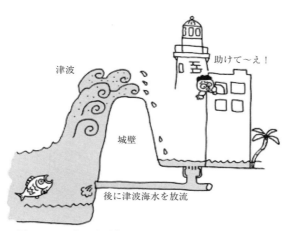

図2・18　ゴール旧市街を津波被害より守った城壁と下水道

53

第3話　給水設備工事

3・1　給水設備工事とは？

　人間は水がなくては生きていけない。生命維持の他に様々な用途に水を使用している。給水設備は、水を使用する器具・機器・装置などに必要な量の水を、水質を維持して適切な圧力で供給するための設備である。水圧が低くても高くても機能は満足に発揮することはできず、一般の建物では飲用水を様々な用途に使用しているので、**水汚染（water pollution）** から守ることが給水設備の最も大切な使命である。

　給水設備では様々な場面で汚染される危険性が有り、貯水槽では大気に繋がっているオーバーフロー管やマンホールなどからの異物混入、配管では**クロスコネクション（cross connection）** による汚染や、配管材料の腐食による汚染、衛生器具では排水や飲用水以外の水が給水管に逆流する**逆流汚染**がある。

図3・1・1　いろいろな汚染

【技術用語解説】

クロスコネクション（cross connection）：給水配管とそれ以外の配管・器具装置に直接接続されること。飲用水以外の水は、水質が衛生的な状態で管理されている保証がないので、非衛生な水が飲用水に混ざる危険は避けなければならない。

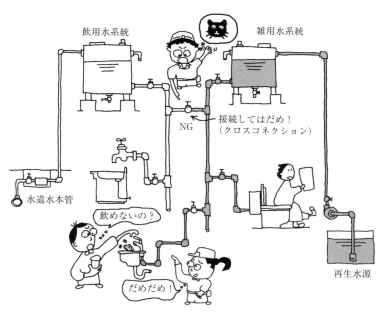

図3・1・2　クロスコネクション

3・2　使用水量の実態

　文明のバロメーターとして、水の使用量が評価されていた頃は、快適性が問われ、生活の向上のため使用機器類の多様化や給湯の使用などにより、よしとしてきたが、現在の社会では、地球規模での水資源の不足（shortage of water source）が問題となり、水の有効利用や節水器具の普及が喫緊課題となっている。

　最近の飲料水は、ペットボトルの水やお茶を愛用している人が多い。以前は中東の国ではガソリンより高価な水を飲んでいると揶揄していたが、日本ではコンビニで買う500ml

の水は安くて100円（1ℓ 200円）で、レギュラーガソリン1 ℓ 150円（2018年10月現在）と比べても、水の方がはるかに高価で人ごとではない。

（1）都市の使用水量

都市で使用する水には、生活用水（domestic water）と工業用水（industrial water）がある。2016年（平成28年）の日本の水道普及率は97.9%で、生活用水の年間使用量は約164億m³で、都市では平均340ℓ/人・日である。

世界の都市での年平均一日1人当りの使用水量と、住宅の使用水量を表3・2・1および図3・2・1に示す。各都市の給水人口あたりの上水道使用量で、工業用水、散水、消火用水などが含まれる。

表3・2・1　世界の都市の1人1日平均給水量

都市名	平均使用水量[ℓ/(人・日)]
香　　　　港	389
シンガポール	206
サンフランシスコ	529
ホ ノ ル ル	658
モントリオール	1,137
オ ス ロ	670
バルセロナ	253
ロ ー マ ン	554
メルボルン	456
東　　　　京	415
大　　　　阪	559

（出典：空気調和・衛生工学会編：空気調和衛生工学便覧，第12版，4巻，P88-90，1995）

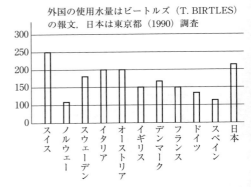

図3・2・1　世界の住宅の使用水量（ℓ/人・日）

（2）建物、住宅の使用水量

建物の使用水量には、トイレ、飲食、洗面や空調用水、プール、散水などが含まれるので、建物用途によって大きく異なり、特にホテルや病院の給水量が多くなっている。都市での水需要の厳しさから、節水が求められるほか、自治体によっては排水再利用を義務づけ、排水や雨水を処理してトイレ洗浄水や空調用水、散水などに利用する雑用水（中水道）設備を設ける建物も多くなっている。

表3・2・2　建物の使用水量

建物の種類	年平均1日当りの使用水量	
	延べ面積当り[ℓ/(m²・日)]	使用単位当り[ℓ/日]
庁舎・事務所	8	127（1人当り）
ホテル	24	2,000（ベッド当り）
病院	22	1,290（〃）
喫茶店	57	11（客当り）
飲食店	205	58（〃）
デパート	22	—
劇場・映画館	13	37（客当り）

（出典：空気調和・衛生工学会編：空気調和衛生工学便覧，第12版，4巻，P88-90，1995）

　住宅での給水量は、トイレ、風呂、炊事、洗濯などが主な用途で家族構成や季節によって左右される。大よそ年間平均では **1日1人当り150～300ℓ** 使用しており、用途別の割合（内訳）はトイレ24％、風呂が26％、炊事22％、洗濯20％、その他8％となっている。住宅の1世帯の人員構成によって1人当りの給水量は変わり、1世帯あたりの人数が多くなるほど減る傾向にある。

3・3　設計用給水量

　給水設備の設計は、水の使用量がわからなければ計画できないので、さまざまなデータから、給水量を予測する必要があり、水量の予測算出には次のような方法がある。
① 建物の使用人員から
② 設置する衛生器具数から
③ 建物の延べ面積から
の以上3つの方法があり、①は水槽などの機器類の選定に使われ、②は給水管などの設計に、③は設備全体を概略把握する時などに使われる。

　給水量は、使用者の目的や習慣により変わり、使用人員も変わるため、まとめられている実測値をそのまま使用するには注意が必要で、設計にあたってはある程度の余裕を見た設計用給水量を採用した方がよい。

（1）建物使用人員による算出

　用途ごとに1人が使うと思われる使用水量をまとめたものを表3・3・1に示す。利用人員は定員が決まっている場合は、定員や従業員者数を、明らかになっていない場合は、

建物の延べ面積や用途毎の面積、定員などによって求める。ホテルや病院では、ベッド数のほか宿泊、入院患者以外の外来者数も加味して求める。

表3・3・1 建物用途別の単位給水量・使用時間

建物の種類	単位給水量（1日）	使用時間	有効面積当りの人員［人／m²］
戸建て住宅	200～400ℓ／人	10	0.16
集合住宅	200～350ℓ／人	15	〃
庁舎・事務所	60～100ℓ／人	9	0.2
総合病院	1,500～3,500ℓ／床	16	
ホテル	350～400ℓ／ベッド	12	

（出典：空気調和・衛生工学会編：空気調和衛生工学便覧, 第12版, 4巻, P119, 1995）

（2）衛生器具数による算出

建物に設置する衛生器具の種類と数により設計用給水量を算出する方法で、給水管径を決める時に使われ、次のような4つの方法がある。

① **水使用時間率と器具給水単位による方法**：これ以上、同時に器具が使われることがなく、使われたとしてもその影響は少ないと考えられる最大同時器具数を求め、器具1個当りの流量を乗じて瞬時最大負荷流量を算出する方法。

② **器具給水負荷単位法**：各器具ごとにそれぞれの単位給水流量、使用頻度や同時使用率を考慮した数値（給水負荷単位）を定め、設置する器具の合計給水負荷単位を求め図表から同時使用流量を算出する方法。

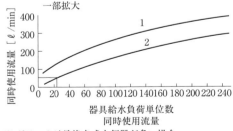

※ グラフ1は洗浄弁式大便器が多い場合、
　　グラフ2は洗浄タンク式大便器が多い場合
図3・3・1　器具給水負荷単位による同時使用流量
（出典：空気調和・衛生工学会編：空気調和衛生工学便覧, 第12版, 4巻, P119, 1995）

表3・3・2　器具給水負荷単位

器具名	給水方法	器具給水負荷単位 個室用	私室用
大便器	洗浄弁	10	6
	洗浄タンク	5	3
小便器	洗浄弁	5	—
	洗浄タンク	3	—
洗面器	給水栓	2	1

③ 各器具のうち同時使用を推測される器具数を予測し、各器具の最低必要流量を乗じて同時使用流量を算出する方法。
④ 各器具の1回当りの使用水量と1時間当りの使用回数から、時間当たりの使用水量を算出する。建物内の一部の使用水量などの算出に用いられる方法。

3・4 適正水圧と最低必要流量
(1) 適正水圧

　建物に設置してあるすべての器具、機器に対して適正な水圧で供給することが基本で、衛生器具や機器は、目的に応じた機能を発揮する所定の水圧が必要である。水圧が低すぎても高すぎても機能を発揮しない。低ければ水の出が悪く不便であり、給湯器ではガスが着火しなかったり、大便器の洗浄水が不足する。

　圧力が高過ぎると洗面器や流しの水が跳ねたり、シングルレバー水栓を閉める時に騒音を発したり、ウォーターハンマがおきて器具や配管を破損することもあるので。減圧弁で水圧を下げたり、**ウォーターハンマ防止器（water hammer arrester）** を設置する場合もある。

　器具の最低必要圧は建物の構造と衛生器具の用途によって決まる。最高水圧は建物の用途によって決め、一般に住宅やホテルでは200～300kPa、事務所ビルなどでは300～400kPa程度になるように計画する。

表3・4・1　衛生器具の最低必要水圧

器具		最低必要水圧 [kPa]
大便器	（洗浄弁）	70
	（洗浄タンク）	30
小便器（洗浄弁）		70
洗面器		30
シャワー		70
一般水栓		30
自動水栓		50
ボールタップ		30
ガス給湯機（4～30号）		40～80

（出典：空気調和・衛生工学会編：空気調和・衛生工学便覧, 13版, 第4巻, p.88, 2001より加筆修正）

【技術用語解説】

ウォーターハンマ (mater hammer)：水栓を急に閉めた時に配管をハンマでたたいているような音がする現象を言う。給水管の内部では水が充満して流れており、その給水管につながった水栓などを急に閉めて水の流れを急に止めると、水の運動エネルギーが圧力に変って配管内の圧力が急激に上昇し、圧力の波が配管内を往復して、配管、弁、機器類をハンマのように打ち続けて振動させ衝撃音を発する水撃作用が起こる。

（2）最低必要流量

衛生器具の水や湯の使用量を適正に保つことは、資源エネルギーを有効に使うことであり、適正流量は器具の最低必要流量を大きく超えない流量といえる。

表3・4・2は器具が必要とする最低流量である。器具の流量は節水こまや節水オリフィスを使ったり、器具の止水栓の開度を変えて調整することができる。

表3・4・2　衛生器具の必要最低流量

器具の種類	必要最低流量 [ℓ/min]
大便器（洗浄弁）	105
大便器（洗浄タンク）	10
小便器（洗浄弁）	30
小便器（洗浄タンク）	8
手洗い・洗面器	8.0〜9.0
シャワー	8.5〜12.0
流し水栓（13mm）	7.5〜8.5

（出典：空気調和・衛生工学会編：空気調和衛生工学便覧，第12版，4巻，P120，1995）

3・5　給水負荷の変動

給水負荷は水が使われる状態を水量で予測したもので、水の使用は使用する人の任意な現象によって発生するため、給水負荷は常に変動する。給水負荷が変動する要因には、建物用途、器具、使用者の性別、年齢、時間帯、曜日、季節、天候、地域、生活習慣などがあり、それらが複雑に関連している。

給排水設備の計画・設計および維持管理には、給水にしろ、給湯にしろ、排水にしろその**負荷変動 (load fluctuation)** を適格に予測することが重要で、その単位は水槽やポンプの機器設計には、日・時・分単位が、維持管理のためには日・時・分、配管設計には分・秒単位が基礎データとして使われる。

（1）給水負荷の予測

　衛生器具を使用することにより給水負荷は発生するが、便器や洗面、流し、シャワーなどを自由に使っている。使用人員、器具の種類や数、使用回数、使用時間などの負荷を決定する要素は建物の用途や大きさにより様々で、負荷の大小や発生の仕方は器具の種類や配管方法によって違ってくる。

　給水負荷は図3・5・1のように器具の種類によって、器具の占有時間や水の流れ方が異なり、水量を自動的に制御する自閉式器具や配管径によっては、器具の同時使用に伴って水圧が低下して吐水量が減り、負荷が小さくなることが予測できる。給水負荷の予測には、器具の使われ方や使用量をいろいろな建物で実測してデータを集めることが必要である。わが国では人数から器具の使用状況を予測して水の使用量を予測するシミュレーション法、確率論を使って器具数から直接水の使用量を予測する確率法や負荷単位法、両者を合成した複合確立法、器具の種類と数、同時使用率などによって簡易的に予測する方法などが採用されている。

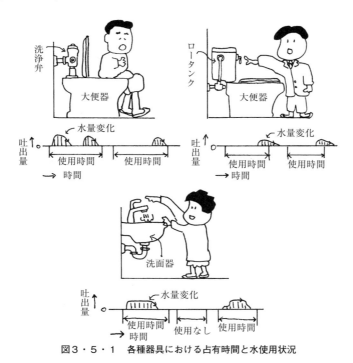

図3・5・1　各種器具における占有時間と水使用状況

最近の社会環境や生活習慣などの変化により給水負荷の変動は変わり、週休2日制や在宅勤務など働き方の変化、外食機会の増加、コンビニエンスストアの増加、車社会などが影響していると考えられる。

3・6 飲料水の水質管理

我々が日常使用する水栓から出る水は**飲料用（potable water）**であると認識しており、飲めることを疑う余地はない。しかし、水栓から出る水は、水道本管から直接給水される水と、一度敷地内の水槽に貯めたあと、加圧して給水する水があり東京都では約3割の家庭で水槽から供給される水を使用している。したがって水栓から出る水は、適切な水質管理が行われてはじめて安心して飲める状態になる。

（1）水道水の水質管理

水道水の水質管理（water quality control）は、水源、浄水場、水栓など水を使う場所で行われており、その水質基準は三つの体系からなる項目に定められている。

① **水質基準項目**：すべて水道に適用され、健康に関する項目と水道水として持っていなければならない性状に関する項目に分けられる。

② **快適水質項目**：特に水の味やにおいを悪くする水質項目について目標値を定め、水質基準としての基準よりも厳しい数値を目標として、それぞれの水道事業体が個々に判断して決定するものである。

③ **監視項目**：長期にわたる連続的は摂取をしても健康に影響がない水準をもとに、項目および指針値を決めて定期的に検査するもので、農薬や化学物質などによる汚染の状況を把握するために、水源や地域ごとに監視されている。

給水栓では、水道法により水道水の色、濁度（turbidity）、残留塩素（residual chlorine）について毎日、水質基準項目については毎月定期検査をすることになっている。

（2）建物での水質管理

水道本管から直接給水する戸建住宅では、水質基準に適合した安全な水が供給されるが、ビルや集合住宅（マンション等）などでは水槽に一旦貯めて供給するので水質が汚染される可能性がある。

水槽内での滞留時間が長くなり、残留塩素濃度が不足したり水槽や配管で汚染されるこ

ともある。建物の給水栓から出る水が水質基準に適合していることが必要で、水槽、ポンプ、配管などを常に衛生的な管理と定期的な点検、整備が必要である。

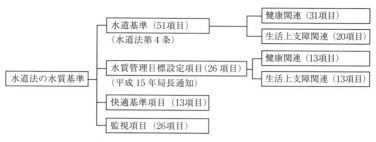

図3・6・1　水道水の水質検査項目の体系

ちなみに、**建築物衛生法（旧ビル管理法）**では、給水の残留塩素濃度の検査や水質検査、水槽の清掃を7日以内、6ヶ月以内、1年以内ごとに1回定期的に行うことを定めている。また、水道法では、受水槽容量が10㎥を超える簡易専用水道に該当する建物では、定期的に地方公共団体の機関、または厚生大臣の規定する者の検査を受けなければならないと規定している。

3・7　貯水の考え方

建物内に水を貯めるための水槽を設置しなければならない理由として、次のような場合があげられる。

① 水道本管の水圧が低く高層階に給水するには、いったん受水槽に水を貯めポンプで揚水する必要がある場合。
② 建物で使用する水を直接供給する送水能力が水道本管にそなわっていない場合。
③ 水道の断水時にも給水できるようにしておかなければならないような病院などの建物の場合。
④ 水道以外の井戸などの水を水源とし、その水が浄化処理（water purification treatment）を必要としている場合。
⑤ 災害時の緊急用の貯水槽として利用する場合。

貯水槽は使用する建物専用であり、水槽内の水は水道水と同じ水質を保っていなければならない。貯水槽で屋外、地階または1階レベルなど建物の低層部に設置され、供給され

る水を最初に貯水する水槽が受水槽であり、屋上や給水タワーなどに設置する水槽を高置水槽という。

（1）受水槽

受水槽は建物の水源となる水槽であるが、水量は多ければ良いというものでもない。一般には建物の1日使用水量の40〜60％としている。断水時の供給や、地域の使用時間帯による本管の水圧低下した場合も、必要な水量を供給できるようにしている。貯水量が多いと水槽内の滞留時間が長くなり、また水温が高くなったりすると添加されている塩素の殺菌力の低下により、人体に有害な微生物（microbe）や細菌類（bacteria）が発生するので、過大な貯水は好ましくない。

長期間の休みなどのある建物（学校など）では、休みの期間中は使用量が減って水槽内での滞留時間が長くなるので、事前に水槽内の水位を下げたり、水槽を2つに分けて、片方を空にして貯水を減らすなどして滞留時間を短くして水質の保持をすることなどの配慮が不可欠である。

（2）高置水槽

建物の上層階で使用する器具が必要とする水圧を得るため、エレベーター機械室の屋根上など屋外に設置することが多いため、太陽光や風雨にさらされており、水温が上がるなど水質が変わりやすい。したがって高置水槽の水の滞留時間は極力短い方がよく、入れ替え率をよくするため、水量は極力少なくする方がよい。

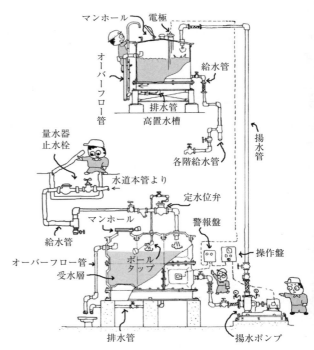

図3・7・1　受水槽と高置水槽

3・8　給水方式の種類

　建物内での給水方式は、建物の規模、高さ、用途などによって決めるが、水道本管から直接給水する方式と、いったん水槽に貯めて給水する方式がある。

　ちなみに①**直結方式**、②**直結増圧給水方式**、③**高置水槽方式**、④**ポンプ直送方式**、⑤**圧力タンク方式**等がある。水道管の水圧で必要箇所に供給できる場合には、直結直圧方式が使われるが、この方式を採用する場合には自治体により建物高さの制限があるので、事前に打合せが必要である。

　また、断水により建物の機能が失われる恐れのある病院などでは、特に水槽を設けて給水する方式を採用している。

(1) 直結給水方式

　道路に敷設された水道本管（配水管）から分岐して、建物敷地内に設置された量水器（水道メータ）を経て、本管の圧力で必要な器具へ給水する方式である。この給水方式は、一般には戸建住宅や小規模建築で2階建て以下の建物に適用されるが、最近は水道本管の水圧が高くなり、立地条件にもよるが5階建てまで直結方式を採用している地域もあるので、所轄の水道局と事前に打合せて決める必要がある。

　直結方式の長所は、①法で定められた安全で衛生的な水として保証されていること、②受水槽、ポンプなどの設置スペースや設置費用が不要であること、③受水槽、ポンプの清掃などの保守管理が不要であること、④停電時でも給水できることなどが挙げられる。

　一方、欠点としては、①本管の断水事故の場合には給水不可になるため、常時水が必要な建物には不向きであること②本管の水圧の変動により給水量が安定しないことがあること③本管の水圧が高い場合、ウォーターハンマや流水音が発生する恐れがあることなどがあげられる。

　3階まで給水できる条件を次のように定めている自治体もあるので参考までに記すと、①給水栓の位置が道路面から高さ9mまでであること、②3階までの給水を水道局が計算で確認できた建物であること、③水道引込管を水道本官から直接分岐して、その建物専用に新設されたものであること、などである。

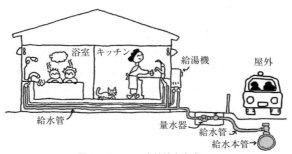

図3・8・1　直結給水方式

(2) 直結増圧給水方式

　水道本管から分岐した引込管に直接ポンプを接続して、水道本管の水圧では給水できない建物へ増圧（booster）して給水する方式である。この方式は全ての水道事業者が認めているわけではないので、事前に確認する必要がある。建物内の水が逆流などで汚染された場合にも汚染された水が本管に逆流しないように**逆流防止器（backflow arrester）**を取付けることや、本管の供給能力を超えないことが条件となっている。停電により建物全体が断水するため、危険物を取り扱う事業所や病院や、ホテルなどのように常時水の供給が不可欠で断水による影響が大きい建物などには認められていない。

　直結増圧給水方式の特徴は、
① 受水槽や高置水槽が不要なため、建設費用（イニシャルコスト）が抑えられること、
② 水槽の清掃や保守点検など管理費用が削減できること、
③ 水槽の設置スペースが不要であること、
④ 水が汚染されにくいが、水槽がないために直結方式と同様に断水時には水が使えなくなること

などがある。

　直結増圧給水方式は、ポンプの組み合わせにより高層建物や大規模な集合住宅（マンション）等への給水も可能である。最近は受水槽を設置しているマンションなどでは、水槽の汚染対応や法的に義務づけられた水槽の定期点検などの問題から、水槽給水方式をやめ直結増圧給水方式への改修が推奨され、実際に行われている例が多い。

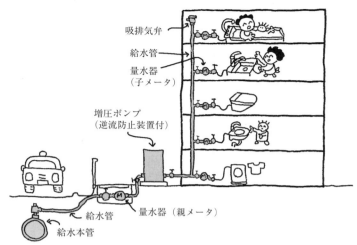

図3・8・2　直結増圧給水方式

（3）高置水槽給水方式

水を一時受水槽に貯めてから、揚水ポンプで建物の屋上などに設置した高置水槽に揚水し、高置水槽から重力（gravity）で使用する衛生器具へ給水する最も一般的な方式である。一時的に水を多く使用するホテルなどの建物の給水方式として適しており、断水時にも水槽の水がある程度確保でき、水圧が安定している。一方、水槽が汚染されやすく、設置スペースが必要で設備費がかかる欠点がある。今までは一般的な給水方式であったが、ポンプの制御技術や信頼性が増し最近ではポンプ直送給水方式が多く採用されるようになってきている。

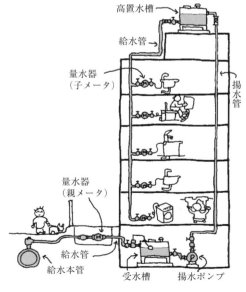

図3・8・3　高置水槽給水方式

（4）ポンプ直送給水方式

高置水槽を設置しないで受水槽から直接各給水器具にポンプで給水する方式で、**タンクレスブースタ方式**とも言われている。建物内で変動する使用水量に応じて送水量を変え消費電力量を抑えることができる。この送水量を変える方法には、一定の水量を送る定速ポンプを複数台設置して、ポンプの運転台数を変える**台数制御方式**と、ポンプの回転数をインバーター（inverter）により送水量を変える**回転数制御方式**がある。大規模な集合住宅（マンション等）や工場などの給水設備には両方式を組み合わせた方式が使われており、小規模の給水設備では回転数制御のユニット化された給水装置が使われている。

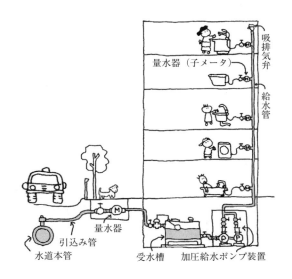

図3・8・4　ポンプ直送給水方式

（5）圧力タンク給水方式

受水槽から圧力タンク付の給水ポンプで給水する方式で、この好例としては家庭で使用している井戸ポンプである。圧力タンクは空気を封入した密閉タンクで、給水ポンプの出口側に圧力タンクを設置してタンク内の空気圧が一定の圧力より低くなったら停止する信号をポンプまで送信する。圧力タンク内は樹脂製の膜で二つに仕切られ、片方に空気、他方には水が入っている。水の使用により給水管内の圧力が下がり、タンク内の圧力も下が

るのでポンプが作動する。

　高置水槽が設置しにくい建物や地下街で主として使われていたが、最近はポンプ直送給水方式に代わりあまり使われなくなっている。

　なお、複合用途建築では低層のテナント部分にはポンプ直送給水方式、高層系統には高置水槽方式等の組み合わせをする場合も多くなっている。

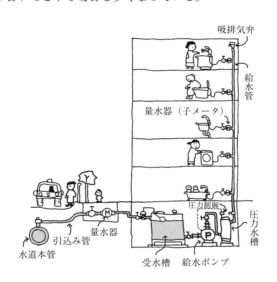

図3・8・5　圧力タンク給水方式

3・9　多元化給水設備

　我々が生活をする上で必要な水は、飲用水や炊事用のいわゆる上水は必然的に衛生的で安全であることが求められるが、トイレの洗浄水などの雑用水はそれ程良好な水質でなくとも問題はないので、用途に応じて水を使い分けることを**給水の多元化**と称している。

　換言すると給水にも上水、中水、雑用水などのグレード化を図る必要があるのではないか……。

　今までも上水と雑用水を使い分けた建物はあるが、美味しい水の要求が出るようになり、上質水給水設備の設置など**給水の多元化**が求められるようになったもので、**建物内の生活用給水系において雑用水や上質水など複数の給水系を設けること**と定義されている。従っ

て一般的な事務所ビルだけでなく、住宅でも、飲用や台所で使用する上質水と洗面・浴室・洗濯用水に使う上水、トイレの洗浄用の雑用水の**三元化給水**が考えられる。

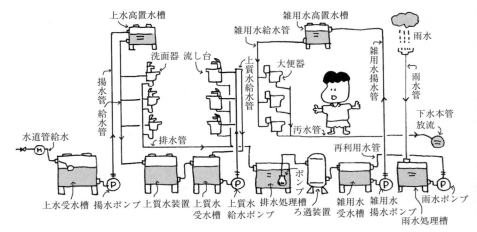

図3・9・1　多元化給水設備

3・10　水の汚染

(1) 給水配管系における汚染

給水配管系では、配管材料の腐食 (corrosion)、クロスコネクション (cross connection)、水栓など器具からの逆流 (back flow) により水が汚染される。

1) 配管材料の腐食による汚染

古い建物では給水配管の内面や継手部分が腐食し、赤錆が発生したり地中埋設の配管の外部から配管内に汚水が浸入するものである。最近の給水管材料は内面被覆鋼管、樹脂管、ステンレス配管など腐食しにくい材料を使っているために、配管腐食トラブルは少なくなっているが、**内面被覆鋼管**では接続部のねじの施工不良による腐食が原因となることがある。

腐食により赤水が発生した配管系は、配管の取替えが望ましいが、腐食の進行を止める腐食抑制剤の注入や腐食抑制装置を設置する方法もある。

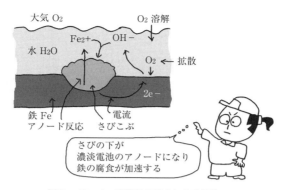

図3・10・1　配管材の腐食による汚染

2）クロスコネクションによる汚染

　クロスコネクションについては〔技術用語解説〕の項で述べたが、図3・10・2に示す上水と井水を使用する場合では、飲用水以外の水は、その水質が常時衛生的に安全な状態に必ずしも管理されている保証がないので、非衛生な水が飲用水に混入する危険は避けなければならない。この他に日常起こりやすい、上水と雑用水や空調設備機器とのクロスコネクションがあるので、注意する必要がある。

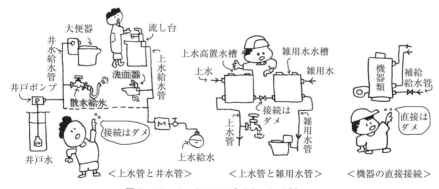

図3・10・2　クロスコネクションの例

3）逆流による汚染

　水を使用する器具（水受け容器）は、排水とつながっている境界線にあるので常に汚染の危険がある。給排水設備では給水・給湯配管や配管に接続された給水・給湯器具から流

れ出た水や湯はすべて汚水(polluted water)に準じたものとして扱い、一度流出した水や湯を配管内に逆流させることを禁じている。

逆流は給水・給湯配管内が断水などで空になったとき、一時的に負圧となり逆サイホン作用により、外部から汚水を吸込むことで発生し、過去にも断水時の汚水の逆流により赤痢患者が発生した事故が多く報告されている。

水栓につないだホースをバケツに入れたまま給水するのは、逆流が起こりやすい最も危険な使い方であり、絶対に避けるべきである。逆流の防止方法は、給水栓の吐水口空間や排水口空間の確保や、逆流防止器(バキュームブレーカ)を取付ける方法がある。

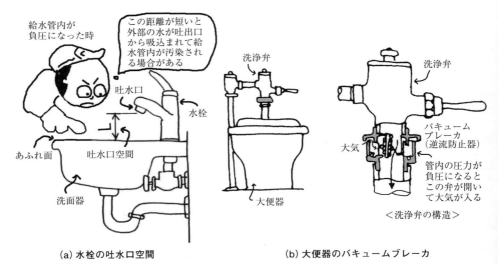

(a) 水栓の吐水口空間　　　　　(b) 大便器のバキュームブレーカ

図3・10・3　逆流防止の方法

【技術用語解説】

バキュームブレーカ(vacuum breaker)
水の流れが停止したときに、外部のエアを自動的に吸入することにより内部の液体の排出を容易にし、また配管や装置内の圧力が真空になることによる破壊を防ぐために設置される機器、装置(弁)で、真空破壊弁や逆流防止弁または真空遮断弁と呼ばれ、略して**VB**と呼ぶこともある。

（2）水槽系における汚染
1）水槽の汚染防止

　水槽の水はオーバーフロー管やマンホールなどの開口部から汚水や異物が混入する危険にさらされており、水槽内の水の流れが偏り帯留水：死水（dead water）ができたり、使用量に対して貯水量が過大になっていると、貯留時間が長くなり、残留塩素が減って、細菌や微生物が繁殖することもある。また、水槽の材質によっては太陽光により藻類（algae）が発生した例もある。

　以前は、受水槽は建物のコンクリート躯体等を利用したものが多く、汚水が流れ込み、水栓から異臭（mal-odor）が発生するなどの汚染事故が多くあったが、1975年（昭和50年）に貯水槽の汚染防止を目的とした**受水槽等の構造基準**が制定され、受水槽周囲を点検できる（六面点検）ことなどが定められたが、日常の管理を怠ると汚染の可能性が十分あることを認識しなければならない。

　また、水槽の上部に排水管を設置しないことや、給水量の計算も実績を踏まえた適切な水槽容量になるよう、汚染防止のための設計上の考慮が重要である。

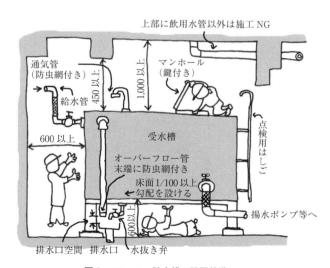

図3・10・4　貯水槽の設置基準

2）水槽の設置基準

水槽は図3・10・4に示すように周囲（六面）に点検のための空間を確保する他、主に下記のように定められている。

◇外部から異物や汚水が浸入しない構造とすること。
◇水槽の清掃時にも建物の給水が止まらないよう二槽に分けるか、中仕切りを設置すること。
◇滞留水ができないよう給水口と水の出口を考慮すること。
◇耐水性、耐食性があり太陽光が透過しない材質とすること。

維持管理については、1年以内毎に水槽内の清掃をすることなど、汚染防止のための作業が定められている。飲料水は**建築物環境衛生管理基準**により、水質検査を6ヶ月ごとに実施し、1日以内毎に給水管の末端で残留塩素の測定を義務付けられている。

中小規模の建物では、建築面積に参入されない床下ピット内に受水槽を設置することが多い。狭いマンホールや垂直なタラップから水槽室に入らなければならないことが多く、維持管理も疎かになりやすい。また、水道法の適用を受けない貯水量10㎥以下の水槽では管理の悪いものが多く、図3・10・5のような実態が報告されている。

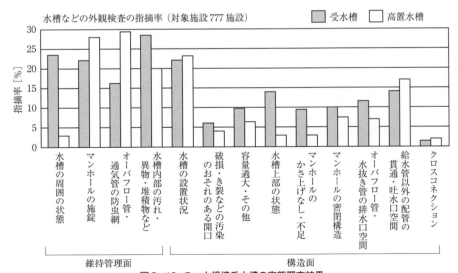

図3・10・5　小規模受水槽の実態調査結果
（出典：空気調和・衛生工学会編：給水水質設計小委員会報告, P80, 1995）

> **【技術用語解説】**
>
> **残留塩素（residual chlorine）**
> 水中に残留している有効塩素濃度のことで、殺菌の効果を判定する物差しとして使われる。水に塩素剤を入れるとアンモニアや鉄・マンガンなどと結合した**結合残留塩素**と、ほかの成分と結合しない**遊離残留塩素**とが残留する。

3・11　給水配管材料と配管方式

　給水設備では、水を建物内の必要箇所に配るため不可欠な配管であり、飲料水を各所に給水するために、汚染物質が浸透しない材質を使用しなければならない。

　給水設備に使用する主な配管材料としては、金属管、樹脂管、ライニング管などに区分されるが、それぞれに種類があり用途に適したものが使われている。

　給水配管の方式としては、大別して**上向き配管（up-feed piping system）** と**下向き配管（down-feed piping system）** がある。各階の横引き管や、便所や浴場・ちゅう房などの給水枝管の配管方法は、水使用器具に向って横主管から枝のように配管を分岐する分岐方式と**管寄せ（配管ヘッダ：piping manifold）** を設けて各器具にそれぞれ単独に配管するヘッダ方式がある。

　また、高層建築や大型建物では、許容水圧別に配管系統を分ける、いわゆるゾーニングをすることもある。

（1）給水主管の配管方式

　配管は極力無駄のない短い方が滞留水も少なく衛生的で、設備費も安価になるので、引込み管、受水槽、高置水槽などの建物の水源から最遠所の給水器具に向って、配管していく方法が望ましい。

　高置水槽方式では、屋上や最上階の天井裏で水平方向に給水主管を展開し、パイプシャフト内を立ち下げて各階に配管する方式が一般的であるが、最上階の天井うらの点検のためのスペースが必要になる。

　高置水槽方式以外の給水方式は、最下階の天井内などで主管を水平方向に展開し、水使用箇所毎に設置されたパイプシャフト内を立ち上げる上向き配管方式が多い。多目的建物では、各用途ごとに配管系統を分けることが多く、計量器やバルブの調整や管理が容易な最下階で給水主管を展開する上向き配管とすることもある。

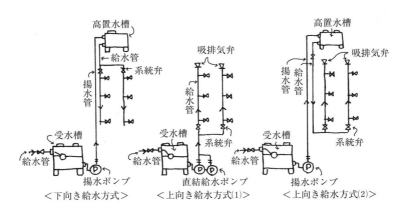

図3・11・1　上向き給水方式と下向き給水方式

（2）給水枝管の配管方式

　建物各階の便所や湯沸し室などへの給水枝管は、各パイプシャフトから配管することが多いが、集合住宅やホテルなどでは**さや管ヘッダ方式**を採用するケースが多い。

　一般の建物では、給水枝管は天井内を便所やちゅう房・浴室などの水使用箇所まで配管し、立ち上げまたは立ち下げて器具に接続する。ちゅう房や浴室は床を防水されているので、防水層の上に配管することが多い。したがって、耐食性のある配管を使用することが望ましい。ホテルなどの営業用ちゅう房では、配管を埋め込まずに天井から露出で立ち下げて配管することが多い。その理由は、ホテルなどのちゅう房器具は調理する人が変わるとちゅう房器具も変わることが多いため、器具の取替えのためにも天井からの配管のほうが対応しやすいためである。配管を埋設配管とすることは極力避けることが望ましい。

　集合住宅（マンション）では、住戸内は床仕上げ材と構造床（コンクリートスラブ）の間に配管するため、施工がしやすく配管の取替えも容易な**さや管ヘッダ方式**が使われるようになってきている。**さや管ヘッダ工法**は建築の床仕上げの前にさや管を施設し、床仕上げの後に配管を通す工法である。

第3話 給水設備工事

【技術用語解説】
さや管ヘッダ方式
　給水管をヘッダからそれぞれ単独に各器具に配管する配管方式で、室内の仕上げ工事が終わった後に、予め配管しておいたさや管（空配管）の中に給水管を挿入して器具に接続するさや管ヘッダ方式と、さや管を使わないで給水管をじかに配管するヘッダ方式がある。
　従来の先分岐方式に比べ、接続部が少なく漏水の危険が少なく、器具ごとに単独配管であり、流量の変化が少ないこと、配管の取替えが容易、施工性がよいことなどの特徴がある。配管には架橋ポリエチレン管やポリエチレン管などの樹脂管が使われている。

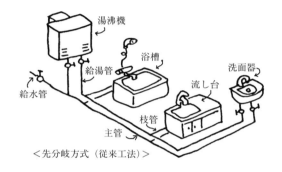

＜先分岐方式（従来工法）＞

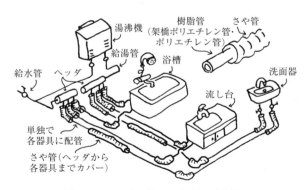

図3・11・2　さや管ヘッダ工法の参考例

77

第4話 給湯設備工事

4・1 給湯設備工事とは？

給湯設備（domestic hot water supply system）は、給水を加熱して使用する設備であるが、家庭で風呂に浸かって一日の疲れをとったり、汗をかいた後のシャワーを浴びた時の快感は、給湯のありがたさをつくづく感じる時である。水を加熱するといろいろな問題が発生するので、その性質を把握して使用しなければならない。

(1) 水の状態変化

第1話で記述の通り、水の密度は約4℃で最大となり、このときの水の密度は1 g/cm^{3}で、この温度より上がっても下がっても小さくなる。体積は約4℃のときに最小となる。したがって水4℃の体積1cm^{3}は、水温60℃の水では1.017cm^{3}となる。簡単に言えば4℃から60℃に加熱すると体積は1.7%も増えることになる。逆に温度を下げた場合は、0℃の氷の体積は更に大きくなり10%程度膨張する。

このような性質から、**密閉容器**（hermetic vessel）の中で水を加熱すると、体積が膨張し内部の圧力が上昇するため、貯湯槽や給湯機などは、圧力上昇に対して圧力逃し弁や逃がし管などの安全装置を設ける必要がある。また、給湯配管は内部の温度により伸縮を繰り返すため、伸縮継手などを取り付けて対応する必要がある。

水は通常液体（liquid）であるが、温度と圧力によっては、気体（gas）・固体（solid）・水蒸気（vapour）に変化する。1気圧のもとでは100℃で水蒸気に、0℃で氷になるが、気圧が低くなると100℃以下でも沸騰し、圧力が高くなると100℃になっても沸騰しない。このため、高度のある山の上では100℃以下で沸騰するため、米を炊こうとしても熱が十分に通らないので美味しく炊けない。

第4話　給湯設備工事

図4・1・1　水の状態変化

（2）湯は物を溶かす

冷たい水には砂糖は溶けにくいが、熱いコーヒーや紅茶には砂糖はよく溶ける。

洗濯物は汚れのひどいものは湯で洗った方が水より汚れが落ちる。固体（solid）や液体（liquid）は水温が高い方が水に溶けやすいが、気体（gas）は水温が高い方が水に溶けにくい。

冷えていないビールをコップに注ぐと、泡が溢れるのはビールに溶け混んでいた炭酸ガス（CO_2）が急に分離して泡になって噴出したのであり、溶ける割合は圧力が低いほど少なくなる。

この性質が給湯設備に影響を与えており、水を加熱すると水に溶け込んでいる空気が水から分離して気泡となって湯と共に配管中を流れ、配管の凹凸部や直角に曲がる継手（エルボ）など、空気が溜まりやすい箇所に滞留して湯が流れにくくなる。また、配管内の流速が速いと気泡が配管の内壁を削って穴を開ける**潰食（erosion）**が発生し、漏水の原因になることがある。水栓を開けたときに白く濁った湯が出たり、空気と共に湯が噴出するのは、水から分離した空気が原因である。

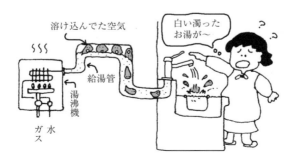

図4・1・2　水栓から湯と水が噴出す

79

4・2 使用温度と給湯温度

(1) 使用温度

湯を使用する温度は、用途によって異なる。参考までに、表4・2・1に用途別使用温度を示す。家庭用台所、洗面、手洗いで使用する湯の温度は表に示す温度より低くても問題はないが、入浴、シャワーなどは個人差や季節による差はあり、適温が得られないとクレームになる。

熱い湯で**火傷 (scald)** をするのは、幼児（3～5歳以下）と老人（60歳以上）に多く特にこの年代の身体障害者に多い。図4・2・1に火傷に関する**ばく露時間**と**水温**の関係を示す。これは、外国人のデータであるが、48℃の湯を10秒間以上、44℃以上の湯を100秒以上浴びていると熱いと感じ、62℃の湯を2秒以上、56℃の湯を10秒以上、50℃の湯を100秒以上浴びていると皮膚の表面が火傷をするといわれている。

【知っておきたい豆知識】

火傷
　日本では、**熱湯**による火傷も**直火**による火傷も同じ火傷という用語を使っているが、英米では前者は"scald"、後者は"burn"といい、峻別している。

表4・2・1　湯の使用温度

使用用途	使用温度［℃］
飲用	85~95（実際に飲む温度は 50~55）
入浴・シャワー	40~45（差し湯・追だきは 60）
洗面・手洗い	35~40
ひげそり	45~50
ちゅう房	40~45（皿洗い機は 60、皿洗い機すすぎは 80）
洗濯	絹および毛織物は 33~37（機械洗いの場合は 38~49） リンネルおよび綿織物は 49~52（機械洗いの場合は 60）
水治療浴	胃疾患・肥満症は 40~43、呼吸疾患・高血圧症は 36~40、 呼吸器疾患・神経麻酔は 40~42
屋内水泳プール	一般には 25~28（冬期は 30 前後）、競泳に使用する場合は 25 前後

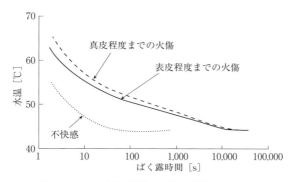

図4・2・1　火傷に関するばく露時間と水温の関係

（2）給湯温度

　給湯温度は高すぎると火傷の危険があり、低すぎるとクレームになるが、使用温度以上でも使用温度に近いと湯が無駄使いされる傾向にある。

　ガス給湯器や石油給湯機などから給湯する場合は、使用箇所で湯の温度を調整できるが、**深夜電力利用電気温水器**や**中央式給湯設備**では、使用温度より高温で給湯し使用箇所で水と混合して使用している。

　ところで、深夜電力利用電気温水器は一般に夜間に85℃程度に加熱して、湯の使用時間帯に使用する。

　したがってピーク時には水が入ってくるので、昼間電力のヒータを別に入れたくない場合や、昼間電力のヒータを入れている場合でも電気ヒータは瞬発力がないので、次第に湯温は低下する。

【技術用語解説】

深夜電力（midnight power service）
電気供給規定の契約種別のことで、夜間の8時間）例えば、11:00pm～7:00am）に限り、**タイムスイッチ**を利用して電力を供給する。昼間の**ピーク電力カット**を目的とし、**割引料金**となる。**家庭用の電気温水器**は、この契約で使用する場合が多い。この制度を**深夜電力料金制度**という。

一方、中央式給湯方式では給湯機器や配管内で細菌が増殖しないように、衛生面から一般に60℃程度の給湯温度で給湯する。中央式の加熱装置はピーク時においても湯の温度を一定に保つほどの加熱能力はないので、ピーク時には給湯温度は低下するが、このような時も給湯温度は55℃以下にならないようにすること。

営業用ちゅう房皿洗い機など60℃以上の湯が必要な場合は、その場所ごとにガスなどで再加熱する。なお、幼児や身体障害者が使用する施設では、火傷を防止するために、使用する器具への給湯温度は45℃程度になるように設定する。

金属配管では給湯温度が高いほど、腐食の可能性が高くなり、硬質塩化ビニル管、架橋ポリエチレン管、ポリブテン管などの樹脂配管は耐圧性が低くなり、耐用年数も短くなる。表4・2・2に樹脂管の使用温度と最高使用圧力の関係を示す。

表4・2・2 樹脂管の使用温度と最高使用圧力

耐熱性硬質塩化ビニル管		架橋ポリエチレン管		ポリブテン管	
使用温度[℃]	最高使用圧力[MPa]	使用温度[℃]	最高使用圧力[MPa]	使用温度[℃]	最高使用圧力[MPa]
5～40	0.98	0～20	1.00(1.50)*	5～30	0.98
^	^	21～40	0.80(1.25)	31～40	0.88
41～60	0.59	41～60	0.65(0.95)	41～50	0.78
^	^	^	^	51～60	0.68
61～70	0.39	61～70	0.55(0.85)	61～70	0.59
71～90	0.20	71～80	0.50(0.75)	71～80	0.49
^	^	81～90	0.45(0.70)	81～90	0.39
規定なし		91～95	0.40(0.65)	規定なし	

*架橋ポリエチレン管の（ ）の前の値はPN10の値、（ ）内の値はPN15の値。
PN10は水温20℃における管の最高使用圧力が1.00MPaを、PN15は1.50MPaを意味する。

4・3 湯の使用量

湯の使用量は**文化のバロメーター**とも言われ、生活が豊かになったことや便利な給湯機器が開発されたことなどにより、給湯器の使用は、一昔前に比べると飛躍的に増えている。図4・3・1の家庭用用途別エネルギー消費原単位の推移を見ても湯の使用量が近年増加していることがわかる。住宅の日常生活における給湯使用量は、個人差はあるが集合住宅

（マンションなど）などを考えると個人の使用量は平均化されてくる。

一方、業務用給湯では、業務のために湯を使用するのであり、同一業種に限っていえば、個人の日常生活での湯の使用量ほどのばらつきはない。

湯の使用量は、一般に冬期に多くなり夏期に少ない。また、給水温度は冬期に低く、夏季には高いので、給湯に必要なエネルギーは、断然冬期に多くなる。

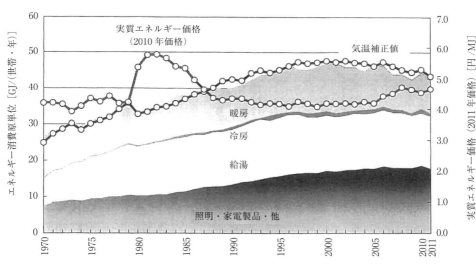

図4・3・1　家庭用用途別世帯当りエネルギー消費原単位の推移
（出典：家庭用エネルギー統計年報2011，住環境計画研究所）

（1）建物用途別の給湯使用量

建物用途別の年間平均1日給湯使用量の概略値は、表4・3・1に示すが、各用途の特徴は下記の通りである。

1）事務所ビル

事務所用途だけのビルでは、給湯は**洗面器**および**給湯室流し**で使用し、事務所の男女の別で給湯量は異なる。なお、給茶用の湯の使用量は、一般には別に湯沸し器で加熱使用することが多く、給湯使用量のデータには含まれない。

2）ホテル

ホテルには客室のほかに、宴会場、会議室、テナント、従業員施設などがあり、これら

の構成比により、また、**ビジネスホテル**か**シティホテル**かによっても湯の使用量は大きく異なる。客室部分だけを考えると、客室数が少ないと１室当りの給湯量のばらつきは大きく、ホテルの湯の使用量には浴室の清掃用の給湯量も含まれる。

３）総合病院

病院の湯の使用量は、病院の規模、性格、施設内容などにより異なる。病院にはいろいろな部門があるので、給湯使用量は１床あたりよりも延べ面積あたりで表現した方がばらつきは少ない。

４）飲食店舗

飲食店舗では食種によって湯の使用量は、大きく異なり、**営業用飲食店**か**社員食堂**かによっても異なる。

５）住宅

戸建住宅の給湯使用量は、住宅のグレード、家族構成、入浴頻度、入浴がシャワーのみか、来客者が多いか、などさまざまな条件に影響されるため、ばらつきが多く、冬期に於ける使用量は年間平均使用量の10～20％増しであり、夏期における使用量は年間平均の70～80％程度である。

６）集合住宅（マンション等）

各住戸の給湯使用量については戸建住宅の場合と同じであるが、給湯が住戸セントラル給湯方式の場合は、住戸数が多いほどばらつきは平均化される。冬期における使用量は年間平均の10～20％増しであり、夏季使用量は年間平均の70～85％程度である。

表４・３・１　建物用途別の給湯使用量の概略値（年間平均値）

建物用途	概略給湯使用量
事務所ビル	5～6 ℓ/(人・日)程度
ホテル客室	100～120 ℓ/(人・日)程度
総合病院	2.5～3.5 ℓ/(㎡・日)程度 100～160 ℓ/(床・日)程度
飲食店舗ちゅう房	50～90 ℓ/(㎡・日)程度
戸建住宅	80～90 ℓ/(人・日)程度
集合住宅	100～170 ℓ/(戸・日)程度
社員食堂	7～10 ℓ/食

4・4　設計用給湯量

　設計用給湯量や**給湯温度**は、給湯使用量がピーク時の使用を満足しなければならない。建物別用途の給湯量は、過去の実測データをもとにして余裕を見込んで提案されている。

　設計用給湯量には、年間給湯量、1日最大給湯量、ピーク時における給湯量、給湯管内を流れる湯量が最大になる時の瞬時最大給湯量などがある。

　給湯量は、使用人員、集合住宅では住戸数、ホテル客室や病院病棟部では、ベッド数、飲食店では客数などのほか、延べ面積当りの原単位を用いて算出するのが一般的である。

　年間1日平均給湯量は、1年間の給湯量や給湯に必要な**熱源の費用**や**エネルギー量**を算出する場合に用いるが、**循環式給湯設備**の場合には給湯量のほかに配管などからの損失熱量も50％程度見込む必要がある。

　1日最大給湯量は年間で最も湯の使用が多い1日の給湯量で、この値と湯の使用時間を考慮して、ピーク時の給湯量を算定する場合に用いられる。

　ピーク時給湯量は、ピーク時の使用を満足するための加熱装置の加熱能力や貯湯容量を算出するために用いられる。

(1) 年間平均給湯量およびピーク時給湯量

　建物用途別のピーク時給湯量を表4・4・1に示す。ピーク時給湯量は、その想定が難しい場合がある。例えばホテルでは、団体旅行者が観光先から帰り、一斉に入浴する場合や、団体の大学受験者が指導者の指示により一斉に入浴するなど、設計者の想定外の事態が発生する。

　このような場合に小規模なホテルではおうおうにして熱いお湯がでないというクレームの原因となるが、大規模なホテルであれば、他の用途の加熱装置を客室用に転用することも可能である。しかし、それに対応できないホテルでは、年間に発生する頻度がわずかなピーク時の使用に対処するために、大きな装置を設置しなければならない。このような状況はオーナーにも想定外のことが多いので、設計者もクレーム防止のためにはオーナーと事前に相談し装置を決める必要がある。

表4・4・1　建物用途別の設計用給湯量

建物の種類	ピーク時給湯量	ピーク継続時間[h]	備考
住宅	100～200 ℓ/(戸・h)	2	住宅のグレードを考慮して検討する必要がある
集合住宅	50～100 ℓ/(戸・h)	2	ピーク時給湯量は、住戸数が少ない場合ほど多くする
事務所	1.5～2.5 ℓ/(人・h)	2	女性の使用量は、男性の使用量よりも多い
ホテル客室	20～40 ℓ/(人・h)	2	ホテルの性格と使用のされ方を考慮する必要がある
総合病院	0.4～0.8 ℓ/(㎡・h)	1	病院の性格と設備内容を把握することが必要である
	20～40 ℓ/(床・日)	1	ピークは1日2回あり、ピーク時以外でも、湯は平均的に使用される
飲食設備	10～20 ℓ/(㎡・h)	2	面積は、食堂面積＋ちゅう房面積
	15～30 ℓ/(席・日)	2	軽食・喫茶は、少ないほうの値でよい

（2）瞬時最大給湯流量

　ピーク負荷時における最も湯が使用されるときの給湯量が**瞬時最大給湯量（ℓ/min）**で、**単管式給湯方式**の給湯管径はこの流量で決定し、循環式給湯方式の場合の給湯管径は、この流量に給湯循環ポンプによる循環湯量を加算した流量で決定する。

　瞬時最大給湯流量は、表4・4・2に示すように、設置されている器具の種類ごとに給湯単位という負荷の重み付けがされており、配管径を決定しようとする区間が受け持つ給湯単位の合計数に基づいて図4・4・1のような同時使用流量表から瞬時最大給湯量を求める。

表4・4・2　器具別給湯単位の例

器具の種類	給湯単位
個人用洗面器	0.75
一般用洗面器	1.0
洋風浴槽	1.5
シャワー	1.5
台所流し	0.75（ホテルは1.5、病院は3.0）

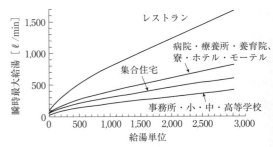

図4・4・1　給湯単位と瞬時最大給湯流量

4・5　給湯設備の省エネルギー
(1) 熱源機器

　給湯設備では、熱エネルギーを多量に消費するので、自然環境の保護の面からも**省エネルギー**を図らなければならない。その方法としては、太陽熱、地熱などの自然エネルギーや、排水、冷房、下水、清掃工場の排熱、地下水、河川水、海水の熱などを熱源として、経済性も考慮して利用する。

　例として、排気熱回収型ガス給湯機、ヒートポンプ給湯機、コージェネネーション（CGS）、燃料電池などがあるが、熱源水として利用する場合の温度の目安を表4・5・1に示す。

表4・5・1　熱回収の対象となる熱源水の温度の目安

熱源水	温度 [℃]	備考
ホテル客室排水	10～32	排水管が建物内にあれば32℃程度。屋外にあるときには、地域、季節により異なる。
大浴場排水	30～35	公衆浴場、温泉浴場の場合。
住宅団地雑排水	10～28	地域、季節、排水管の設置場所に左右される。
ちゅう房排水処理施設処理水	25～35	除害施設が建物の内部にある場合。
排水再利用水	20～30	給湯使用量の多い場合。
終末処理場処理水	15～25	季節により異なる。
河川水・海水	5～29	東京地方の場合。
地下水	11～25	地域・深度により異なる。年間温度変化は少ない。

　ホテル、病院、スポーツ施設など給湯使用量が多い建物では、ガスエンジンヒートポンプも使用され、コージェネレーション（CGS）を採用し、熱需要と電力需要が組み合わせられれば、70～80％の効率が得られる。これらを利用するシステムを計画する場合には、給湯だけでなく暖房への利用や蒸気の必要性などを考慮して総合的に計画する。

【技術用語解説】

◇コージェネレーション（CGS：CoGeneration System）
一つの一次エネルギーから電気と熱など二つ以上の有効なエネルギーを発生させることからco（共同の）-generation（発生）と言われている。石油・ガスなどを燃料とするコージェネレーションシステムは、ディーゼルエンジンやガスエンジン、ガスタービンの原動機を使用して発電機を動かし電気を起こすと共に、各種原動機の排ガスや冷却水の熱（排熱）を回収して、給湯や冷暖房などに利用するシステム。

◇燃料電池（fuel cell）
燃料電池は**水素**と**酸素**を化学反応させて、直接**電気**をつくる装置。**電池**といいながら、蓄電池のように充電した電気を溜めておくものではない。燃料電池の燃料となる**水素**は、天然ガスやメタノールを改質して作るのが一般的で、**酸素**は、大気中から取り入れる。また、発電と同時に熱も発生するので、その熱を生かすことでエネルギーの利用効率を高めることができる。

（2）機器・配管からの熱損失

加熱機器や配管は保温（断熱）されているが、これらからの**熱損失（heat loss）**は大きいので、保温の施工は入念に行う必要がある。表4・5・2に熱損失の例を示す。

表4・5・2　機器・配管などからの熱損失の例

種別＼呼び径	15	20	25	30	32	40	50	60	65	75	80	100	125	150
保温を施した鋼管	0.20	0.24	0.29	—	0.33	0.37	0.44	—	0.45	—	0.52	0.64	0.77	0.78
保温を施したステンレス鋼管	0.20	0.24	0.29	0.32	—	0.37	0.41	0.42	—	0.50	0.56	0.69	0.82	0.82
裸の鋼管	0.58	0.81	1.04	—	1.27	1.51	1.97	—	2.43	—	2.90	3.82	4.75	5.67
裸のステンレス鋼管	0.58	0.81	1.04	1.24	—	1.56	1.77	2.20	—	2.78	3.25	4.16	5.09	6.01

(a) 機器からの熱損失＝1.68W/（℃・㎡）
(b) 配管からの熱損失〔W/（℃・m）〕

中央式給湯設備においては、返湯管の湯の温度を感知して、低くなったら循環ポンプを稼動し、高くなったら停止するように考慮する。

また、給湯の無駄使いを防ぐために、給湯温度を下げない、給湯栓に**節水こま（water saving loose disk）**の利用や、サーモスタット式の**湯水混合栓**を使用するなどの方法を講ずる。スポーツ施設、浴場、寮などの共用浴場などでは、器具ごとに定流量弁などの設置や、流量制限、湯屋カラ

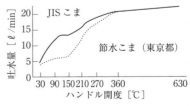

図4・5・1　節水こまの性能

ンのような自閉式水栓の設置を考慮する。
（3）給湯消費エネルギー係数（CEC/HW）
　1992年（平成4年）通産省・建設省告示第2号にホテル、旅館、病院または診療所における建築主の判断基準が、CEC/HWの値として示されている。
　CHC/HWは、給湯消費エネルギー係数とよばれ、給湯設備が1年間に消費するエネルギー（給湯の加熱量、配管、機器などからの放熱量、循環ポンプによるエネルギー量など）を同期間における仮想給湯負荷で除した値で、ホテルまたは旅館の場合には1.6以下、病院または診療所の場合は1.8以下と示されている。

4・6　給湯の加熱方式
（1）加熱装置の種類
1）ガス給湯器および石油給湯器
　これらの給湯器としては**瞬間式**が多く使われ住宅や営業用ちゅう房で使用されている。瞬間式は貯湯量がなく、瞬間最大給湯量を加熱できる容量が必要である。

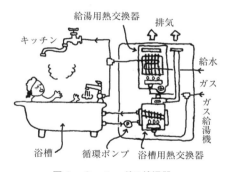

図4・6・1　ガス給湯器

2）電気温水器
　最近の東日本大震災や熊本地震などで、マンション等に設置された**竪型電気温水器**の転倒被害が多く報告されており、その据付け（設置方法）に関して国土交通省の告示などが出されている。
　安価な夜間電力を利用するものが住宅用として使用されており、昼間電力用のヒータを

入れない場合には貯湯量は1日の給湯使用量とする必要がある。

沸き上がりの温度が90℃前後と比較的に高いので、貯湯容量は実際に使用する温度の給湯量より少なくできる。なお、市販品は圧力98kpa以下で使用しなければならない。

3）加熱コイル付貯湯槽

この貯湯槽の加熱源としては、**蒸気（steam）**や**高温水（high-temp,hot water）**が使用される。大規模のホテルや病院などでは現在でも多用されているが、**地域冷暖房（DHC）**を利用して蒸気や高温水などの熱供給を受ける場合に利用される。貯湯槽はその大きさにもよるが、第1種圧力容器（労働安全衛生法）に該当することが多く、設置届け、完成検査、定期自主検査や1年以内毎に1回の労働基準監督署の性能検査などを必要とする。

4）真空式温水器および無圧式温水器

給湯ボイラを使用する場合には、**労働安全衛生法**による、取扱い作業責任者および定期的な自主検査や性能検査が必要になるが、そのような資格の不要ないわゆるボイラに該当しない、圧力が大気圧以下の**真空式温水器**や**無圧式温水器**とコイルのない貯湯槽の組合せが使用される。

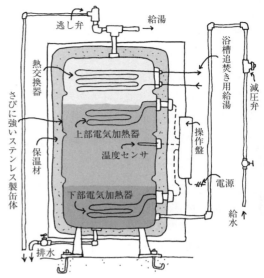

図4・6・2　電気温水器

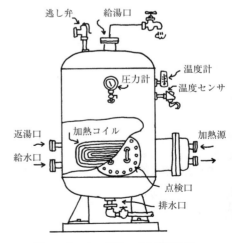

図4・6・3　加熱コイル付貯湯槽

第4話　給湯設備工事

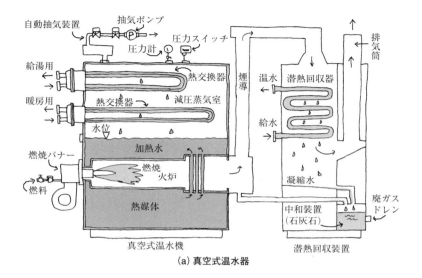

(a) 真空式温水器

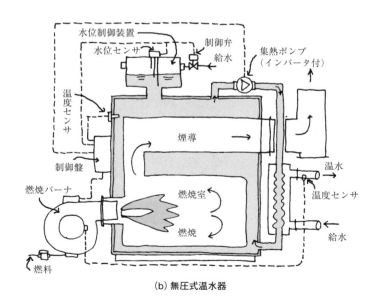

(b) 無圧式温水器

図4・6・4　真空式温水器および無圧式温水器

【技術用語解説】

真空式温水器 (Vacuum hot water generator) および、無圧式温水 (non- press.hot water generator)
真空式温水器は真空ポンプで内部を減圧し、法的にボイラにならに状態にして内部の水を蒸発させ熱交換器内に流動する水を加熱する構造になっている。ボイラの適用を受けないので無資格者運転が可能で、また、内部を大気圧に開放した**無圧式温水器**も資格者などは不要である。

5）貯湯式湯沸器
高温給湯用の**給茶用**に使用されるものが多く、電気式やガス式のものが湯沸し室や配膳室に設置されて使用される。

6）太陽熱温水器
家庭用に多く使用され、集熱部と貯湯部が一体になったものが多いが、業務用では集熱部と貯湯部が別に設置されるものが多い。曇天時や雨天時は集熱できないので、別に加熱装置が必要になる。

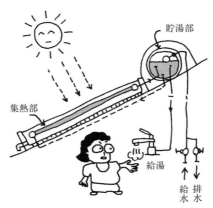

図4・6・5　太陽熱温水器

7）ヒートポンプ式給湯器
省エネルギーが目的で、排水の排熱、冷房排熱、河川水・下水などの排熱はヒートポンプシステムを利用して給湯の余熱や給湯に使用されている。

4・7　給湯方式

　給湯設備では、洗面、台所流し、洗濯や風呂、シャワーなど主に洗うことが目的の一般給湯と、飲用が目的の飲用給湯とは要求温度が異なるため、給湯方式を変えている。

（1）中央式給湯方式（セントラル給湯方式）

　建物の規模や用途、湯を使う場所の位置や数により異なる。ホテルや病院のように広範囲に給湯する場合は、機械室の給湯機で湯をつくり建物全体に湯を循環させて給湯する場合に採用する方式である。

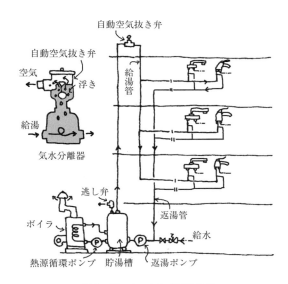

図4・7・1　中央式給湯方式

（2）局所式給湯方式（ローカル給湯方式）

　湯を使う場所が点在していたり、トイレの洗面器や給湯室などの限定した場所で使う場合に、**給湯器**を使用するところに設置する方式である。

　最近の事務所ビルなどではこの方式が多く採用されている。

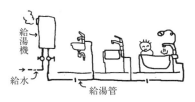

図4・7・2　局所式給湯方式

アパートやマンションなどの集合住宅では、各住戸ごとに給湯器を設置している。住戸単位で考えれば**中央式給湯方式**であるが、建物としては**局所式給湯方式**といえる。

（3）住棟セントラル給湯方式

大型のマンションなどでは、中央機械室に熱源ボイラを設置して各住戸に温度の高い熱源水を循環させ、各住戸で熱交換器により湯をつくり給湯する方式を使うこともある。また、賃貸マンションでは、住棟ごとに中央式給湯方式にした**住棟セントラル給湯方式**ともいわれる方式を使うこともある。

（4）住戸セントラル給湯方式

一般住戸では、**局所式**と**中央式**との中間的なものがあり、**住戸セントラル**と呼ばれる給湯方式がある。**加熱装置**には、大型の**瞬間湯沸し器**や密閉式の**深夜電力利用大型電気温水器**が使用され、図4・7・4に示すように、浴室・台所・洗面所などへ配管で給湯される。

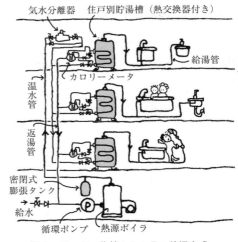

図4・7・3　住棟セントラル給湯方式

また、近年では**全自動給湯付き風呂釜**と呼ばれるもので、浴槽の**湯張り・追い炊き・給湯**ができるものが主流となっている・

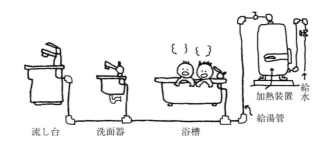

図4・7・4　住戸セントラル給湯方式

4・8　給湯配管材料と配管方式
(1) 給湯配管材料

給湯配管は常に**腐食しやすい環境**になっているため、耐食性のある材料を使わなければならない。一般には銅管、ステンレス鋼管、耐熱用樹脂管などが使われているが、材料の特性に合った使い方をしないと漏水の原因となる。

特に銅管を使用する場合は、**気水分離器 (air separator)** などで配管内の**溶存酸素 (DO)** を極力早く排除し、**潰食 (erosion)** を防止するため、特に給湯用銅管の場合通常管内流速を1.5m/sを超えない範囲で配管径を決めることが重要である。

耐熱用樹脂管としては耐熱塩化ビニル管、架橋ポリエチレン管、ポリブテン管のほかアルミ管を耐熱ポリエチレンでサンドイッチにした3層管が使われているが、温度による伸縮が大きいことや、耐熱温度などに注意して選定する必要がある。電気温水器やヒートポンプ給湯器は給湯温度が高いので、耐熱塩化ビニル管は**耐熱性**の視点から、架橋ポリエチレン管、ポリブテン管は**耐久性**の観点から使わない方が良いと思われる。

戸建住宅やマンションの給湯配管として、給水設備の項でも記述のように**さや管ヘッダ工法**が使われている。従来の配管では一本の**メイン管（主配管）**から分岐して各水栓に枝管を先分岐方式で接続していたが、給湯器からの主管を**ヘッダ (manifold)** に配管し、ヘッダから各水栓まではそれぞれ単独の配管をするヘッダ方式が使われるようになっている、

このヘッダ方式は湯を同時に使用しても、湯量の変化が少なく水と湯のバランスがよいため、通常の方式に比べ安定した供給ができる。さらにさや管の中に配管を通すことで、**配管の更新時**には床や壁を壊さずに施工することができるという利点がある。さや管内部に**架橋ポリエチレン管やポリブテン管**を配管するので耐食性の面でも強いといえる。

以前、床仕上げ前に配管をしていた時代は、床仕上げの釘打ちの時に床下配管の位置を気にせず釘を打っていたため、銅管などの**釘打抜き事故**により漏水した事例があった。

釘を打った段階では配管に釘が密着して、漏水にはならないが、住戸を使っていくうちに、床の上下動により釘が動き、初めて漏水がわかる。さや管工法により床仕上げの後に配管することで、このような原因の漏水を防ぐことができる。

第4話　給湯設備工事

【技術用語解説】

脈動テスト (pulsation test)
衛生設備の漏水試験では、**水圧テスト・空圧テスト・満水テスト**などが採用されるが、少し変わったテストに**脈動テスト**がある。これは**小型往復動ポンプ**などで、**水張り**した配管系に**ショック (pulse)** を与え、既述の**釘打抜き事故**の有無の確認を行う**水圧試験**である。

（2）配管方式

給湯の配管方式は、建物の規模や用途および給湯箇所の場所によって方式が分けられる。

1）単管式 (one way piping system)

給湯器から給湯先の給湯栓やシャワーなどへ配管を行い、循環式のように返湯管を設けないので**単管式**あるいは**一管式**と呼ばれる。業務用ちゅう房や洗濯場のように、一度使い始めたら連続して湯を使用するような用途にも使用される。

2）さや管ヘッダ方式 (manifold parallel piping system)

上記（1）配管材料の項で述べた、給湯器からそれぞれの給湯箇所に単独に配管する方式で、給水配管でも使用されており、将来配管の取替えができるように予め設置されたさや管の中に、後から架橋ポリエチレン管やポリブテン管など比較的軟らかい細い樹脂管を通す**さや管ヘッダ方式**が集合住宅の住戸内などに採用されている。

この方式は湯を同時に使用しても、湯量の変化が少なく水と湯のバランスを保てるため**先分岐方式**に比べ安定した湯の供給ができる。

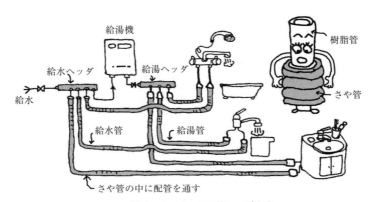

図4・8・1　さや管ヘッダ方式

3）循環式 (recirculation piping system)

　大規模な病院やホテルなどで、給湯箇所が多く給湯配管が長くなると、単管式の給湯管だけでは給湯栓を開けても、配管内の湯が冷めてすぐに適温の湯が出てこないので、給湯管内の湯を循環させてどこの給湯栓を開けても適温の湯が出るように図4・8・2のように給湯配管から返湯管を設けて給湯器に接続し給湯循環ポンプにより給湯管内の湯を常に循環させる。

　このような方式を**循環方式**または**二管式**といい、循環ポンプの循環量は配管系統の熱損失から求める。

　このような方式の配管径は瞬時最大給湯温度と循環流量との合計で決定するが、返湯管径は上記の循環流量で決める。

　一般には給湯管径の1/2程度の呼び径としている場合が多いが、給湯循環ポンプの水量を考慮して返湯管内の流速が早くなりすぎないようにしないと、配管に銅管を使用していると銅管が腐食することがあるので注意する。

　循環式の場合は、各系統の給湯管に均一に湯を循環させることが重要で、そのために**リバースリターン方式**を採用することもあるが、給湯配管には有効ではない。各系統に均等に湯を循環させるためには、各系統の返答管への接続部の温度が均等になるように各系統の弁で循環量を調整するか、各系統の返湯管の接続部に定流量弁を設置して各系統の必要循環流量を確保する必要がある。

　なお、返答管を設けず電熱線を給湯管に巻いている場合も有るが、衛生上の問題（4・10で後述）はなくなるが、電気代の高い日本では好ましい方式ではない。

4・9　給湯設備の安全

　本第4話の冒頭で、水を加熱するといろいろな問題が発生すると述べたが、給湯機や配管はほとんど密閉状態になり、水を加熱すると圧力は上昇するので、この圧力を逃すために、逃し管、逃し弁（安全弁）、膨張水槽（膨張タンク）などの安全装置を設置する必要がある。

　配管も温度変化により伸縮するので、配管が損傷しないように、伸縮を吸収する**伸縮継手**をその長さに応じて配管の途中に設置する。この時に注意しなければならないのは、**伸縮継手部**に伸縮の反力がかかるので建築躯体への固定方法などを事前に打合せておく必要

第4話　給湯設備工事

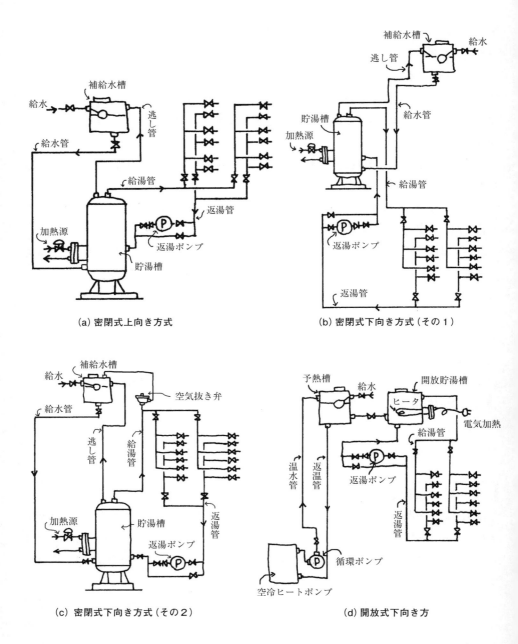

図4・8・2　中央式給湯配管方式

がある。

（1）安全装置

上記で述べた膨張量を逃すための**逃し管（膨張管）**は貯湯槽から弁を設置しないで立ち上げる配管であり、**逃し弁**は設定以上の圧力になると、弁を開いて湯を放出する弁をいう。膨張水槽は装置内の膨張した水量を受けるために設置する。

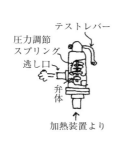

図4・9・1　逃し弁

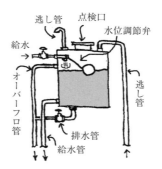

図4・9・2　膨張水槽

（2）配管の膨張対策

配管材料は湯の温度変化により伸縮する。長さ1mの耐熱塩化ビニル管は、温度が5℃から60℃になると、$1 \text{m} \times 0.00007(\text{℃}^{-1}) \times (60-5)\text{℃} = 3.9 \text{mm}$長さが延びる。

表4・9・1　各種配管の線膨張係数

管種	線膨張係数
鋼管	0.000 010 98
ステンレス鋼管	0.000 016
銅管	0.000 017 19
耐熱性硬質塩化ビニル管	0.000 07
架橋ポリエチレン管	0.000 2
ポリブテン管	0.000 15

〔引用文献〕村田博道，空気調和・衛生工学会編：給排水・衛生設備計画設計の実務の知識，p.96，1995，オーム社．

配管管径方向の伸縮・膨張に対しては配管そのものの強度で対応するが、管軸方向の伸縮・膨張は大きいので座屈しないよう、伸縮を吸収する伸縮継手や主管からの分岐部に曲

がりを多く設置して、配管の撓み（bending）により吸収したりする。

このときに注意しなければならないのは、伸縮による反力がかかる**伸縮継手**を構造躯体などにしっかり固定することと、配管そのものも動くので支持方法を考慮することである。

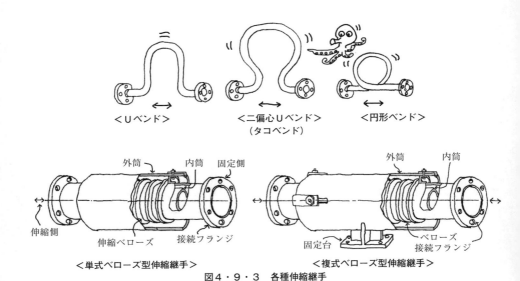

図4・9・3　各種伸縮継手

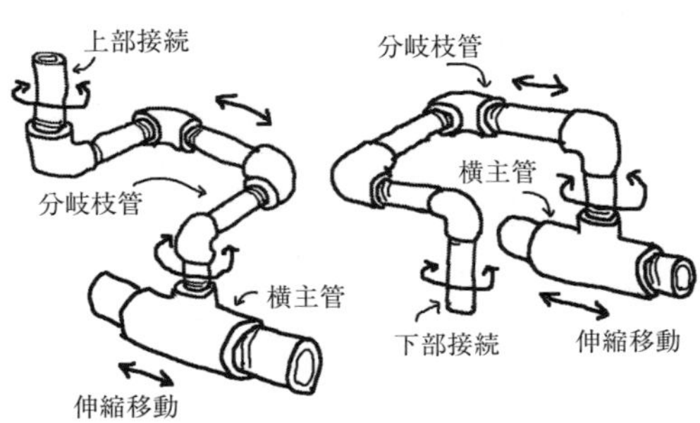

図4・9・4　スイベルジョイント

4・10　給湯の汚染
(1) レジオネラ属菌および一般細菌

　プールや浴槽の水は、利用者が持ち込む汚れや細菌などでどうしても汚染されるので、常に清潔に維持することが重要である。

　したがって厚生労働省で下記のような水質基準が定められている。また、中央式給湯設備では配管内の湯が循環しており、使用しているうちに**残留塩素（residual chlorine）**が無くなってくるので、温度が低くなると**一般細菌**や**在郷軍人病（レジオネラ症）**の病原菌である**レジオネラ属菌**が増殖する。

　1998年(平成10年)頃から浴槽でレジオネラ属菌によると**集団感染事故**が多発するようになった。表4・10・1は浴槽で発生した主なレジオネラ症集団感染事故を示したものである。

表4・10・1　浴槽でのレジオネラ感染・死亡事故

発生年	施設名	状況
1998	東京都特別養護老人ホーム	12名感染、1名死亡
2000	静岡県掛川市リゾート施設	23名感染、3名死亡
2000	茨城県石岡市市営浴場	45名感染、3名死亡
2000	名古屋大学附属病院	1名感染、1名死亡
2002	東京都板橋区公衆浴場	1名感染、1名死亡
2002	宮崎県日向市温泉入浴施設	295名感染、7名死亡
2002	鹿児島県東郷町温泉入浴施設	9名感染、1名死亡
2003	石川県山中町温泉浴場	1名感染、1名死亡
2006	東京都介護老人保健施設の入浴施設	1名死亡
2011	群馬県水上温泉温泉旅館	1名感染、1名死亡
2014	埼玉県北本市温泉入浴施設	3名感染、1名死亡

　細菌は加熱に弱く、レジオネラ属菌は46℃以下では死滅しないが、50℃では10数時間で、54℃に過熱すると2時間程度で、58℃に加熱すると30分程度でほとんどが死滅するので、**中央式給湯設備**では給湯温度は最大使用時には低下するが、常に60℃以上、ピーク時においても55℃以下にならないように設計することが重要である。この菌は水や湯が停滞する場所で増殖するので、配管する場合は停滞しないよう考慮し、**中央式給湯設備**では各系統に均等に湯が循環するようにしなければならない。

　給水・給湯設備で罹病を避けるために、シャワー、ワールプールバス、スプレー水栓、

噴水などからの**エアロゾル（aerosol）**を吸込まないようにする必要がある。特に身体の抵抗力の弱い人が利用する**医療施設**や**老人福祉施設**などでは、特に留意しなければならない。

（2）トリハロメタンの増加

浄水処理や塩素処理のときに、水中の有機物と塩素やオゾンなどの酸化剤と反応して**トリハロメタン（THM）**などが発生するが、この**トリハロメタン**を含む水を加熱すると増加する。やかんや電気ポットの**トリハロメタン**の増加を比較すると密閉性の少ないやかんの方が、飛散するので少ない。飲用の湯沸し器や電気ポットは、温度が高くなるので細菌の繁殖の心配はないが、加熱により**トリハロメタン濃度**が一時的に高くなるので、電気ポットなどは時々蓋を明けて**トリハロメタン**を飛散させると良い。

【技術用語解説】

トリハロメタン（THM：trihalomethan）
原水中の有機物と塩素が反応し生成される物質で、1974年（昭和49年）にアメリカのミシシッピ川を原水としているニューオリンズの住民のガンの死亡率が高いと指摘されてから問題になった。
トリハロメタンの除去は、**粒状活性炭処理**や**オゾン処理**などによる。水道でのトリハロメタは冬期より有機成分が高く、塩素注入量が多い夏季に多くなるといわれている。

（3）湯の使い始めの注意

給湯設備の湯は、上記のような原因で汚染されるほか、配管材料の銅や鉄などの金属が湯中に溶出するので、湯の使い始めは給湯温度になるまで湯を流してから使用するのがよい。

【技術用語解説】

◇湯待ち時間（waiting time of domestic hot water supply）
給湯栓を開放し、湯が出てくるまでの時間のこと。
給湯末端配管の方法：管径（8A・10A程度が理想）・長さにより、はじめはどうしても低温度の湯が流出するので、これをできるだけ少なくし、**節水**と**給湯性能**を向上させることが必要となる。その**評価尺度**となるのが**湯待ち時間**である。
◇給湯中の金属の溶出
水温が上昇することにより、湯と接している配管材料やバルブなどから金属が溶出する。飲料水の水質基準を超えるほどは溶出しないが、亜鉛、鉄、銅などが多く溶出する。鉛を含んだ材料はほとんど使われなくなっているが、古い設備では溶出することもある。

第5話　排水設備工事

　第2話で既述の**上水道**から**上水（potable water）**を建物内に引込み、その**上水**を建物各所に配給（supply）する第3話の**給水設備工事**に対して、本題第5話の**排水設備工事**は、建物内の各所で不要となった、さまざまな**排水（waste wter）**を第2話で既述の**下水道**へ廃棄（discharge）するための設備工事である。

5・1　排水設備工事とは？

　排水設備工事とは、建物で使用した水：排水（drain water・waste water）を**公共下水道**へ直接放流するか、**排水槽**などに貯留し、排水ポンプ（drain-sewage pump）などによって、その**後始末**をする設備の工事をすることである。ちなみに、**排水設備**は、**排水・通気設備**という呼称で呼ばれることが多いが、**通気（vent system）**を伴わない**加圧式排水システム**および**真空式排水システム**も存在するので、ここでは敢えて**通気設備工事**とは別扱いとして紹介することにしたい。

5・2　排水の分類と系統分け

(1) 建物から排水の分類とその内容

　冒頭で**さまざまな排水**という表現を使っているが、**排水**は**衛生器具**などの使用箇所で排出される**混入物質**や**水質**により、その種類は①汚水（sanitary sewage）、②雑排水（waste water）、③雨水（storm water）、④特殊排水（special waste water・chemical waste water）の四つに大別されている。

　それらの排水の分類とその内容をを一覧化したものが、図5・1である。

(2) 排水の種類別系統分け

　空調設備などでも**系統分け・ゾーニング**という手法はよく採用されるが、建物内排水でも、**排水の種類・下水道の種類・処理必要性・衛生性**・維持管理の**容易性**などから、一般的に次のように**系統分け**をする場合が多い。

103

第5話 排水設備工事

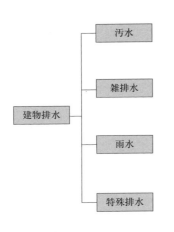

図5・1 建物から排水の分類とその内容

① 汚水系統：**汚水系統**は、**単独処理浄化槽（flush toilet wastewater purifier）**を設ける場合は、**浄化槽（septic tank）**までは単独系統で導く。

また、維持管理上**汚水系統**を完全に分ける場合もある。

注意：単独処理浄化槽は2001年（平成13年）に**浄化槽法**が改正され、その新設は禁止されている。

【技術用語解説】

◇**単独処理浄化槽**
　公共下水道などが未整備な地域で、建物から出る**汚水**のみを処理する浄化装置のことで、**水洗便所**とすることができる。しかし、**単独処理浄化槽の処理性能は劣り**、また**雑排水**は無処理で放流されるので、**水質汚濁（water pollution）**の一因となっている。
◇**合併処理浄化槽**
　し尿浄化槽において、**し尿**と**雑排水（工場廃水・雨水その他の特殊排水を除く）**を合併して処理する浄化槽のこと。
（なお、その詳細については**第9話　浄化槽設備工事**の項を参照のこと！）

---

② 雑排水系統：**単独処理浄化槽**を採用した場合には、**汚水系統**と完全に分ける。さらに**厨房排水**は**詰まり**などの障害が発生しやすいことから、**グリーストラップ（グリー**

ス阻集器）を設け、かつ単独で屋外に導かれる場合が多い。

なお、**公共下水道**や**合併処理浄化槽（combined tank of flush toilet water and housewaste water treatment）**の場合は、一般には**汚水**と合わせて排水する。

③ 雨水系統：建物の**雨水**は、単独系統とし屋外で合流させる。

④ 特殊排水系統：**特殊排水系統**の排水は、**適切な処理装置**へ導くまでは、単独系統とする。

⑤ 間接排水系統：**間接排水**とする必要のある器具（表5・1参照）の排水は、図5・2に示すように、単独の系統として、最下流で**間接排水**とする例もある。

表5・1　間接排水とする必要のある機器

区分		機器名称
サービス用機器	冷蔵関係	冷蔵庫、冷凍庫、ショーケースなどの食品冷蔵・冷凍機器
	ちゅう房関係	皮むき機、洗米機、蒸し機、スチームテーブル、ソーダファンテン、製氷機、食器洗浄機、消毒器、カウンタ流し、食品洗い用流し、すすぎ用流しなど
	洗濯関係	洗濯機、脱水機など
	水飲み器	水飲み器、飲料用冷水器、給茶機など
医療・研究用機器		蒸留水装置、減菌水装置、減菌器、減菌装置、消毒器、洗浄器、洗浄装置など
水泳用プール		プール自体の排水、周縁に設けられたオーバフロー口からの排水、周辺歩道の床排水およびろ過装置からの逆洗水
噴水		噴水池自体の排水およびオーバフローならびにろ過装置からの逆流水
配管・装置の排水		各種水槽・膨張水槽などのオーバフロー及び排水 上水・給湯および飲料用冷水ポンプの排水 給水工を有する露受け皿、水切りなどの排水 上水・給湯及び飲料用冷水ポンプの排水 逃し弁の排水 圧縮機などの水ジャケットの排水 冷凍機、冷却塔および冷媒・熱媒として水を使用する装置の排水 上水用水処理装置
		空気調和用機器、消火栓・スプリンクラ系統などの水抜き
蒸気系統・温水系統の排水		ボイラ熱交換器および給湯槽からの排水、蒸気のドリップなどの排水（45℃以下に冷却する）

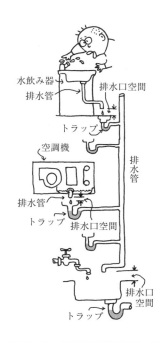

図5・2　間接排水系統図の一例

第5話　排水設備工事

> 【技術用語解説】
>
> ◇**間接排水**（indirect waste）
> 　**間接排水**とは、厨房や飲料用排水などの排水において、**排水管**の縁を一旦切って**排水口空間**を設けて**ホッパ**などで受けて排水する排水方式のことである。この目的は、器具などに**汚水**などが**逆流**して汚染されることを防止することにある。
>
> ◇**排水口空間**（air gap for indirect waste）
> 　**間接排水**とすべき機器・装置からの**排水管**および**オーバフロー管**の管端と**あふれ縁**（flood level rim）との間の垂直距離のことをいう。

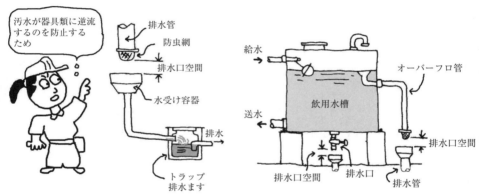

図5・3・1　間接排水と排水口空間　　　図5・3・2 排水口空間

⑥　湧水系統：**地下二重ピット**内に溜まる**湧水**（artesian spring）は、**下水道料金**が課せられる場合もあるので**計量装置**までの系統は単独とする。

（3）特定施設からの排水

　建物内からの排水は、**水道法**および**水質汚濁防止法**の適用を受ける。**下水道法**は**公共下水道**に排出する排水について規制しており、**水質汚濁防止法**は**公共用水域**へ排出する排水について規制する。

　さらに、**特定施設**から**公共用水域**に排出される排水については、**都道府県条例**によって**国の一律基準**より厳しい**上乗せ基準**が設けられるようになっている。

第5話　排水設備工事

> **【技術用語解説】**
> **公共用水域**（public water area）
> 　河川・湖沼・港湾・沿岸海域などの公共用水域、およびこれに接続する**公共溝きょ**や**灌漑用水路**など公共水路（ただし、終末処理場を設置している**下水道**を除く）のことである。

　ちなみに**特定施設**とは、**水質汚濁防止法：第2条**で定められたもので、人の健康にかかわる被害を生じる物質を含む排水、あるいは**水の汚染**によって**生活環境**にかかわる被害を生じるおそれのある物質を含む排水を排出する施設のことである。具体的には、**製造業・旅館業の厨房施設・洗濯施設・病院のちゅう房・洗浄施設・飲食店**など一定規模以上のものが該当する。

　なお、**特定施設**を有する事業場からの排水は、**公共下水道**の水質基準を超えて排出している場合には、**地方公共団体**で**除害施設**（preliminary treatment facilities for sewerage protection）などを設けるよう指導することができる。

5・3　3種類の排水方式

排水方式の基本は、**重力**によって**排水**や**汚物**搬送する、いわゆる**重力排水方式**であるが、特殊な排水方法として**真空式排水方式**および**圧送排水方式**がある。

① **重力排水方式**（gravity drainage system）：最も代表的な**建物内の排水システム**の一つで、**勾配**（gradient）を付けた排水横管と立管により、**重力の作用**（gravity）によって排水する排水システムで、ほとんどの**ビルの排水設備**および**下水道**の大部分がこの方式によっている。

② **特殊排水方式**（special sewrage system）：

◇**真空式排水方式**（vac c um sewrage system）：排水管内を**真空ポンプ**などで、負圧（negative press.）にして**排水**や**汚物を吸引する**排水するシステムで、主に**航空機・船舶・鉄道**などに採用され、近年では**宇宙船**（spacecraft）のトイレにも採用されている。なお、**真空排水方式**を採用するに当たっての留意点は、吸引時の**振動**による**トラブル**の防止対策を講じることである。

第5話　排水設備工事

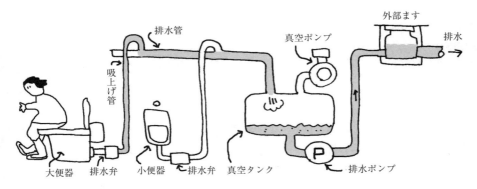

図5・4　真空式排水方式

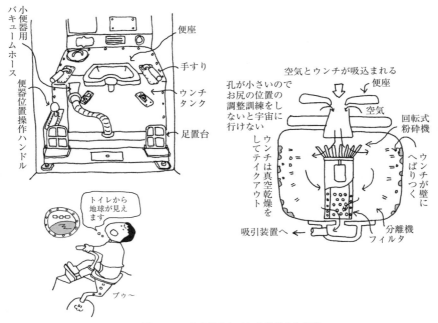

図5・5　宇宙船のトイレの仕組みと構造

◇**圧送式排水方式**（pump-up sewerage system）：**排水ポンプ**や**特殊な刃**を取り付けた**グラインダポンプ**などを用いて、**配水管内部**を**排水**や**汚物**で満水にした状態で、所定の箇所に搬送する排水システムである。

例えば長崎の**ハウステンボス**では、一部の**敷地内排水**を全てこの**圧送式排水方式**で処理している。この排水方式の採用に当たっての留意点は、排水管の腐食による劣化や排水管接続箇所からの排水漏れ、ならびに**ウォータハンマ現象**の防止などを十分に検討しておかなければ、思わぬところで**汚水**などが噴き出すなどのトラブルにつながることが挙げられる。

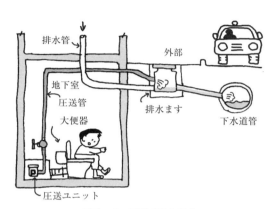

図5・6　圧送式排水方式

5・4　排水設備の守護神：排水トラップ

（1）排水トラップの目的と原理

排水は、どのような種類の排水にしろ、概ね**悪臭（malodor）**を放つものと決まっている。**排水管**は**下水管**とつながっており、また管内に**汚物（excrement）**などが付着しているので、**排水管**内には**悪臭**が充満しており、**衛生害虫**も徘徊している。したがって、衛生器具の**排水管**と**室内**を完全に遮断することが必要となる。過去にも様々な方法が考案されているが、機械式の弁や栓などは長い間使用していると**故障**や**劣化**で使えなくなり、実用面ですべての案が姿を消した。

現在、唯一残っているものが、排水設備の守護神とも呼ばれている、**排水トラップ**（図5・7参照）である。

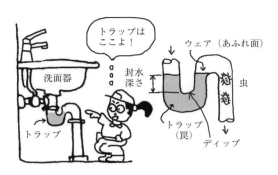

図5・7 排水トラップとトラップ各部の名称

　なお、排水トラップの**封水**が切れる原因には、排水の流れによって起こる**自己サイフォン作用**（self siphonage）・**誘導サイフォン作用**（induced siphonage）・**吹き出し**（spouting phenomena）があり、その他に**蒸発**（evaporation）、髪の毛などによる**毛細管作用**（capillarity phonomenon）などがある。しかしながら、設計に配慮すれば**破封**（water seal destruction）は、十分防止することができる。

【技術用語解説】

封水・封水深・破封・封水強度
◇**封水（water seal）**
　水で作られた栓のことをいい、衛生器具の**室内側**と**排水管側**を遮断する役割りをはたす。
◇**封水深（water seal depth）**
　排水トラップの封水の深さのこと。通常の排水トラップの**封水深**は、50mm以上100mm以下と決められている。一方**ドラムトラップ**や**阻集用トラップ**の**封水深**は、50mm以上として上限は設けられていない。
◇**破封（water seal destruction）**
　排水トラップの**封水**が**ディップ**以下に減少し、空気が流通してしまう、すなわち**封水**が破れてしまう状態を指す。
◇**ディップ（dip）**
　排水トラップの**水底面頂部**のこと。この**ディップ**とトラップのあふれ面である**ウエア**との垂直距離を**封水深**という。
◇**封水強度（water seal resistance）**
　同じ条件で**同時封水器具数**を増やしていくと、**排水トラップ**の種類によっては、早く封水が破れやすいものと破れにくいものとがある。これを**封水強度**と呼んでいる。ちなみに、**ボトルトラップ**は封水強度が高く、**サイホン式トラップ**は封水強度が比較的低い。

【新排水方式のトピックス】

サイホン排水方式

　サイホン排水方式 (siphonage draining system) とは、比較的新しい概念の**排水方式**である。この排水方式は、**排水横枝管**を**小口径無勾配配管**とし、**満流状態**を発生させ、階下の集合管まで**立て配管**にて配管行う。

　満流になった**横枝管**の排水を立管の**落水エネルギー**により、横枝管の排水を**引っ張る作用**（サイホン作用）を発生させ排水する方式である。最近では実際のマンションに設置した事例も増えているとか…。

　ちなみに、**サイホン排水**以外にも、**サイホン雨水排水システム・非封水式トラップ**、および**JS（日本総合住生活）**が開発した**サイホン式洗濯排水トラップ**などがある。

（2）排水トラップの種類と用途

　排水トラップには、図5・8に示すように、衛生器具には**Pトラップ**がよく使用され、**Sトラップ**もたまに使用される。アメリカでは、**Uトラップ**を**敷地排水管**と**下水管**の間に設けているが、日本ではほとんど例がない。

　ちなみに、**Pトラップ・Sトラップ・Uトラップ**は、別名**サイホン式トラップ**と呼ばれ、排水中に含まれる**固形 (solids)** も排水と同時にほとんど排出できる。

　また、**ドラムトラップ・わんトラップ・ボトルトラップ**は、排水中に**サイホン現象**が起きにくく、トラップの底に**固形物**が残るような構造になっており、特に**ドラムトラップ・わんトラップ**は、定期的に**固形物**を除去しなければならない。

　ドラムトップは、**阻集構造 (interception structure)** を具備しているので、**実験室**などで利用されているが、**ボトルトラップ**は日本ではあまり利用されず、ヨーロッパでは**洗面器**や**台所流し**のトラップとして利用されているという。

　一方、**わんトラップ**は、別名**ベルトラップ**とも呼ばれ、**流し**や**床排水**によく採用されているが、一端**おわん**を取り外すと**トラップ機能**がなくなってしまう。

　したがって、**清掃**等の目的で**わん**を外した場合には、忘れずに**わん**を元の状態に戻しておかねばならない。そのため、アメリカでは**わんトラップ**の使用は禁止されているとか……。

第5話　排水設備工事

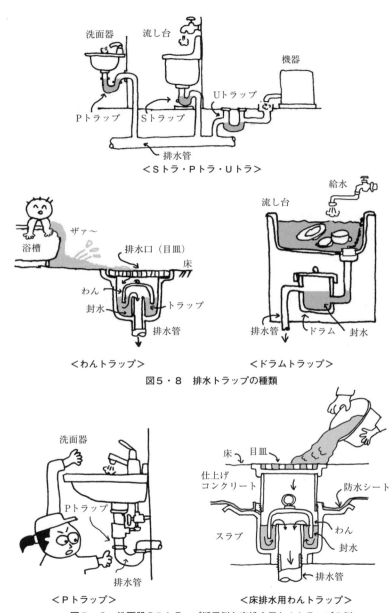

図5・8　排水トラップの種類

図5・9　洗面器のPトラップ採用例と床排水用わんトラップの例

【知っておきたい豆知識】

公衆便所はなぜ臭い？
　最近では大分改善されているが、公衆便所・駅構内の便所・飲食店の便所などに行って"臭い！"という経験をされた方も多いと思う。
　これらのトイレの床をよく見ると、**床の水洗い**などしそうにないのに、なぜか**床排水金具**が設置されていることに気づかれると思う。よく見て見るとこの**床排水金具**が、**悪臭源**になっている場合が多い。
　実は**水封式排水トラップ**の最大の欠点は、使用していないと**封水**が自然に蒸発して、**排水トラップ機能**を失ってしまうことである。
　おおよそ20日程度で**封水**が切れるので、水を使用しない場所では**床排水金具**を設置してはならない。やむを得ず**床排水金具**を付ける場合には、**排水トラップ**に**自動補給水装置**を取り付ける必要がある。

5・5　排水中の障害物の関所：阻集器

前項で述べた**排水トラップ**の主目的が**悪臭侵入防止**であるのに対し、**阻集器**は、排水中に混入する障害物を"御用！"といって逮捕する関所なのである。

(1) 阻集器の目的と種類

排水中には、**グリース・砂・毛髪・石膏・布くず**などが混入しており、管内を閉塞（clogging）したり、**ガソリン**のような**引火性**の危険物質が流れる場合もあり、どうしてもその源流：**排水流入箇所**で除去する必要がある。

それらのさまざま障害物を除去するために設けるものが**阻集器（インタセプター・interceptor)** である。**阻集器**で阻止された物質は、**阻集器**内に蓄積するので、定期的に除去清掃を行う必要がある。なお、**歯科技工室**などでは、**貴金属**が排水中に含まれる場合があるので、**阻集器**で**貴金属**を回収することもある。

ちなみに、**阻集器**の種類には、①グリース阻集器、②オイル阻集器、③砂阻集器、④プラスター阻集器、⑤毛髪阻集器、⑥洗濯場阻集器などがあるが、その阻集器の種類を一覧化しものが表5・2である。

さらに、6種類の阻集器の概要をイラストしたものが、図5・10である。

第5話　排水設備工事

表5・2　阻集器の種類と設置施設・除去物質

種類	設置する施設	除去する物質
グリース阻集器	ちゅう房のある施設	油類、ちゅうかい
オイル阻集器	駐車場、ガソリンスタンド	ガソリン、土砂
砂阻集器	穿設現場、バッチャプラント	土砂、砂利、セメント
プラス多阻集器	歯科技工室、外科ギプス室	プラスタ、貴金属
毛髪阻集器	理容店、美容院	毛髪
洗濯場阻集器	営業用洗濯場	布切れ、糸くず、ボタン

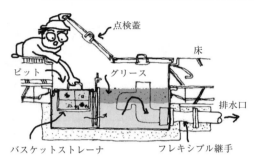

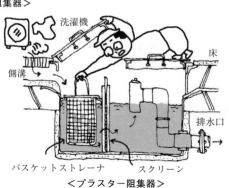

図5・10　各種阻集器の構造例

（２）グリース阻集器の構造と材質

阻集器の代表ともいえるものが、ここで取り上げる**グリース阻集器**である。

これは、**大型ちゅう房**に設けるもので、一般の人にも比較的身近な存在の**阻集器**である。

この阻集器のない**ちゅう房**では、**ちゅう房排水管**が頻繁に詰まり、排水管内を**清掃用具**で掃除している場合も多い。

この阻集器は構造的には**厨芥（garbage）**の受け籠と、グリースが浮き上がるように**隔て板**が２枚以上設けてあり、水面に**グリースの層**ができるようになっている。

グリース阻集器は、現場施工の**鉄筋コンクリート（RC）製**のものと、工場でプレハブ加工した**ステンレス鋼製**または**FRP製**のものとがあるが、最近ではほとんど**FRP製**のものが採用されている。

工場試作のものは、**日本阻集器工業会**で独自に**認定制度**を設けその性能などを評価しているので、その工業会の**認定品**を使用することが望ましい。

【技術用語解説】

グリース阻集器の認定品
　阻集器の**性能（performance）**・**構造（structure）**・**容量（capacity）**などについて、阻集器工業会で評価方法を定め、実験をして**合格品**を認定し**認定品マーク**を付けている。

ところで、**グリース阻集器**は**排水トップ**の役割も果たしているのである。**排水器具**から排水を流す場合に、**グリース阻集器**までは**配管**や**側溝**を通して**排水**を導くが、**グリース阻集器**は大気に開放されている。

グリース阻集器と**排水管**はつながっているので、排水管内の**悪臭**や**害虫**の侵入を防ぐためには、**排水トラップ**を設けなければならない。工場製作製品の**阻集器**では、**排水トラップ**が標準品として装備されているものが多い。

【ちょっとお耳を拝借！】

グリース阻集器の清掃周期

　東京都衛生局の調査では、**グリース阻集器**の清掃の不備に関する指摘事項が多く、**グリース阻集器**を設置しても本来の目的を果たしていない場合が多く見受けられるという。

　グリースは、阻集器内に蓄積されるので、**定期的**に除去することが必要である。

　その清掃周期は、**設計段階**で定められており、一般的には7日〜10日である。なお、阻集器壁面に付着した**グリース**は、**高圧洗浄法**などで除去する。また、**阻集器**内の**受け籠**中の**厨芥**は原則として毎日除去する必要があり、長期間放置しておくと**厨芥**の一部が腐敗して悪臭を放ち、非衛生的になるおそれがある。

　ところで、**グリース阻集器**内を清掃した際に出る**廃棄物**は、**産業廃棄物**として処理しなければならないので、絶対に**排水中**に流したりしてはならない。

5・6　排水管の種類と排水の流れ

　空調設備の配管中の流れは、**蒸気還水管**などの例外を除き、ほとんど**満流（flood flow）**であるが、排水管の流れは通常**半満流（semi-flood flow）**である。

　また、一口に**排水管**といえども、その排水管の呼称は多種多様である。

（1）多様な排水管の種類

　建物の排水管は、図5・11に示すように、その上流（upstream）から**器具排水管**⇒**排水横枝管**⇒**排水立て管**⇒**排水横主管**⇒地階の排水ポンプからの**排水圧送管**⇒**敷地排水管**と次第にその名を変えていき**公共下水道**に接続される。**公共下水道**のない地域では、有機処理浄化槽に接続することになる。

（2）排水の流れ

　排水管内部の流れは**給水管**等とは明らかに異なっている。**給水管**は配管内部に水が充満（full of water）しているが、**排水管**では水などが充満（満水）した状態ではなく、配管の**勾配（gradient）**と重力（gravity）の作用によって、上流から下流へ流しているので、配管の**上部や中心部にすきま（空隙）**ができたままの状態で流れている。トイレ排水などを流した場合、一気に**便器**から**水**と**汚物**などが排水管に運ばれるが、**排水横枝管**に到達すると、この排水管の勾配に沿って**水**と**汚物**やその他の**混入物・油**などが配管の中を通過していく。

　このように**排水設備**は**重力（gravity）**によって、水の流れにのせて**汚物**などを運ぶシステムである。

第5話　排水設備工事

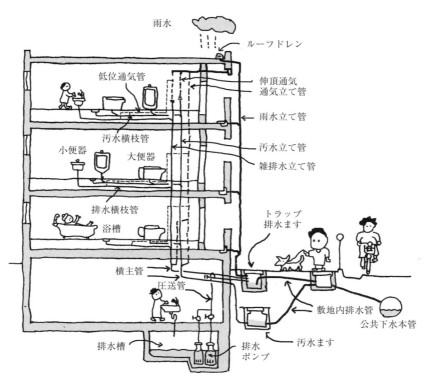

図5・11　各種排水管の呼称

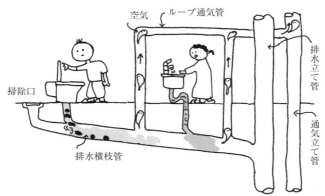

図5・12　排水横枝管中の排水の挙動

それでは、排水管の勾配は、どのようにして決めるのであろうか……？

排水横枝管等の勾配は、管径ごとに**最小勾配**が規定されている。この**最小勾配**は、土木（civil engineering）の分野では、排水管の管底に**砂**が堆積しないような**最低流速**を基準に決定されているが、**建築排水設備**の分野では、排水管径が65mm以下では1/50、75〜100mmでは1/100、125mmでは1/150、150mm以上では1/200と規定されている。

ここでいう、**1/50**というのは配管の**直管長さ**と勾配の**垂直高さ**の比を示しており、**1/50**の場合、直管の長さが50mであれば、垂直高さは1mという意味で、**分母の数字**が大きくなればなるほど、**勾配**はゆるやかであるということになる。

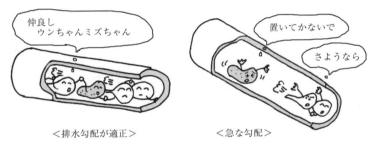

図5・13　排水横枝管の勾配と排水の流れ

ところで、**排水立て管**内の流れは、**排水横枝管**内の流れとは、全く様相が異になる。**排水立て管**内では、**排水**と**空気**が混在したような流れ、すなわち**気液二層流**という状態が発生している。排水量が少ない時は、排水は排水管の**管壁**に沿って**環状状態**で流れ、排水量が増加すると排水管の**管壁**に沿えない排水が、排水管の中心を**水滴**となって落下する**環状の噴霧流**となる。

このように、**排水立て管**内では、排水が**管壁**を伝わるかのようにして流れている時は、**管壁**や管内の**空気**との摩擦（friction）で勢いが弱められて（ブレーキがかかって）、ある一定の速度以上にはならない。

ここで注目して欲しいことは、常に排水立て管内に排水が充満していないので、**排水立て配管**の最下部に**水圧**がかからないため、**超高層ビル**で**排水立て管**を敷設するような場合でも、中間階で配管を**横引き配管（オフ・セット配管）**して排水の勢いを弱める必要もなく、

最下部まで真っすぐに配管しても問題がないことである。

筆者の独断的な表現であるが、**排水立て管**中の排水には、常に**エンジンブレーキ**がかかっており、**スピード違反**は起こりえないということである。

（3）ジャンプする排水：排水の跳水現象

排水立て管は、最下部で**排水横主管**に接続され、落下してきた排水は勢いよく**排水横主管**に流れ込み、**流れの速度**が急激に遅くなる。この時に、**排水の波立ち（bubbling**などによって、部分的に排水管内は**満水状態**になり、円滑な流れが阻害される場合がある。この現象を**跳水現象（hydraulic jumping）**と呼んでいる。

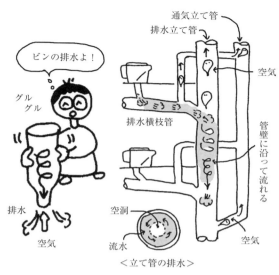

図5・14　排水立て管内の排水の流れ

ちなみに、**跳水現象**は、**排水立て管**の接続部から**1.0〜1.5m**以内とされているので、その部分には他の**排水管**や**通気管**を接続することは、絶対に避けなければならない。

（4）特殊排水管継手

現在、衛生器具が**排水立管**の近くにある**集合住宅（マンション）**や**ホテル**などでは、**特殊排水管継手（special drainage fittings）**が多く採用されている。この継手の役割は、**排水横枝管**からの排水の流れが、円滑に**排水立管**に流れ込み、かつ**排水立管**内の流速を減じて、**通気性能**を向上させることにある。

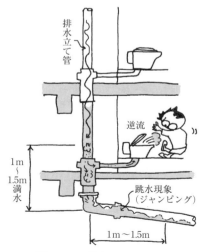

図5・15　排水の跳水現象

第5話 排水設備工事

　ほとんどの**器具排水管**がそれぞれ単独に**排水立て管**に流れこむようにした**排水継手**で、上部からの排水と横からの排水とが、干渉することなく流れる構造となっている。現在では、日本でも数多くの**特殊排水管継手**のメーカがある。

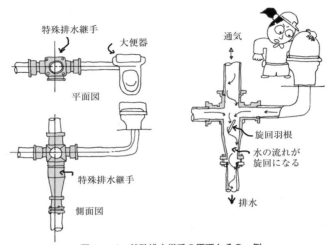

図5・16　特殊排水継手の原理とその一例

【ちょっとお耳を拝借！】

◇セクスチュア（SEXTIA）排水方式
　フランスで開発された**特殊排水継手**を用いた**伸長通気方式**の排水システム。**特殊排水継手**には、**セクスチュア継手**（se xtia fitting）と**セクスチュアベンド**（sextia bend）を使用する。

◇ソベント（Sovent）排水方式
　スイスで開発された**特殊排水継手**を用いた**伸長通気方式**の排水システム。**特殊排水継手**には**通気継手**（aerator fitting）および**逆通気継手**（deaerator fitting）を使用する。
　両方式とも、一時日本でも採用された実績があるが、既述のように現在では、日本製の優れた**特殊排水継手**の開発により、これらの**外国製特殊排水継手**は、すっかり駆逐されてしまっている。

第5話　排水設備工事

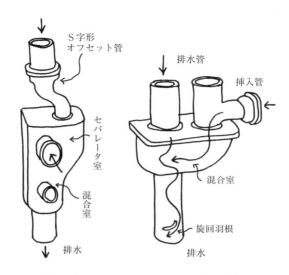

＜ソベント特殊排水継手＞　　＜セクスチュア特殊排水継手＞

図5・17　セクスチュア特殊排水継手とソベント特殊排水継手

5・7　排水配管材料とその配管方法

　給排水・衛生設備に使用される**配管材料**は、**空調設備配管材料**に比して、複雑多岐にわたっており、とりわけ**排水配管材料**がその最たるもので、その理由は、**腐食性**のあるさまざまな排水を処理する必要があるからであると思う。

（1）排水配管材料

　排水の種別により、それぞれの排水に適した管種があるが、その代表的な排水用配管材料の名称のみを先ず列挙しておく。その詳細（特徴など）については、【引用・参考文献】（3）の第9話排水配管工事の特徴と施工留意点を参照のこと。
①硬質ポリ塩化ビニル管（JIS K 6741）（耐火二層管を含む）

121

第5話　排水設備工事

【ちょっとお耳を拝借！】

硬質ポリ塩化ビニル管の選定
　この管材は通称**塩ビ管**と呼ばれているが、この管材を選択・使用するにあたって、**耐震性・熱膨張性**の面から述べておきたいことがある。まず、排水管・通気管の立て管については、**層間変位**に対応できる**配管・継手**を使用しなければならない。また、この管材は**塩ビライニング鋼管**などに比較すると、**耐震支持・固定支持**の箇所が多く必要なこと、熱膨張率が約6倍であることから、**経済性（管材が安い）**の観点からのみで採用してはならない。

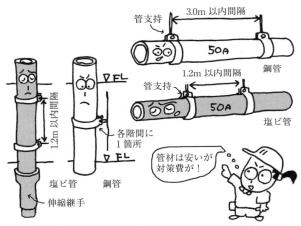

図5・18　硬質塩化ビニルビニル管：選定上の留意点

【技術用語解説】

層間変位と層間変形角
　層間変形角（angle of story dflection）とは、地震時に対する**水平変位**を**層間変位**といい、その**層間変位**を**階高**で割った値を**層間変形角**という。

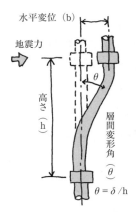

図5・19　層間変位角

② 排水用硬質塩化ビニルライニング管（WSP 042）
③ 配管用炭素鋼鋼管（白）（JIS G 3452）
④ 排水用鋳鉄管（JIS G 5525）
⑤ 遠心力鉄筋コンクリート管（JIS A 5372）
⑥ レジンコンクリート管（JSWAS K-11：日本レジン協会規格）

（2）最近の汚水排水配管材料

ここでは、商業建設において最近比較的よく使用されている**汚水排水用配管材料**を列挙しておく。

① 硬質ポリ塩化ビニル管（VP）：JIS K 6471：2007（使用率：49.1％）
② 排水・通気耐火二層管（FDPA）・JIS K 6741：2007またはJIS K 9798：2006に繊維モルタルで被覆（使用率：32.4％）
③ 耐衝撃性硬質ポリ塩化ビニル管（HIVP）：JIS K 6741（使用率：8.3％）
④ その他4種類の排水配管材料

注：上記の①・②・③の合計使用率が89.8％を占める。一方、④に包含される**メカニカル排水用鋳鉄管**は、1995年（平成7年）当時、使用率：14.0％であったものが、現在では使用比率：1.3％になっているそうで**隔世の観**を禁じえない。

（3）最近の雑排水配管材料

ここでは、商業建築において最近比較的よく使用されている、**雑排水用配管材料**を列挙しておく。

① 硬質ポリ塩化ビニル管（VP）：JIS K 6741：2007（使用率：51.1％）
② 排水・通気耐火二層管（FDPA）・JIS K 6741：2007またはJIS K 9798：2006に繊維モルタルで被覆（使用率：32.7％）
③ 耐衝撃性硬質塩化ビニル管（HIVP）：JIS K 6741（使用率：13.7％）
④ その他4種類の排水管材料

注：上記の排水管以外に、湯沸室系統の排水材料として**水道用耐熱性硬質塩化ビニルライニング鋼管（HTLP）**や**耐熱性ポリ塩化ビニル管（HTVP）**などが使用されている。

（4）排水配管施工上の留意事項抜粋

ここでは、排水管別の**管接合法**の詳細については割愛させていただくが、それに関しては、【引用・参考文献】(3)を参照のこと。

したがって、ここでは排水配管施工上の留意事項を3点紹介しておくことにしたい。
◇**排水管の横引き排水距離**：
　重力式配管での重要チェックポイントは、排水横引き排水配管の距離に留意することである。既述の**節水便器**を採用する場合には、**排水立管**に接続する排水距離は、**メーカ別**と**使用する器具型式**により、**排水横引き許容距離内**の寸法で施工することに十分留意する必要がある。

　また、室内に設置した**衛生器具**から、横引排水管の**距離**が長いと、その配管勾配によっては**天井内**に納まらなくなり、①天井下露出配管、②下がり天井の設置、③排水立管系統を新たに設けて**排水横引管**を接続するような仕儀になる。さらに、**床上配管**とする場合には、**横引排水管**の部分では、**高さ**と**幅**の両方の設置スペースが必要となる。

図5・20　節水便器の配管勾配

【技術用語解説】

ソルベントクラック（Solvent Cracking）
　ここで紹介するのは**硬質ポリ塩化ビニル管（塩ビ管：VP）**を施工する場合の注意事項である。塩ビ管を溶剤（solvent）を使用して接続施工をする際、**亀裂現象**が発生することがある。この現象を特に**ソルベントクラッキング**と呼んでいるが、これは**ストレスクラッキング（応力亀裂）**の一種である。塩ビ管を配管する場合には、先ず注意して欲しいのは**溶剤の存在（接着剤・防腐剤など）**で、また溶剤を多量に塗布すればいいという問題ではない。この他に、**応力（熱応力・TS接合部の応力・生曲げ応力など）**が加わった場合および**低温下での配管施工**の、以上の3条件が加わった時に**ソルベントクラッキング**が発生しやすい。

第5話　排水設備工事

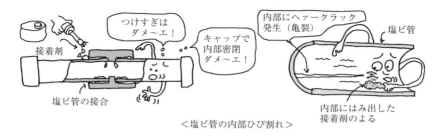

＜塩ビ管の内部ひび割れ＞

＜内部のガスを排出＞
図5・21　塩ビ管のソルベントクラッキング現象

◇**排水ヘッダ継手の利用**：

便所での**汚水配管**の施工では、継手＋単管＋継手＋単管＋継手……の繰り返しが便器の数だけあり、**設置スペース**内に納まりきれない場合には、**施工期間の短縮**を兼ねて**排水ヘッダ継手**を製作・利用したことを過去に経験している。

現在では、**台所流し・洗面器・洗濯機・浴槽**など、**汚水排水**以外の**雑排水**の横枝管を1対1の関係で**排水ヘッダ（英語ではmanifold**という）に接続する排水方式が商品化されている。

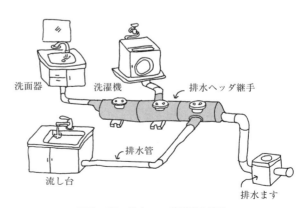

図5・22　排水ヘッダ継手の利用

125

5・8　雨水排除と雨水排水配管

(1) 雨水排除と降雨量

台風 (typhoon) や**集中豪雨 (local heavy rain)** では激しい雨が降り、日本でも各地で川が**氾濫 (flooding)** したり、**崖崩れ (landslide)** を起こしている。

通常**降雨量**は、多くても一日200〜300mm程度である。建物に降る雨は、1時間当たり100mmを標準として、**雨樋**や**ルーフドレン**の大きさを決めているので、通常の**集中豪雨**では、問題なく排除できるはずになっている。但し、一部の都心の建物の設計では時間当りの降雨量を180mmとしていることが多くなってきている。

日本でも地方によっては、標準の降雨量：100mm/時間より雨が多く降るところと少ないところがあり、その場合には**過去の最大降雨量**によって決めている。

【ちょっとお耳を拝借！】

ゲリラ豪雨 (Guerrilla rainstorm)
　約10〜数10km^{2}範囲の狭い地域に、時間雨量：50mmを超えるような豪雨が短時間に降る現象で**集中豪雨**の一形態。予測が難しく、局地的で突発的に襲うために**ゲリラ**という名がつけられ、2008年（平成20年）夏頃からよく使われるようになった。集中豪雨と同様に**気象学 (meteorology)** 的には明確な定義はなく、**気象庁 (the Meteorological Agency)** ではこのような現象 (phenomena) を**局地的大雨**と呼び、**ゲリラ豪雨**を正式な気象用語とはしていないが、**マスメディア**や一部の**気象会社**で使用している。このような現象は、なにも日本だけの現象ではなく、世界中の各国で発生しており、**異常気象現象 (abnormal weather)** の一つとされている。

参考までに、表5・3に代表的な都市の最大雨量を示しておく。この表より、降水量には**日降水量・1時間降水量・10分間降水量**があることが理解できる。

図5・23　集中豪雨

【技術用語解説】

◇**10分間最大降雨量**

この値は、**1時間最大降雨量**と共に、**理科年表**に掲載されている。この数値は、雨水の侵入を絶対に避けたい**施設**や**雨水槽**の設計などに使用される。当然、**1時間最大降雨量**よりも大きな値となる。ちなみに、広大な敷地の雨水は、当然**建物内雨水**と異なり、**地下浸透（subsurface infiltration）**や**蒸発**によって**下水道**に排除される**雨水量**は、当然**降雨量**より減りその量は**流出係数**で表すことができる。

◇**雨水流出係数**

主に**下水道**などに流入する**雨水量**を算定するために、**屋根・舗装・緑地**など、降った場所における**地下浸透量**を差し引いた**正味の雨水流出量**の**降雨量**に対する割合をいう。

表5・3・1
都道府県別最大10分間降水量

順位	都道府県	観測値 mm	起日
1	新潟県	50	2011年7月26日
2	高知県	49	1946年9月13日
3	宮城県	40.5	1983年7月24日
4	埼玉県	39.6	1952年7月4日
5	兵庫県	39.5	2014年6月12日
6	神奈川県	39	1995年6月20日
7	東京都	38.5	2018年8月27日
7	長野県	38.5	1960年8月2日
9	沖縄県	38.2	1937年3月30日
10	和歌山県	38	1972年11月14日

表5・3・2
都道府県別最大1時間降水量

順位	都道府県	観測値 mm	起日
1	千葉県	153	1999年10月27日
1	長崎県	153	1982年7月23日
3	沖縄県	152	1988年4月28日
4	熊本県	150	2016年6月21日
4	高知県	150	1944年10月17日
6	福岡県	147	1991年9月14日
7	愛知県	146.5	2008年8月29日
8	和歌山県	145	1972年11月14日
9	鹿児島県	143.5	2011年11月2日
10	山口県	143	2013年7月28日

表5・3・3
都道府県別最大日降水量

順位	都道府県	観測値 mm	起日
1	高知県	851.5	2011年7月19日
2	奈良県	844	1982年8月1日
3	三重県	806	1968年9月26日
4	香川県	790	1976年9月11日
5	沖縄県	765	2008年9月13日
6	愛媛県	757	2005年9月6日
7	徳島県	726	1976年9月11日
8	宮崎県	715	1996年7月18日
9	和歌山県	672	2001年8月21日
10	静岡県	627	1983年8月17日

（2）ルーフドレンと雨水排水配管

ルーフドレン（roof drain）は、図5・24に示すように、**雨水配管に水を導く雨水流入口**であり、屋根面の低いところに設置し、**ごみ**などが入らないように**粗いスクリーン**がついている。

第5話　排水設備工事

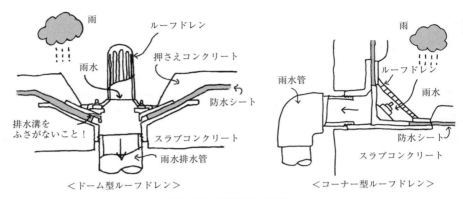

図5・24　各種のルーフドレン

　雨水配管は、**雨水立て管**と**雨水横管**とからなり、屋外で次項で述べる**敷地排水**に接続している。**雨水配管**の雨量は**満流**に近いこともあるので、**雨水立て管**を一般の排水管に接続したり、**通気管**として利用したりしてはならない。

　また、**合流式下水道**では、**雨水管**と**汚水管**などを接続して雨水を排除するが、建物内での接続は絶対に避けて、屋外の**ます**などで接続することが望ましい。また、**雨水管**を合流式の**敷地排水管**に接続する場合には、**雨水管**の**最下流部**には図5・26に示すように必ず**雨水用トラップ**を設ける。

　なお、敷地の低い所や**地下**の**ドライピット**の雨水は、**雨水槽**を設けて排水ポンプで排水する必要がある。

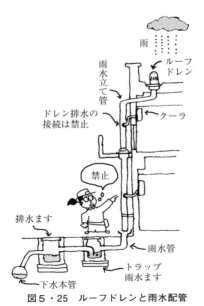

図5・25　ルーフドレンと雨水配管

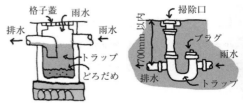

図5・26　雨水用トラップの例

（3）雨水流出抑制型下水道

大都市では、**建物の密集化**や**道路の舗装**などで、雨水が地中に**浸透（soaking）**する量が少なく**下水道**への雨水流入が多くなり、**都市型洪水**の原因となっている。そのため、一時的に**大量の雨水**が**下水道**に流れ込まないように、大規模開発では**雨水調整池**を設けるように指導されている。

また、**既成市街地**の広場や公園などの地下に**雨水貯留槽**を設けるとともに、併せて**地下浸透**による地下水の**涵養**を図るために、**浸透式雨水排除方式**を採用するための、いわゆる**雨水流出抑制型下水道**の整備が促進されている。

5・9 敷地排水

（1）敷地排水と下水道

建物から出て下水道に接続するまでの**敷地排水（building sewer）**は、下水道が**合流式**の場合には、**生活排水系統**と**雨水系統**を合わせて排除し、**分流式**では、**生活排水**と**雨水**をそれぞれ別々の系統で排除する。

敷地外下水道が未整備の場合には、**合併処理浄化槽**を設ける。**水質汚濁防止法**の観点から**合併処理浄化槽**が増えており、小規模な**合併処理浄化槽**も開発され、住宅などに普及してきている。

また、**下水道**も降雨時に**汚水**などが未処理で放流されないように、**雨水**と**汚水**などを分ける**分流式**が主流となっている。

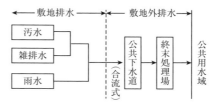
(a) 敷地内（建物内）合流式＋敷地外合流式下水道

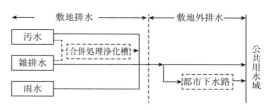
(b) 敷地内（建物内）分流式＋敷地外下水道未整備

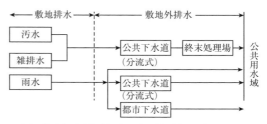
(c) 敷地内（建物内）合流式＋敷地外分流式下水道

図5・27 敷地排水と下水道の関連：3パターン

第5話　排水設備工事

【技術用語解説】
◇**地下浸透処理**（subsurface infiltration）
　下水道が未整備で、**地下浸透**が可能な敷地では、**浄化槽**などで処理した排水を土中に浸透させ排除することがある。
◇**排水量の規制**
　大都市などの下水道で、**下水管きょ**（sewer conduit）が**排水負荷**に対して十分な大きさでない場合、または**雨水量**の一時的な**過大排水負荷**（excess drain load）を削減するため、**排水量**を規制する目的で、**貯留槽**の設置などを指導する場合がある。

（2）敷地排水管とインバートます

　敷地内排水管は、通常土中に埋設されるので、当然強度があり**耐腐食性**の高いものが要求される。一般には、**硬質塩化ビニル管・鋳鉄管・鉄筋コンクリート管**などが採用される。また、排水管の**曲がり部・合流部・長い直管の途中**などには**排水ます**を設ける必要がある。

　排水ますには、汚水用や雑排水用の**インバートます**と**雨水ます**がある。雨水ますには、長い間に**土砂**が堆積するので、節目節目で清掃する必要がある。

図5・28　インバートます（汚水ます）と雨水ます

【技術用語解説】

インバートますの役割

インバートますは、ますに汚物が滞留しないように、**半円形の溝 (invert)** を形成して溝内を流下させるものである。また、スキー競技の**ハーフ・パイプ**のように、**半円形**にすることにより、流れに**適切な水深**を与え、排水中の汚物が円滑に流れるように**方向性**を与え、流れに乱れを生じさせないようにしたものである。

ちなみに、この**インバート（溝）**を**職人技**で芸術的に形成することを、職人用語 (jargon) では**インバルを切る**と呼んでいる。

5・10 特殊排水とその処理方法

（1）特殊排水の種類と水質

一般に、**給排水衛生設備**の排水中で最も問題となる**特殊排水**は、**一般排水系統**または**下水道**に直接放流することができない、**有害・有毒・危険・その他の望ましくない性質**を有する排水のことである。

具体的には、主として**伝染病棟の排水・研究所・病院での薬品排水**や病院・研究所・試験所などでの比較的薄い濃度の**放射性排水**などである。表5・4は、**生活系排水で下水道の障害となる水質項目**を参考までに示したものである。

表5・4 生活系排水で下水道の障害となる水質項目

水質項目	東京23区の下水排除基準
生物化学的酸素要求量（BOD）	600mg/L未満（300mg/L未満）
浮遊物質量（SS）	600mg/L未満（300mg/L未満）
ノルマルヘキサン抽出物質（動植物油）	30mg/L以下
水素イオン濃度（pH）	5を超え9未満（5.7を超え8.7未満）
温度	45℃未満（40℃未満）
沃素消費量	220mg/L未満

※BOD、SS、pH、温度の（ ）内の数値は製造業又はガス供給業に適用

◇**伝染病棟**の排水：その安全上**伝染病予防法**などで、とりわけ厳しく規制されている。
◇**薬品排水**：**酸・アルカリ**以外に、各種の**化学薬品・重金属を含む薬品**など多種多様であり、実際には使用する薬品の**種類・量**および排出される**水質・量**を把握して、**適切なる**

処理方法を決定しなければならない。

また、**放射性排水**は、その濃度によって**管理の方法**が異なるが、一般の病院・研究所などで処理される排水は、表5・5のように区分される。

表5・5　研究所、病院における排水量の基準

レベル区分	濃度	研究所 排水量 [ℓ/(人・日)]	病院 排水量 [ℓ/(人・日)]
中レベル排水以上	4×10^1 Bq/cm³ 以上	1	12（診察患者） 80（治療患者）
低レベル排水	$4 \times 10^4 \sim 4 \times 10^{-2}$ Bq/cm³	20	1
極低レベル排水	4×10^{-2} Bq/cm³ 以下	100	4
非放射性排水		750	〜10

（出典：空気調和・衛生工学会編：空気調和衛生工学便覧，第14版，4巻，P.560，2010）

◇**業務用ちゅう房排水**：特に**BOD・SS・ノルマルヘキサン物質抽出量**が問題となる**水質項目**である。**法令**などの基準を超えている場合には、**管きょや処理施設**に支障を及ぼす恐れがあることから、**特殊排水**と言える。

【技術用語解説】

ノルマルヘキサン抽出物質量（normal hexane extracts）
　水中に含まれている**グリース・揮発しにくい炭化水素**などを**ノルマルヘキサン**に溶かして分離し、**ノルマルヘキサン**を気化させて測定した量のことをいう。

（2）特殊排水の処理方法

◇**伝染病棟の排水処理**：汚水・ちゅう房排水・洗面・浴場排水がこれに該当し、**一般の排水系統**とは隔離して**消毒ます**に導かなければならない。

　ますでの消毒は、主に**塩素系消毒（disinfection by chloride）**が中心であり、20mg/リットル程度で1日以上保持して完全の**殺菌（sterilization）**してから、一般排水系統に排水する。

　ただし、**公共下水道**が完備していない地域では、単独に**浄化槽**を設置し、十分殺菌してから放流しなければならない。

◇**薬品排水の処理**：図5・29に示すように、**強酸性排水・強アルカリ性排水**を**中和処理**

することが中心である。その他の薬品については、その**種類・量**によって**分別保管処分**をするか、または**排水処理**をするかを決定する。

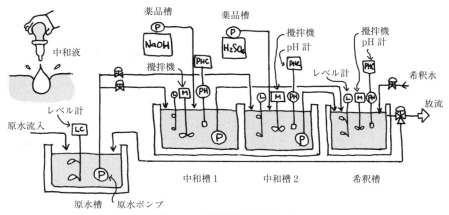

図5・29　薬品排水中和装置の例

ちなみに、図5・30は**重金属**を含む薬品処理のフローを示したものであるが、**自動現像機廃液**や**重金属を含む排水**は、処理が複雑な上**処理コスト**も高くなるので、排水として出さないよう**貯留処分**とすることが一般的である。

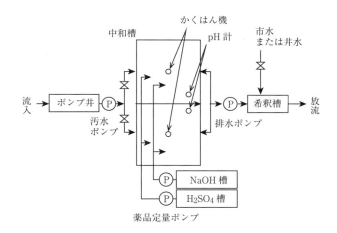

図5・30　病院排水における無機系排水の一般的処理フロー

133

◇**放射性排水処理**：放射性物質の**半減期（half-life period）**を利用し、図5・31に示すように、**放射性排水を貯留・減衰**させ、または**希釈**して、**規定濃度**以下になったことを**モニタリング**で確認してから、一般排水系統に排出する。

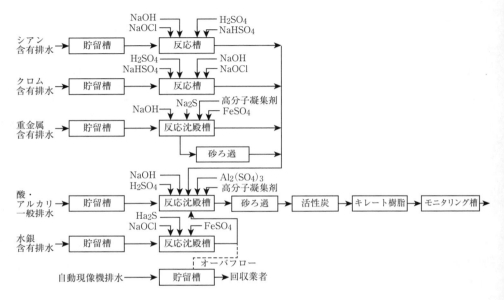

図5・31　小規模低レベルの放射性排水の処理設備例

【技術用語解説】

放射性排水の単位＝ベクレル（Bq）
　放射線のSI単位で、$1Bq = 2.7 \times 10^{-11} Ci$（キュリー）のことである。なお、排水中の**放射性許容濃度**は、放射性物質が明らかでない場合には、$5 \times 10^{-5} Bq/cm^3$ となっている。

◇**業務用ちゅう房排水処理**：ちゅう房排水は、**油脂類**を多く含むため、**配管の保護**や**処理施設の処理負荷**を低減する目的で、**グリース阻集器**を設置し頻繁に清掃を行う必要がある。
　油脂類の処理方法としては、**浮上分離・凝集沈殿・付着法・吸着法**などが用いられる。また、**浄化槽**で処理する場合には、**貯留時間**を3時間以上とり、2室を区分した**油脂分離槽**を設けなければならない。

第6話　通気設備工事

　本話で述べる**通気設備工事**は、一般的には**排水工事**の**姉妹工事**として、**排水・通気設備工事**として、一括して取り扱われることが多い。

　しかし、第5話5・3項で既述のように**眞空式排水方式**や**圧送式排水方式**では、**通気設備**は一切不要であり、**通気設備**は、**重力排水方式**にのみ**付随**する設備であるので、敢えて**単独設備工事**として紹介したい。

6・1　通気管設備工事とは？

　ここでいう**通気設備**（air vent system）とは、**重力排水設備**の場合に、排水によって引き起こされる、**排水配管内部**の**気圧変動**（press. fluctuation）に対処するため、および**排水の流動**を支障なくかつ円滑にするために設ける配管設備のことである。したがって、**通気配管設備工事**とは、その配管工事を施工することである。

　なお、**通気設備**というと、水槽類において**水の出入り**により**上部空気層**の容積が変化するので、この現象を吸収する**通気管設備**を意味することもある。

6・2　呼吸する通気管の設置目的

　既述のように**排水配管内**の排水は、**空気**と**水**が混ざった複雑な流れで、この排水の**非定常**（unsteady state）な流れによって、排水管内の空気は乱され**正圧**になったり**負圧**になったりする。

　一般に**トラップの封水深**は50mmなので、排水管内の圧力が**負圧**であると**封水**が排水管内に引っ張られて、負圧が**50mm**を超えると**封水**が切れてしまう。また逆に**正圧**であると**衛生器具**から**水**や**洗剤泡**が吹き出したりする。

　このような現象を緩和（mitigation）するためには、排水管内の圧力が**正圧**の場合は逃がし、**負圧**の場合には空気を供給することが重要で、この目的を果たすのが**通気管**（air vent pipe）の役割なのである。この他にも、**通気管**は排水管内を**換気**（ventilation）する

役割も果たしている。

さらに具体的に説明すると、**排水管**内で**排水流量**が増えてくれば、**排水立て管上部**から**排水流量**の数倍に該当する空気が流入し、排水立て管の上部は**負圧**に、下部は**正圧**になる。**排水流量**がさらに増えてくると、**排水立て管**上部の**負圧度**はさらに増し、**封水**が吸引されてやがて破封する羽目になる。

また、**排水立て管**の下部では**正圧**が大きくなって、図6・1に示すように、大便器などから**封水**が吹き出すトラブルに見舞われる。その防止のために**通気立て管**を設けその最下部は**排水立て管**の最下部から取り出し、その上部は**伸長通気管**（stack vent pipe）に接続する。こうすれば、**排水立て管下部**の**正圧**は上部に逃げ、**排水立て管上部**の**負圧**の程度も緩和できる。

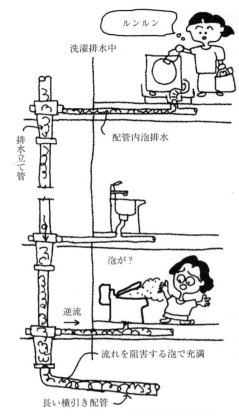

図6・1　大便器からの洗剤泡の吹出し例

6・3　通気管の種類とその特徴

通気管には、図6・2に示すように多種多様な種類がある。

① 　各個通気管（individual vent system）：**各衛生器具**の排水管に設ける通気管で、排水を円滑にしようとする建物には、最適な通気方式であるが、日本ではほとんど使われていない。

② 　ループ通気管（loop vent system）：2個以上の衛生器具排水管を接続する**排水横枝管**の最上流の器具排水管の**下流側**から取り出して、**通気立て管**または**伸長通気管**に接続するか、あるいは直接大気に開放する通気管で、日本ではほとんどこの方式が使われている。

第6話　通気設備工事

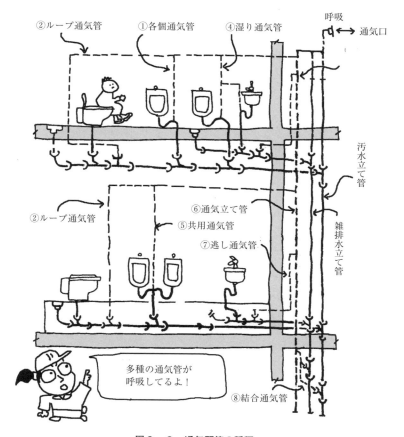

図6・2　通気配管の種類

　ただし、**ループ通気管**は7個の**トラップ**までしか効力がないとされており、衛生器具数が7個を超える時には、その排水横枝管の最下流に**逃し通気管**を設ける必要がある。通気管でその階の床下に配管して**通気立て管**に接続する通気管を**低位通気管**といい、排水が**横引き通気管**内に流入する恐れがあるので好ましい方法ではない。一般に**各個通気システム**は、**自己サイホン作用**の防止にも有効であるが、**ループ通気システム**は、**各個通気システム**と性能は同等であるが、**自己サイホン作用**は防止できないという欠点がある。

③ 伸長通気管（stack vent system）：排水立て管の最上部から、同じ配管を立ち上げて大気に開放する通気管である。ちなみに、**通気管**として**伸長通気管**しかない排水システムを、**単管式（一管式）排水システム**という。また、**伸長通気管**以外に**通気立て管**を有するシステムを**二管式排水システム**と呼んでいる。

④ 湿り通気管（wet vent pipe）：**衛生器具排水管**を通気管の一部として兼用する箇所のことをいう。

⑤ 共用通気管（common vent pipe）：背中合わせに設置された衛生器具の**トラップ機能**を保護するための通気管で、両側の**衛生器具排水管**が接続されて箇所より立ち上げられている通気管のことである。

⑥ 通気立管（vent stack）：排水立て管の最下部から単独に立ち上げる通気管で、各階の**通気横枝管**は**通気立て管**に接続し、最上階に設置されている衛生器具の**あふれ縁 (flooded level rim)** よりも150mm以上高い位置で、**伸長通気管**に接続する。

⑦ 逃がし通気管（relief vent pipe）：**ループ通気方式**の場合、多数の衛生器具が接続されている**排水横枝管**では、下流に行くほど排水管内の圧力が上がるため、1本の**排水横枝管**の衛生器具数が7個を超えるとき、その**排水横枝管**の最下流から**空気**を抜くために設ける通気管である。

⑧ 結合通気管（yoke vent pipe）：高層ビルなどでは、**排水立て管**内の**空気圧**が上昇しないように、10階ごとに**排水立て管**と**通気立て管**を結ぶ**逃し通気管**の一種である。

6・4　通気管配管材料

通気管の材質は、通気管中に**排水物**が流れる訳ではないが、通気管が腐食している例も数多く見受けられることから、**汚水用排水管・雑排水用排水管**と同様に**耐食性**の高い**排水・通気用耐火二層管（FDPA）（使用率：51.5%）・硬質ポリ塩化ビニル管（VP）（使用率：43.8%）**および**排水用硬質塩化ビニルライニング鋼管（D-VA）（使用率：4.7%）**が多く使用され、この3種類の使用率だけで100%となっている。

なお、**防火区画貫通箇所（貫通開口：100mm以上）**に使用する**硬質塩化ビニル管（VP）**は、上記の**排水・通気耐火二層管（FDPA）**と同等以上の**耐久性能**のある配管材料で施工しなければならないので注意を要する。

6・5 通気管配管上施工の留意点

通気配管にも、当然**勾配**（gradient）をつけて、水滴などが自然に流下するように、**ドレネージ継手**（drinage pipe fitting）などを利用して配管施工を行う。

特に**通気管**を横引き配管する場合には**排水**が侵入しないように、その階の最高位の衛生器具の**あふれ縁**より**150mm以上**上方で行う必要がある。また排水管から通気管を取出す場合には、**斜め45度以上**の角度で取り出す必要がある。

なお、図6・3は**二管式排水システム**に設ける**通気立て管**の配管施工上の要点を示したものである。

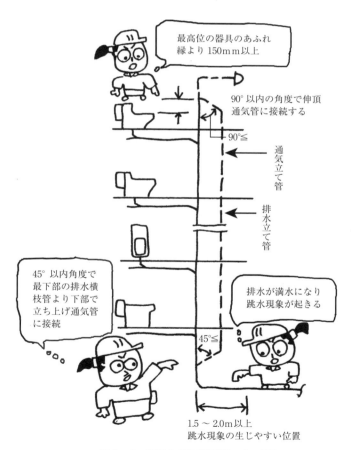

図6・3　通気立て管の配管施工上の要点

第6話　通気設備工事

　また、既述の**高層ビルの中間**階などに設ける**結合通気管**の配管施工上の要点を示したものが、図6・4である。配管が**オフセット**している場合は、排水管内の**圧力変動**も大きくなるので、**結合通気管**や**逃し通気管**を設ける。

【技術用語解説】

オフセット配管（off-set piping）
　排水立て管の位置を途中でずらす必要がある場合があり、その位置移動する配管を**オフセット配管**と呼んでいる。

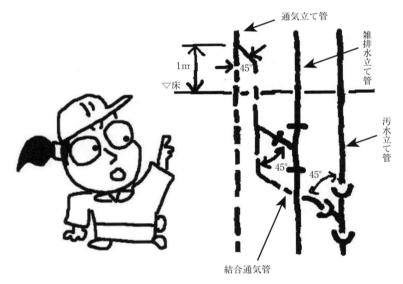

図6・4　結合通気管の配管施工上の要点

6・6　通気口の出入口

　通気管は、建物の屋上や最上階の天井裏（ceiling plenum）などの外壁で屋外に開放している。
　しかし、通気管を往来している空気は**汚物臭（filth malodor）**や**腐敗ガス（rotten gas）**で満ちており、**悪臭**が建物内に侵入しないようにする必要がある。
　したがって、通気管の**出入口（エアベントキャップ）**の開放位置は、図6・5に示すよ

うに、次のように規定されている。
① 屋上で2m以上立ち上げて解放すること。
② 窓などの付近に設ける場合は、60cm以上立ち上げるか、3m以上離すこと。
③ 建物の庇や張り出しの下部では、開放しないこと。
④ 寒冷地では、雪が入り込まないようにして、開放部は凍結などでふさがらないように直径を75mm以上とすること。

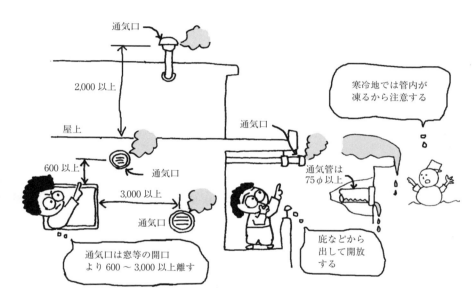

図6・5　屋上での通気管の開放位置

なお、通気口（ベントキャップ）は、**通気網**を設けて**鳥**や**害虫**が、**通気管**内に侵入しないようにし、屋根面より2m以上立ち上げる。通気口（ベントキャップ）は、悪臭を放つ場合もあるので、極力**窓**や**軒下**などの近くに設置しないようにする。

6・7　通気管の代役：無弁通気口

通気管端部は、大気に開放することを原則とするが、図6・6に示すような、**通気管端部**の処理が、屋内で可能な**通気弁（air admittance valve）**の使用が認められている。

第6話　通気設備工事

　この**無弁通気口**は、もともと**スウェーデン**で開発された製品で、**ドルゴ通気弁（DURUGO air-admittance valve）**という呼称で日本に輸入され、使用されるようになった製品である。この**無弁通気口**は、通常は大気に開放すべき**通気管**の末端を屋内で処理するための弁で、通気管内が**負圧時**には自動的に開口し、**正圧時**には自動的に閉口する通気弁（逆止弁の一種）である。

図6・6　通気弁の構造例

　なお、**無弁通気口**の使用に当たっては、以下の留意事項：①～⑤を十分に留意する必要がある。

① **通気弁**は、実際に**気密性能・吸気性能・耐久性**などについての**安全性・信頼性**が確認された製品とすること。
② **伸長通気管**の頂部に設置する場合、床面より1m以上で、かつ最上階最高位衛生器具の**あふれ縁**より150mm以上の高所に設置すること。
③ **正圧緩和効果**が無いため、排水槽の**通気管末端**には、絶対使用してはならないこと。
④ **点検・保守・交換**が容易に行える点検口を設け、かつ空気の流入が容易に行える場所に設置すること。
⑤ 図6・7のように、**衛生器具排水管**および**排水横枝管**に設置するものについては、特に以下の条件であることに注意すること。
◇適用範囲は、**排水立て管**の規模が3階以下の排水システム。
◇SHASE-S206-2009の**技術要項**の**定常流量法**による**負荷流量**が、**2/5L/s**以下である**排水横枝管**。

◇**自己サイホン防止**の機能とし、これを設けることで**排水・通気システム**の**許容流量**を増加してはならない。

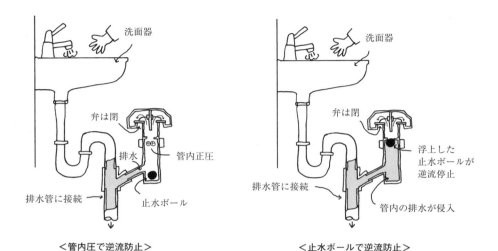

図6・7　逆流防止機能を有する通気弁（あふれ縁以下に設置）

第7話　排水再利用設備工事

　建築設備技術者なら、"カスケード（cascde）"という用語を、一度は耳にしたことがあるのではないだろうか？　引用・参考文献：（5）空気調和・衛生用語辞典をみても、**カスケードインパクタ・カスケードエネルギー利用方式・カスケード凝縮器・カスケード制御・カスケード噴水・カスケード高温水方式・カスケード冷凍機方式**など、多数の技術用語が掲載されている。

　ところで、"cascade"の原義は、**階段状の人工滝**の意であり、**エネルギー・水**などを何度も繰り返し**段階的**に活用するという意味がある。同様に本話で紹介する**排水再利用**も**排水のカスケード利用**の話ということができる。

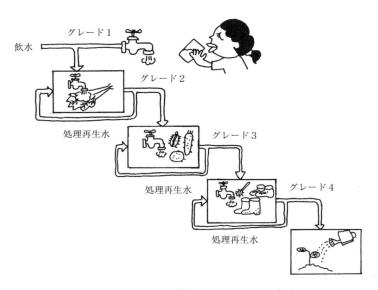

図7・1　排水のカスケード利用の概念

第7話　排水再利用設備工事

7・1　排水再利用設備とは？

　まず排水再利用設備（waste water reclaiming system）とは、**排水**または**下水**を処理し**再利用（recycling）**するための設備である。**循環利用**という意味もあり、その規模によって、建物ごとに設置される**個別循環方式**、複数の建物を対象として設置される**地域循環方式**、**下水処理場**と対応して設置される**広域循環方式**とに分類される。**排水**の水質によって**処理方式**はそれぞれ異なる。

　ちなみに、**個別循環方式**では、**雑排水**を処理して**便所**の**洗浄水**に再利用する場合が多いが、これは**安全性**および**経済性**のためである。その他**雨水**と併用する場合もあるが、これらの**排水再利用設備**を設置する工事のことを**排水再利用設備工事**と呼んでいる。

7・2　中水と中水道

　日本では、水質別に水を分類して、**上水（potable water）**⇒**中水（grey water）**⇒**下水（sewage water）**という、便利な用語が使用されることがある。
◇**中水**（grey water・reclaimed water）：排水の**再利用**に使用される用語で、**上水**ほど上質でなく**下水**ほど悪い水質ではないという意味で、**中水**と呼ばれている。**節水**の目的で

図7・2　3ランクの水：上水・中水・下水

雑排水・雨水などを再処理して再利用する**再利用水**のことで、**再生水・再利用水**とも呼ばれている。

ここで特記しておきたいことは、**水道法・下水道法**に対して、**中水道法**という法律はないことである。

◇中水道 (grey water system)：水洗便所の**洗浄水 (flush water)** など、必ずしも**上水**ほどの水質を必要としない用途に排水を再処理し、その処理水を**雑用水**として供給する施設をいい、別名**雑用水道**ともいう。

【技術用語解説】

工業用水 (industrial water) とインフラストラクチュア (infrastructure)
◇**工業用水**
　工業の用に供する水（水力発電・飲用を除く）のことで、**工業**とは製造業・電気供給事業・ガス供給事業・熱供給事業をいう。（工業用水道事業法）
◇**インフラストラクチュア**
　都市の**基盤施設**のことで、公共・公益性のある**社会資本・電力・上下水道・通信・交通施設**等、社会**システム**を支持するための**下部構造**で特定の個人がその使用を独占することのない施設の総称。
　単に**インフラ**とも呼ばれ、ソフト・ハードの両面で使われる用語。

7・3　再利用水の原水とその処理法

再生水の**原水候補**となる排水には、まず最初に、①生活系雑排水、②冷却水、③ボイラ水、④雨水、⑤ちゅう房排水、⑥水洗便所排水などが挙げられる。

（1）排水の種類と原水

建物から排出する**排水**には、水質的に一番汚染の程度の少ない**雨水**、汚染の程度は少ないが**電気伝導度**の高い**冷却水**やpHが高く間欠的に排出する**ボイラブロー排水**などがある。その他、第5話で既述のように、汚染度が少ない**洗面室・手洗い室・湯沸かし室・浴室**などから排出される**生活系雑排水**および汚染の程度が高く**脂肪分**の多く含まれる**ちゅう房排水**や**病原性微生物**に汚染されているおそれがある**水洗便所**の排水などがある。

排水を処理して**雑用水**として利用するには、**病原菌・微量**の**有害物質**に対して安全であることと、かつ**水処理費用**に関わる**建設費・維持管理費・運転費**が安価であることが当然求められる。

そのため**再利用水**の原水は、**雨水・冷却水・ボイラ排水・生活雑排水**など、汚染度が少なく**病原性微生物**を含む危険度の少ない排水から選択採用されている。なお、**雑排水**のみでは**再生雑用水**に必要な十分な水量を確保することができないことが多いので、その場合には**ちゅう房排水**までも加えることもある。

公共下水道普及地域内では、**ちゅう房排水**を**公共下水道**に放流する場合には、**除害施設**を設けて処理することが求められており、この**ちゅう房排水**は、既述のように**油脂分**が除去されると**雑排水**と同じような水質になることから、再生水の**原水**に加えることも多い。

図7・3　代表的な原水：生活系雑用水

一方、**水洗便所用洗浄水**は、建物内で消費する水量の大半以上を占めるため、再生水の**原水**として**ちゅう房排水**加えても**雑用水**の必要水量が得られないことが多いので、その不足分を補うために**上水・雨水**を利用せざるを得ない。

公共下水道未整備の地域の建物が、**公共用水域**に排水を放流する場合には、**合併浄化槽**を設けて、**水洗便所排水**と**雑排水**を一緒に処理しなければならない。ちなみに、排水基準の厳しい地域では、**三次処理施設**を必要とし、**良質な処理水**が得られることから再利用されることが多い。

【技術用語解説】

排水の三次処理（tertiary treatment）
　標準的な**生物処理法**を用いた**二次処理**で除去できなかった微細な**浮遊物**・溶解性の**有機物・難分解性物質**および**窒素・りん**などを含む**栄養塩類・着色物質**などをさらに高度にする処理。

（2）原水の処理方法

　建物内に設けられる**排水再利用施設**の前提条件は、必要面積が小さく、かつ**再生水費用**は**上水道**の費用より安くなければならない。さらにそこで得られる**雑用水**は、水質が良いだけでなく衛生的に安全な水でなければならない。

　建物から排水される**雑排水**には必ず**有機性物質**が含まれており、**有機物**（organic matters）を効率よく除去するために**生物処理法**が採用されている。

　なお**有機物**が高度に含まれる排水を原水とする**排水再利用施設**では、**生物処理法**はさらに主要な装置となる。**排水再利用施設**は、図7・4に示すように、**前処理（夾雑物除去・油脂除去）⇒主処理（生物処理・物理処理）⇒後処理⇒消毒**という流れで排水の**再処理をする施設**である。

　ただし、**生物処理**だけでは、**色度成分・臭気・病原性微生物**を完全には除去できない。

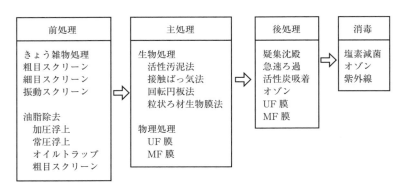

図7・4　排水再利用処理の一般的なプロセス

　また**生物処理水**には多少の**浮遊物**を含んでいるので、これらを除去するために**UF膜処理・凝集沈殿・活性炭処理・オゾン処理**などの**三次処理装置**を**生物処理装置**の後工程に設

けている。この処理方法に**雨水処理・ボイラ排水**の処理を組み合わせているのが一般的である。

　なお**再生処理水**が衛生的であるためには、**塩素**を注入して**大腸菌数**を標準値以下にし、再使用時に**塩素**が残留している必要がある。近年では、**排水再利用施設**が必要とする面積を小さくし、**浮遊物・病原性微生物**を完全に除去できる**UF膜**を**活性汚泥法**に組み込んだ方式が数多く採用されている。

代表的な処理方式①

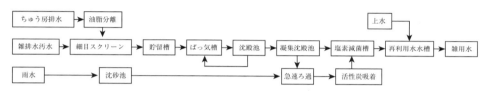

代表的な処理方式②

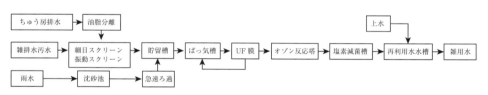

図7・5　排水再利用施設：代表的な原水処理方式2例

（3）排水の膜処理法の種類

◇生物膜法（bio-film process）：**プラスチック製**の板状・ひも状などの**接触材表面**に付着した**微生物**に排水を接触させて処理を行う方法。**好気性処理法**には**散水ろ床法・回転円盤法・接触ばっ気法・流動床法**がある。

◇精密ろ過法（Micro Filtration Membrane：MF法）：**粒状ろ過**では、除去できない微細な**懸濁物質**や**コロイド状物質**で、一般には**0.1〜10μm**程度の**粒子径**の物質の除去を目的とする**排水ろ過方法**のことである。

第7話　排水再利用設備工事

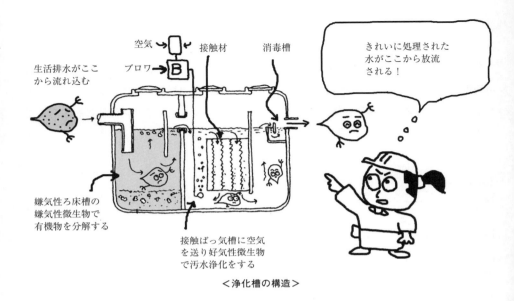

＜浄化槽の構造＞

＜微生物による浄化処理＞

図7・6　生物ろ過装置の構造図

【技術用語解説】
◇コロイド状物質 (colloidal condition matters)
　原子または低分子より大きい（1～1000nm程度）粒子として分散している状態の物質のことをいい、全ての物質はこの状態をとることができる。一般的には液体中に固体が分散したものを懸濁質といい、液体が分散したものを乳濁質と呼んでいるが、ゾルまたはコロイド溶液と呼ぶこともある。
◇限外ろ過膜法 (Ultra Filtration process：UF法)
　半透膜を用いて溶液を加圧して、水中の物質を分離ろ過する単位操作方法である。これにより、水中のコロイド状物質・微生物・高分子物質（分子量：約000～30万程度）を除去するろ過方法であるが、後述の逆浸透法 (RO法) と前述の精密ろ過法 (MF法) との中間に位置する排水ろ過方法である。
◇逆浸透法 (Reverse Osmosis process：RO法)
　水中の溶解物質を半透膜（水のみを通過させ、溶質を通さないある種の薄膜 (membrane)）を用いて、浸透圧以上に加圧してイオン分離する単位操作のことである。高圧側に塩類の濃縮された溶液が低圧側に脱塩水として残る。

　逆浸透法は、本来海水淡水化を目的に開発されたものだが、現在では、超純水の製造など、他の多くの分野で利用されている。

7・4　再生水の水質・用途・配管

　前触れが大分長くなったが、ここで、いよいよ第7話の要点である再生水の水質・用途・配管などについて触れていくことにする。

（1）再生水の水質

　再生水の望ましい水質は、病原性微生物などにより衛生上の問題が生じないこと、使用して不快感がないこと、衛生器具や配管に悪影響を与えないこと、再生水の水質が常時安定していることなどである。

　雑排水の望ましい水質は使用場所によって異なるが、水洗便所洗浄用水や散水修景用水では標準的な水質が示されている。

　ちなみに、水洗便所用水の水質基準（案）は、①大腸菌数:10個／以下、②pH:5.8～8.6、③臭気：不快でないこと、④外観：不快でないこと、⑤残留塩素：検出されること、以上の6項目が挙げられている。

> 【技術用語解説】
>
> **大腸菌群（colifom group）**
> 　大腸菌は、土壌中にも存在するが、人間および動物の**ふん便**中に存在するので、**大腸菌群**が検出される水はふん便に汚染された可能性があることを示している。ふん便性大腸菌の内 **E.coli（イーコライ）**は、人間・動物・鳥類のふん便にのみ存在し、E.coliが検出される水はふん便に汚染されたことを示しているが、**水質の適否は大腸菌群**で行われている。

　再生水を使用して使用者に不快感を与えないためには、**色や臭い**を除去することが最も大切である。**水洗便所排水**を含む原水を使用すると、**通常の水処理**では**病原性微生物**が残存する恐れがあり、原水として**雑排水**のみを使用しても**病原性微生物**の存在を否定することができないのが現状である。

> 【技術用語解説】
>
> **病原性微生物（disease-causing microbes）**
> 　水洗便所排水を含む排水には**病原性微生物**が含まれているとまず考えなければならない。雑用水道の原水に含まれる可能性のある**病原性微生物**には、**サルモネラ菌・赤痢菌・ふん便性大腸菌**などの細菌類、**クリストスポリディウム・ジアルディア**などの寄生虫、**ポリオウイルス・A型肝炎**などのウイルスがある。**クリストスポリディウム**や**A型肝炎ウイルスは塩素消毒**に対する**耐性**が**大腸菌**よりかなり高く、そのために**塩素消毒法**以外の各種の**消毒法**が提案されている。

　処理水中の**懸濁物質（SS）**は**病原性微生物**を含んでいる可能性があり、**塩素消毒**を有効に働かせるためには、可能な限り低濁度に維持することが望ましい。
　再生水の衛生性・安全性を維持するためには、**残留塩素（residual chloride）**があることが不可欠である。配管・弁・計器・衛生器具を損傷し、汚染する可能性のある**スケール（scale）**の発生には、**水温・pH・カルシウム硬度・アルカリ度**が関係している。
　一方、**スライム**の発生には、**pH・溶存酸素・有機物・栄養塩類**が深くかかわっている。このような事情から、望ましい再生水の水質は、既述のように**濁度・臭気・外観・pH・大腸菌数・残留塩素**のみが定められている。
　この他に、**スライム**の発生防止には、**微量の有機物・窒素・りん**を除去することが望ましい。

（２）再生水の用途

　再生水は、**誤飲**の可能性が少なく、人体に接触する**危険性**の少ない、そして**衛生上**の問題を生じないような**使用場所**を選定しなければならない。

　衛生上の問題から**水洗便所排水**以外の**雑排水**のみを原水に使用した**再生水**は、**水洗便所洗浄用水・散水・修景用水・消火用水**などに使用し、**水洗便所排水**を含む原水を使用した**再生水**は、**水洗便所洗浄水**に使用する。

　なお、**水洗便所排水**含む原水を使用した再生水の**使用範囲**を広げるためには、**病原性微生物**の完全除去を保証（assurance）できる**処理施設**を設置することが不可欠な条件となる。

【技術用語解説】

散水用水・修景用水
　暫定水質基準（案）：①大腸菌数：、②pH：5.8〜8.6、③濁度：2以下、④臭気：不快でないこと、⑤外観：不快でないこと、⑥残留塩素：遊離塩素（0.1mg/リットル）・結合塩素（0.4mg/リットル）

　ちなみに、**国土庁**の使用状況調査によると、**排水再利用施設**を設けた75％以上の建物で、**水洗便所洗浄用水**として利用されており、その他**散水用水・冷却冷房用水・環境修景用水・洗車用水**などに使われている。

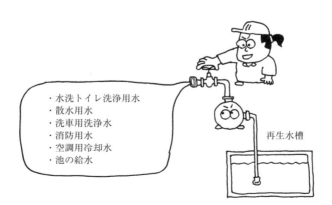

図7・7　再生水の主たる用途

(3) 再生水の配管

再生水の配管は、**配管材料の種類・配管位置・施工法方法**など、完成後の**メンテナンス（保守管理）**を考慮して計画して、**誤飲・誤使用**が絶対起きないように、**再生水給水設備配管**は、だれにでも目の付きやすい位置に、**非飲用**であることを明示した**ラベル**を貼ることが不可欠である。

また、**洗面器・手洗い器**での**誤飲・誤使用**の可能性のある**衛生器具**には決して接続してはならない。さらに、**給水栓**は**上水系給水栓**と区別できるよう**給水栓形状**を変えておくことも一つの手段である。

誤接続配管が絶対に起きないように、**再利用水配管**の布設場所を**配管ダクトシャフト・給水管シャフト**などとは、できれば完全に別に設けるといい。

その他に**雑用水配管**には**色付きテープ**を巻いて**給水管**と区別したり、使用する**再生水配**

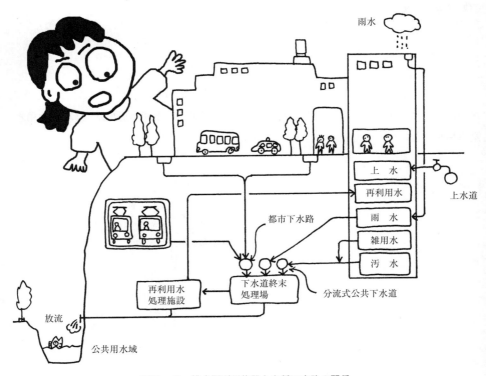

図7・8　排水再利用施設と各種下水路の関係

管材料の種類を**給水管配管材料**の種類と完全に別にするなどの**バカヨケ対策**を講じることも必要である。

特に、**再生水**を**修景用**として利用する場合には、**再生用水**であることを明示し、注意を促す必要がある。**再生水**と**上水**と比較すると**塩類**が多く、**配管腐食**を引き起こしやすいので、**再利用水配管材料**としては、腐食耐性の高い**ダクタイル鋳鉄管（D CIP）・硬質塩化ビニルライニング鋼管（SGP/VA）・硬質塩化ビニル管（VP）・ステンレス鋼鋼管（SUS TPD・SUS TP）**などが採用されている。

7・5 排水再利用施設

排水再利用施設の規格・設計に当たっては、当然のことながら、**低濃度原水**と**高濃度原水**に分けて対処する必要がある。

（1）低濃度原水を利用した排水再利用施設

先ず図7・9は、排水再利用施設における**五種類の標準排水処理パターン**を示したものである。ちなみに、比較的低濃度の**原水（手洗い・洗面・湯沸かし室排水）**を採用した**排水再利用システム**には、図中の**Aパターン・Cパターン・Dパターン**が一般的によく採用される。

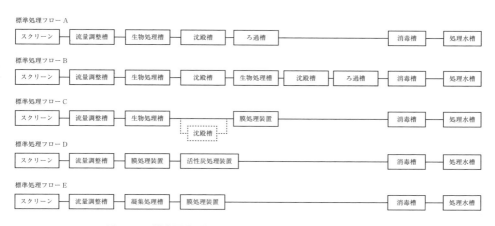

図7・9　排水再利用施設における5種類の標準排水処理パターン

さらに、図7・10は、**生物処理**と**ろ過設備**を採用した**低濃度原水**を取り入れた**排水再利用施設**の排水処理構成をを図説したものである。

この方式を**生物ろ過法**といい、一つの**反応槽**内で、**有機物の分解**と**浮遊性固形物のろ過**を同時に行うシステムである。**生物ろ過槽**には、**微生物**が付着する**充填材 (filler)** があり、その下層部には空気を供給するために**ばっ気管**が設けられている。原水は上部より供給され、**充填材間**を集水ストレーナを通して下部に流出させる。この充填材の**上層部**では、**浮遊固形物**は**生物吸着（biologically adsorption）**され優先的に処理され、**中層部**では**付着生物膜**による**生物代謝（biological metabolism）**により**生物処理**が行われる。

下層部では、除去し得なかった有機物の**分解吸着**がさらに行われる。継続して処理が行われると、**充填材間**に捕捉された**浮遊性固形物質**および増殖した**微生物**により**充填材間隙**が閉塞してくるため、**ブロワ**を使用した**逆洗浄工程（back-flushing process）**により**閉塞状態**を解除する必要がある。

【技術用語解説】

ブロワ (blower)
　ブロワとは、**送風機**と同様圧縮機（compressor）の一種である。ちなみに、**圧力比**または**圧力上昇**が、1.1未満・10kPa未満のものを**送風機 (fan)**、一方、1.1以上2.0未満・10〜100kPaの範囲のものを**ブロワ**と呼んでいる。

これらのプロセスを繰り返し行うことにより**再生処理水**が得られることになる。
この再生水処理システムの特徴としては、以下の４点が挙げられる。
① 電力費が少ないこと。⇒**ばっ気空気**が、**充填材間**を曲折しながら上昇するので、排水との**接触時間**が長く、**酸素利用効率**が高いので、**ばっ気空気量**が少なくて済むこと。
② 設置面積が少ないこと。⇒沈殿池が不要となること。
③ 負荷変動に強いこと。⇒**反応槽内**に保有している**微生物量**が多いこと。
④ 生物ろ過槽を高くとる必要があること。⇒機械室の床階高が高くなること。

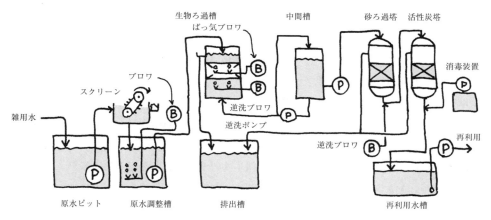

図7・10　低濃度原水：排水再利用施設の構成

（2）高濃度原水を利用した排水再利用施設

高濃度原水（ちゅう房排水・汚水）を利用した排水再利用システムには、図7・9に示すBパターンおよびCパターンがある。Bパターンは生物処理を2段階で実施し、前段の生物処理では標準活性汚泥法を、また後段の生物処理では、ばっ気法を採用するケースが多い。

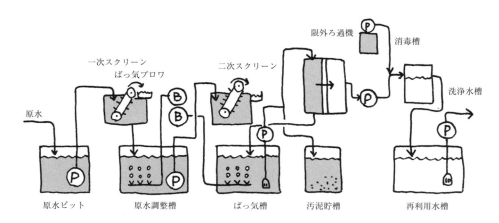

図7・11　高濃度原水：排水再利用施設の構成

一方、**C パターン**はあらゆる原水に採用でき、実施例の多い方式である。まず**生物処理**を行い、**沈殿槽**の代わりに**限外ろ過膜（ultrafiltration filter）**でろ過するシステムで、原水は**一次スクリーン・二次スクリーン**により**夾雑物（impurity）**を除去した後、**ばっ気槽**に送られ**ばっ気槽内**では**生物処理**が行われる。

ばっ気槽内の**混合液**は、**限外ろ過器**に送られ**限外ろ過膜**を透過した液が再生処理水として再利用されるが、**限外ろ過膜**を透過しない液は再度**ばっ気槽**まで返送される。このために、**ばっ気槽**内の**活性汚泥**は、系外に出ないで濃縮（condensation）される。つまり**有機分解**を行う**微生物量**を高めることができ、微生物の**増殖速度**と**自己消化速度**をバランスさせ、有機物を分解させることができると同時に、**余剰汚泥**の発生量を極端に少なくすることが出来る。

原水に**し尿（sewage）**が多く含まれる場合には、**pH調整装置**と**処理水**に色が付くため、脱色の目的で**活性炭吸着塔**、または**オゾン処理**などの設備を設置する必要がある。

第8話　衛生器具設備工事

8・1　衛生器具設備工事とは？

衛生器具設備工事とは、衛生設備器具類（**plumbing fixture・sanitary appliance**）を、現場内に搬入し、所定の箇所に堅固に固定し取り付ける工事のことである。

図8・1　衛生器具の取付風景

（1）衛生器具の種類と分類

衛生器具とは、**給水栓（faucet・water tap）・大便器（closet bowl）・小便器（uurinal）・流し（sink）・排水トラップ（traps）**などの**水廻り**に用いられる**器具**および**付属品**の総称である。

これらは、**単体**として用いられるケースは少なく、**台所（kitchen）・浴室（bathroom）・洗面所（lavatory：豆知識参照）**などの**水廻り空間**に複合的に用いられる場合が多い。このような**複合体**を**衛生器具設備**と称している。

ちなみに、**衛生器具設備**は、給水設備・給湯設備と排水設備との**接点**に該当するために、**逆流防止（back-flow prevention）**などの衛生上の対策（例：吐水口空間の確保など）を確保することが不可欠になる。

第8話　衛生器具設備工事

> **【ちょっとお耳を拝借！】**
>
> **衛生器具の取付け状態検査**
>
> 　衆知のように、日本は1945年（昭和20年）に**太平洋戦争**で敗戦し、**無条件降伏（unconditionally surrender）**し、マッカーサーを筆頭に、**GHQ**と呼ばれる多くのアメリカ軍人が日本に進駐した。その結果、当時の日本の設備業界は、彼等の宿泊施設などを建設する、**暖房設備工事・衛生設備工事**などの、いわゆる**進駐軍工事**の需要で潤った。ここで、当時たまたま**斎久工業**で進駐軍工事に携わっていた、故久野義雄先輩の貴重な工事体験を2題紹介しておきたい。
>
> ◇**大便器・小便器の取り付け状況検査**
>
> 　当時**洋式便器・洋式小便器**などの調達はなかなか困難で、既設のビルで未使用状態の器具を取り外してきて、どうにか間に合わせたそうである。衛生器具を設置した後の**竣工検査**も、大変厳しかったそうである。米国の**設備検査官**は、設置した**洋式便器**に大きな体（尻？）をドスンドスンと何度も落としこみ、その度に壊れてしまうのではないか？と、ハラハラしどうしだったそうである。
>
> ◇**SGPねじ込み配管の漏洩防止対策**
>
> 　当時SGPのねじ込み配管のシール材には、**ヤーンシール**を採用していた。ところが**ねじ加工の品質不良**のためか、なかなか**ねじ部からの漏洩**が止まらなかったそうである。このことを反省して、**切削雄ねじ**を**塩水**に漬けてから**ヤーンシール**を巻いてねじ込み、2～3日経過した後**水圧テスト**をしたところ**漏洩（leakage）**は認められなかた由。どうやら、**ねじ山**のフランク面を発錆させて、漏れを止めたらしい。

　以前は、**陶器（earthenware）**で作られた**衛生器具**が中心であったため、**衛生設備と付属器具類**と呼ばれていた時代もある。

　しかしながら、現在では衛生機器設備の**材料の多様化**が進み、**プラスチックやステンレス鋼板**などの各種材料が使用されるようになり、図8・2に示すように、機能上の分類をする方が便利になっているようになっている。

> **【技術用語解説】**
>
> **水受け容器（water vessel）**
>
> 　洗面器・流し・浴槽・便器などのように、**使用する水**や**使用した水**もしくは**洗浄されるべき水**を一時的に貯留、またはこれらを**排水系統**に導くために用いられる器具または容器のこと。

第8話　衛生器具設備工事

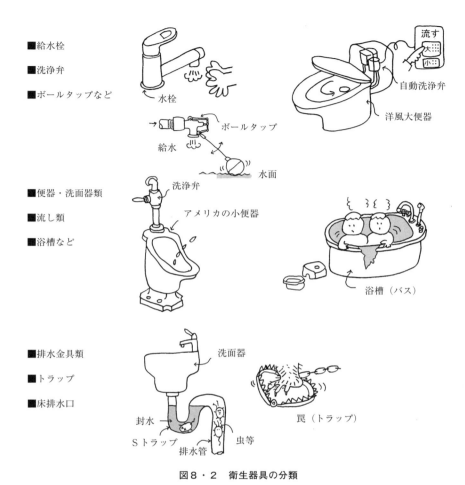

図8・2　衛生器具の分類

【ちょっとお耳を拝借！】

lavatory（便所）と library（図書館）
　筆者が予備校に通っていた時に、長崎出身の英語講師から、聞いた笑い話である。彼の故郷である長崎市内の通りを歩いていた時に一人の外人から"Where is the lavatory?（便所はどこですか？）"と聞かれたそうである。この講師は、"Please follow me !（どうぞ、ついて来てください！）"といって、長崎大学の図書館（library）に案内したところ、この外人は身をよじりながら、"I'm looking for the lavatory."と繰り返したそうである。その時、この講師はこの外人が言った"lavatory（便所）"を"library（図書館）"と聞き間違えたことに初めて気が付いた由。

161

第8話　衛生器具設備工事

図8・3　LavatoryでなくToiletとさえ言ってくれれば……

（2）衛生器具の材質と性能

衛生器具に使用される材質には、①陶器、②ほうろう鉄器、③ステンレス鋼板、④プラスチック、⑤銅合金、⑥鋳鉄、⑦ガラスなどが挙げられる。

ちなみに、表8・1は衛生器具の材質と特徴・用途をまとめたものである。

表8・1　衛生器具の材質と特徴・用途

材質	特徴	用途
陶器	吸収性が少なく、表面が平滑である 耐摩耗性・耐食性に優れている	大便器・小便器・洗面器など
ほうろう鉄器	金属の堅ろう性、特殊ガラスの表面の美しさと耐食性に優れている	浴槽・洗面器・流しなど
ステンレス鋼板	陶器のもろさを補い、加工性が良く、弾力がある	流し・浴槽など
プラスチック	耐水性・耐薬品性に優れ、曲線や形状が比較的簡単にできる	浴槽など
銅合金	衛生的であり、耐久性・加工性に優れている	給水器具・付属品・排水金具など
鋳鉄	耐久性があり、耐食性に優れている	排水器具・トラップなど
ガラス	耐蝕性に優れ、表面が美しい	付属品など

また、**衛生器具**の具備すべき性能としては、材質の他に外観・機能・耐久性（durability）・安全性・施工性・保守管理性能などの各種項目があり、**衛生上の機能（sanitary function）**と**環境的な機能（environmental function）**とに大別される。

◇衛生上の機能とは、**人体**や人が住む**内部環境**の清浄度を維持することが可能なように、

必要かつ十分な量の**水**や**湯**を供給し、安全で使用しやすい**衛生器具**が備えられていること。また、使用した**水**や**汚水**を速やかに排出できる**衛生器具**と**配管**が具備されていることである。

◇環境的な性能とは、衛生器具設備の**配置**（layout）と**外観**（outward appearance）、その空間**形状**と**色彩**、**明るさ**や**音の問題**の点で、その衛生器具の使用者に対して**快適性・安全性**を保持できるもので、**維持管理**が容易なものであることである。

【知っておきたい豆知識】

衛生器具の材質の今昔

　かつては、JISにおいて**化粧素地質・硬質陶器質・溶化素地質**の3種類が認められていた。しかし、1975年（昭和50年）の改定で**化粧素地質**が、さらに1982年（昭和57年）の改定で**硬質陶器質**が廃止された。現在では、衛生器具として最も品質のよい**溶化素地質**のみが認められている。ちなみに、**溶化素地質**とは、衛生陶器素地質の一種で、素地をよく焼き締め、素地が完全に溶化し、釉薬と素地が一体となったものをいう。なお、品質については、JISで規定されている。（JIS A 5207）

表8・2　衛生陶器の品質試験

素地の質	インキ試験	急冷試験	貫入試験
溶化素地質	浸透度 3mm以下	素地およびうわぐすりともひび割れを生じないこと。 （温度差110℃）	貫入を生じないこと。 （オートクレープ内1MPa【10気圧】）

（3）衛生器具の取付け高さと周囲の寸法

　衛生器具の取付け高さには、**標準寸法**が定められている。日本人の平均身長の伸びに合わせて、**流しの高さ**が改訂されたりしているが、国によって**標準寸法**が異なったりしている。

　ヨーロッパ旅行で、トイレの**小便器**（urinal）の高さに苦労した男性が多くいるようである。筆者も身長が低いので、西欧の**小便器**の取り付け位置が高すぎ、つま先立ちしても届かず何度も**チン上げ**（？）を要求された経験がある。

図8・4　何度もチン上げを要求する西欧の小便器

8・2　衛生器具の配置と使われ方
（1）衛生器具の配置と待ち時間の緩和

衛生器具（大便器・小便器・洗面器など）の**必要器具決定（working-out numbers of the necessary units）**と**動線計画（floor planning）**は、極めて重要である。

というのは、特に**公共トイレ（public toilet）**などでは、大便器・小便器の**器具数**は、**待ち時間（待機時間）**に影響し、しかも**器具配置**は、スムーズな人間の**動線**に大きな影響を及ぼすからである。

図8・5は比較的大きな**公衆トイレの配置と動線**を示したものであるが、利用者の**待ち行列**の処理も重要である。

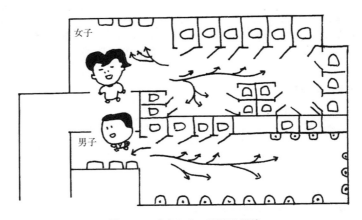

図8・5　公衆トイレの配置と動線

筆者の個人的感想であるが、最近日本のほとんど高速道路の**パーキングエリア**内のトイレ施設では、清潔で掃除も行き届いている上、ほとんど待つこともなく用を足せるようになっているのは喜ばしいことである。

しかしながら、トイレ休憩が重なる**劇場**や**映画館**などでは、女性トイレに**長蛇の列**ができているのが、散見されるが何とか対処できないであろうか……。

ちなみに、**待ち行列**には、図8・6に示すように**一列待ち（single line waiting）**と**並列待ち（parallel line waiting）**とがあり、全体の**使用時間の短縮**という**効率**の観点からは、

一列待ちのほうが有利であることが確認されている由。

　筆者は特に注意して見ていた訳ではないが、**欧米のトイレ**では**一列待ち**となる例が多いが、日本では**並列待ち**が一般的であるとか……。

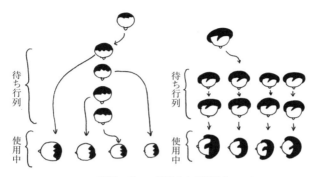

図8・6　一列待ちと並列待ち

　また、興味あることに、利用者の**器具の選択**では、多数の器具が**横一列**に並んでいる時は、一つの器具が占有されると、**両隣りの器具の選択率**は低下するそうで、その理由は、次の人が少しでも離れた器具で用を足したがるためだそうである。例えば、3つの器具が並んでいる場合興味あることに、中央の器具より両端の器具の方が**選択率（使用率）**が高くなる傾向があるそうである。

【知っておきたい豆知識】

待ち時間の限界（limit time of waiting）
　洗面所の面積が、非常に狭いために往々にして、**待ち行列**が制限されるということがある。一方、十分なスペースがあっても、待つ人の**生理的な待ち時間**には限界がある。
　この**限界時間**を**平均占有時間**で割ると**行列の長さ**の限界となる。

（2）衛生器具の使われ方の実例

　公的な建物と**私的な建物**では、衛生設備が使用される方法が異なるのは当然である。**建物用途**による違いとして、**デパート**と**スーパー**は、その典型的な例ではないだろうか……。

すなわち、**デパート**は主として都心の**ターミナル駅**の中または近くにあり、買い物客は比較的遠方から来るために**滞在時間**が長くなり、したがってトイレの**使用頻度**も多くなると考えられる。

一方、**スーパー**の場合には、自宅で用を足してから**自家用車**で必要な品を買いに来るため、**滞在時間**が短くトイレの使用頻度は少なくなると考えられる。

きれいな所は**使用頻度**が高く、**占有時間**も長くなる傾向がある。かつて、会社に出社してから用を足すという人が多かったのも、自宅のトイレとの格差が大きかったからだと推測できる。また、トイレは仕事の合間の**エスケープ**の場所でもあった。

最近では、清潔なトイレが増えたため、トイレの使われ方がその**多様化（diversification）**を促進していると考えられる。

ちなみに、他の利用者が集中する建物では、**大便器**が小用に用いられたり、後続する人を意識するため、**占有時間**が短くなる傾向がみられるという。

8・3 適正器具数の考え方

トイレを設計するに当たっては、**適正器具数**をどのようにして算出するかは、極めて重要なアイテムである。ここでは、適正器具数を算出する上での**考え方**、大げさに言えば、その**大義名分（justification）**について紹介してみたい。

（1）必要器具数と適正器具数

設置すべき器具の数は、その建物の**用途**や**グレード**、**人員数**と**利用形態**、**経済性（economical view）**および利用者の**利便性（convenience）**などを考慮して決定され、下記に示す**必要器具数**と**適正器具数**に分けられる。

◇**必要器具数**：法規などで定められているもので、最低限必要とされる器具数のこと。

◇**適正器具数**：**待ち時間**などの評価を加えて、さらに**余裕（allowable factor）**をもって選定される器具数。

ただし、その算定には、次項で述べる**サービスレベル**という考え方を導入する。

【知っておきたい豆知識】

器具数の選定

建物のグレードにより、**待ち時間**を容認したり回避する場合がある。例えば、高速道路の**サービスエリア**は、観光バスが集中した場合などを考慮して多数の器具が設置されている。住宅では、従来1か所であったものが、2か所に変わり、米国では一人一か所の**バスルーム**が標準になりつつあるとか……。

（2）衛生器具の利用形態とサービスレベル

利用形態は、建物用途により**任意利用形態（ランダム利用形態）・集中利用形態（限定利用形態）・通過型利用形態**の3つに分類される。さらに、建物人口は、**定員型・準定員型・不定型**の3つに分類される。

ちなみに、表8・3は、既述の**建物の種類と利用特性**を一覧化したものである。

表8・3　建物の種類とその利用特性

建物人口	利用形態			備考
	任意利用形態 （ランダム利用形態）	集中利用形態 （限定利用形態）	通過型利用形態	
定員型	食堂・喫茶店 （会議室） （幼稚園）	劇場・映画館 多目的ホール 学校・幼稚園 （寮・寄宿舎）	―	幼稚園は任意利用形態にあることもあり、寮・寄宿舎は結果として集中利用形態になる
準定員型	事務所・官公庁 工場 研究所	工場 会議場 競技場	駅 バスターミナル	駅の乗降人員は予測できることが多い 工場は操業携帯による
不定型	百貨店・量販店 店舗・ショッピングセンター 美術館・博物館 見本市会館 ホテルロビー・宴会場 病院外来部門 公園・遊園地	―	高速道路などのサービスエリア	―

サービスレベルは、次の図8・7に示すように、**平均負荷**および**上限負荷**の**二段階負荷**に対して、**標準サービス**および**低レベルサービス**の**二段階サービス**が考えられ、それらの**組合わせ（combination）**によって4段階の**器具数算定**が可能となる。しかしながら、この中で**最下位**に位置する器具数を算定することは、実際の利用形態から見て不適当と考え

られる。

したがって、**適正器具数**の算定にあたっては、通常**最低レベル・標準レベル・ゆとりあるレベル**の三つの段階で考えることにしている。

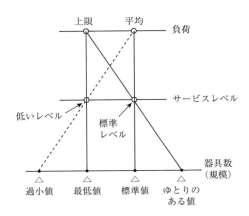

図8・7　3段階器具数法の概念図

(3) 衛生器具数算定法の概要

衛生器具数の**算定基準**は、確立論的な**選定方法**と主として**設計**などに用いられている基準などの基づく**算定方法**の二つルートが考えられる。

そのいずれを採用するにしても、**対象となる人員数**を的確に捕らえることがその第一歩となる。**算定モデル**としては、理論的に検討し得る場合には、**確率論モデルとしての待ち時間行列モデル**と**決定論モデル**としての**流体モデル**が用いられ、**理論的モデル**が困難な場合には**シミュレーションモデル**が用いられる。

【技術用語解説】

人員数の算定基準
　登録人員・実在人員・外来者数などが明らかな場合、定員・席数などが定まっている場合には、それらに基づいて人員数を決定する。ただし、1フロアに2か所洗面所がある場合には、人数を単純に1/2とせず、若干**オーバーラップ**させて算定する必要がある。

ちなみに、**待ち行列モデル**による方法は、**オペレーション・リサーチ（OR：Operation Research）** の分野で開発された**待ち合わせ理論・待ち行列理論**を用いるもので、利用者の**到着**と**使用（占有）時間**の状態、および**待ちの有無**を考慮したモデルにより検討するものである。

到着と**使用（占有）時間**の分布の形によって**モデル**が異なり、**待ち確率・オーバーフロー率・平均待ち時間・行列の長さの制限**などの、**各種評価尺度（assessment scale）** によって**適正器具数**が算定される。

以上の**適正器具数決定**のプロセスを示したものが、図8・8である。

なお、図8・8中の**棄却率**という用語であるが、現在その明確な**選定基準**はないが、**衛生器具数決定**については、0.002～0.001程度が、**給水負荷算定**では、0.01が採用されている。

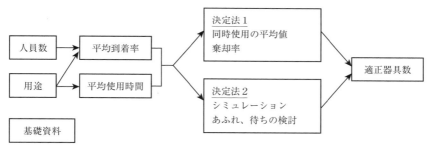

図8・8　適正器具決定のプロセス

8・4　給水・給湯器具などの衛生器具類：各論

ここでは、給水・給湯器具などの各種の**衛生器具類**の概要について紹介するが、冒頭で日本における**衛生器具誕生の歴史**について簡単に紹介しておきたい。

日本における最初の**水道（中国語では「自来水」という）** は、1887年（明治20年）に横浜の**外人居留地**に設けられたものである由。道端にはイギリスからの輸入品である**ライオン**の口から水の出てくるデザインの**共用水栓**が設けられたが、この**共用水栓**こそ日本で使用された**最初の衛生器具**であると言われている。

第8話　衛生器具設備工事

【知っておきたい豆知識】

シンガポールのマーライオン
　ライオンの口から水を出すといえば、シンガポールのランドマークにもなっている**マーライオン**を連想するが、**シンガポール**とは、本来**Singa＝ライオン・Pura＝町**に由来する命名である。当時、シンガポールに**ライオン**がいた訳ではないので、**虎**と間違えたのでは……と言われている。

　その後、日本で**水栓**を製造するときに、ヨーロッパの**水の守護神**である**ライオン**を、中国や日本の**水の守護神**である**龍**にかえて**龍の口**から水を吹き出す形にしたが、**龍**を**蛇**と混同されて**蛇口**と呼ばれるようになった由。
　ちなみに、有名な**長崎の蛇踊り**で使われる**蛇**は、**龍の形**をしているのに**蛇**と呼ばれることからも、**蛇口**の語源を伺うことができる。
　また、陶器で作られた**便器**が登場するようになったのも、1887年（明治20年）代になってからで、当時の便器は**便壺**の上に床の上に開けた孔にはめこむだけの装飾品であったので、**衛生陶器**とは言えないかも知れない。
　しかしながら、図8・9に示すような、唐草や花鳥を描いたり、**織部焼風**の釉薬（glaze）を掛けた美しい**大便器**や**小便器**も作られていた。その後、1904年（明治37年）になって、現在使用されているような**水洗式和風便器**が作られるようになり、これが日本で作られた**最初の衛生陶器**と言われている。

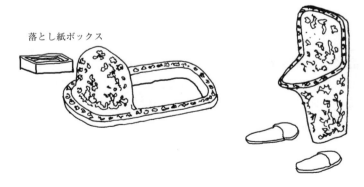

＜和風大便器＞　　　　　　　＜朝顔形小便器＞

図8・9　明治時代後期の染付草花文和風便器と朝顔形小便器

（1）衛生器具とは？

　我々が毎日使用する、**便器・洗面器・浴槽**などの**水**や**お湯を受ける水受け容器（water vessel）**や、**水栓・便器の洗浄弁・洗浄用タンク・トイレの紙巻器・**洗面器まわりに取り付ける**化粧鏡・化粧棚・タオルバー**などの**水受け容器**まわりに取り付ける付属品を総称して**衛生器具（plumbing fixture facilities（米）・sanitary fittings（英））** と呼んでいる。

【知っておきたい豆知識】

カランの語源は？

　かつては、日本にも**銭湯**と呼ばれる**公衆浴場**が数多く存在した。銭湯の洗い場には**カラン**と呼ばれる水栓が並んで設置されていた。この**カラン**は、実はオランダ語の**KRAAN（鶴）** なのであるが、発音がむずかしかったので**KARAN（カラン）** と読ませるようになった由。脱線ついでに、かつて日本を訪れた中国人が、**銭湯**という看板を見て、"銭のスープってどういうスープですか？おいしいですか？" と訪ねたことがあった由。ちなみに、中国語で"銭湯"は"浴池"という。

図8・10　日本の銭湯とカラン

（2）給水器具・給湯器具

　ここで述べる**給水器具・給湯器具**というのは、主として**給水栓類**のことで、給水管・給

湯管の末端に取り付けられ、その開閉により水・湯を供給・止水するための器具の総称である。規格としては、**給水栓（JIS B 2061）** がある。

給水栓は米国では **faucet**、英国では **water tap** と呼ばれ、日本では既述のように **蛇口** とか **カラン** と呼ばれることもある。

　◇**水栓の種類**：水栓には、①立水栓、②横水栓、③自在水栓、④シングルレバー式水栓、⑤ツーハンドル混合栓、⑥サーモスタント付きシャワー水栓、⑦自動水栓、⑧自閉栓等々があり、現在では、各用途に適合した多彩な水栓が開発され、市場に投入されている。

【知っておきたい豆知識】

シングルレバー式水栓
　一つの **レバーハンドル** を上下左右に操作するだけで、吐水・止水・吐水量調節・吐水温度調節が自由にできる **水栓** のこと。皿などを片手にもったままで、既述の操作ができるため、**流し用水栓** などに多用されるようになった。

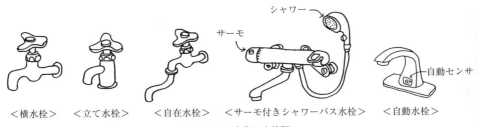

図8・11　多彩な水栓類

【技術用語解説】

　水栓類の配管への接続法：水栓の **配管接続用ねじ** には、**管用平行ねじ（JIS B 0202）** が使用されているのに反し、衛生設備配管本体の **ねじ** には、**管用テーパねじ（JIS B 0203）** が使用されていることに注意する必要がある。
　したがって、**ねじシール材** としては、**テープシール材（JIS K 6885）** が使用されるケースが多い。具体的にいうと、**テフロン**（シール用四フッ化エチレン樹脂未焼成（生）テープ）が使用されている。ちなみに、**テフロン** は、米国デュポン社の商品名。
　その採用理由は、一端ねじ込んだ後でも **取り外し** が容易なことである。

◇**ボールタップ弁**（ballcock valve・float valve）：この弁は**水槽への自動給水・自動止水を行う給水器具**で、**浮き玉の浮力**を利用するものである。水槽の中の**水位**が下がると、**浮き玉**が下がり、弁が開いて水槽中に吐水する。逆に、**水位**が上がり**浮き玉**が所定の位置まで浮上すると止水する機構の弁である。

なお、ボールタップ弁には、大便器の**洗浄タンク**に設置される**小口径**のものから、**受水槽**などに採用される**大口径**のものもある。

◇**定水位弁**（water level regulating valve）：この弁は、**受水槽に給水する自動弁**で、**ダイアフラム機構**で、一次側と二次側の**差圧**（press. difference）を利用して、水の吐水・止水を行う機構な弁である。**定水位弁**は、**パイロット弁**として**小口径のボールタップ**、あるいは**電極棒**と**電磁弁**を使用する。

ちなみに、**定水位弁**は、多量の水を出したり止めたりするので、万一**ダイアフラム**が破損した場合には、**閉止する方向**に作動するとともに、**急閉止**しないような構造となっている。

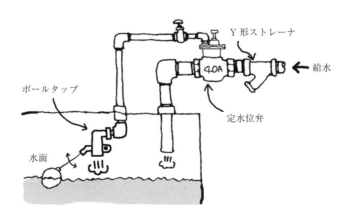

図8・12　ボールタップ弁と定水位弁

（3）大便器

今更ここで改めて、説明するまでもないであろうが、**大便器**とは、大便器用の**水受け容器**で、英語では"water closet"とか"closet bowl"という。

ちなみに、**大便器**は、**和風式（しゃがみ式）**と**洋風式（腰かけ式）**に分類され、それぞれ

第8話 衛生器具設備工事

水洗式と非水洗式がある。

　◇**大便器の主な種類**：大便器の主な種類としては、**水洗方式**により図8・13に示すように、①洗い出し式、②洗い落とし式、③サイホン式、④サイホンゼット式、⑤ブローアウト式、⑥タンクレス直結洗浄式がある。

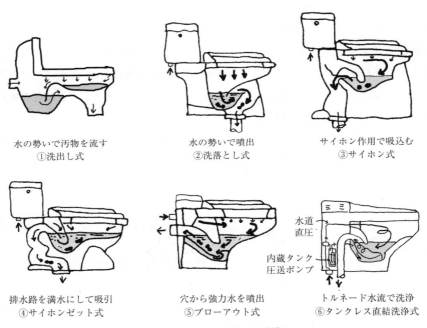

図8・13　大便器の主な種類

　洗い出し式および**洗い落とし式**は、**水の落差**を利用して**汚物（excrement）**を押し出すようにして**大便器**の外に排出する形式のものである。

　サイホン式・サイホンゼット式・サイホンボルテックス式は、**サイホン作用**を利用し、**汚物**を吸い出すようにして**大便器**の外に排出する形式のもの。

　ブローアウト式は、水を勢いよく吹き飛ばし、その力を利用して**汚物**を**大便器**の外に排出する形式のものである。

　ちなみに、表8・4は、各種洋風大便器の特質を一覧化したものである。

表8・4 各種洋風大便器の特質比較

	座面の広さ	水たまりの広さ	洗浄水量	洗浄音
洗落とし式	普通型	狭い	8	中間
サイホン式	大型	中間	10	小さい
サイホンゼット式	大型	広い	10	小さい
ブローアウト式	大型	広い	13	大きい
サイホンボルテックス式	大型	広い	16	小さい

洗浄水量〔ℓ/回〕は、最新型での大洗浄時の場合を示す。

いずれも、**大便器**内に水をためて**水封式のトラップ**を形成することによって、排水管からの**悪臭**(mal-odour)や小動物の屋内への**侵入**(invasion)を防ぐ構造になっている。なお、使用勝手の面からは洋風便器の中でも**座面**が広い方がよく、さらに**汚物付着防止**や**悪臭拡散防止**のためには、**水たまり**が広くて深いものがよい。大便器の**洗浄水供給方式**には、**洗浄弁（フラッシュバルブ）方式**と**タンク方式**がある。さらに、**タンク方式**には、上部のふたに**手洗い機能**を持たせた**手洗い機能付きロータンク**がある。

【知っておきたい豆知識】

大便器の閉塞時の注意！
　大便器の**トラップ**は複雑な構造をしており、**異物**（alien substances）が混入した時は、まず取り出すことが大切である。このことで思い出すのは、JSPEの東南アジア研修旅行で、ベトナムの**チョウライ病院**を訪れた際に耳にした話題である。ベトナム第一の病院ということで**水洗トイレ**を設置したまではいいのだが、何でもかんでも気軽に**大便器**に捨てるものだから、すぐ目詰まりして、使用不能となってしまうのだとか……。

◇**洋風水洗便器の便座**：洋風便座は、**便座**（closet seat）をセットして使用するが、**便座**は便器の**座面**の広さにおいて、**普通型**と**大型**の2種類が用意されているので、便器にあったものを選ぶ必要がある。

また、**便座**には機能の違いにより**普通便座**だけでなく、局部洗浄の機能を有した**温水洗浄便座**や、用便中のいやな臭いを消臭する**脱臭便座**、便座面を温める**暖房便座**およびこれらの機能を複合的に組み合わせたものがある。

とりわけ**温水洗浄便座**は、温水による**肛門洗浄機能・ビデ洗浄機能**があり、洗浄後の**さっぱり感**だけでなく衛生上の利点もある。

なお、市販されている**温水洗浄便座**には、**温風乾燥機能・脱臭機能・暖房機能**などを兼ね備えているものが多く、その普及率は目覚ましい。

ちなみに、高齢化社会を迎え、トイレにおいても**高齢者（the aged）**に適した設備が求められているが、足腰の弱った人や着座・立ち上がりが不自由な人のために**便座面**が上下する**昇降便座**なども開発されている。

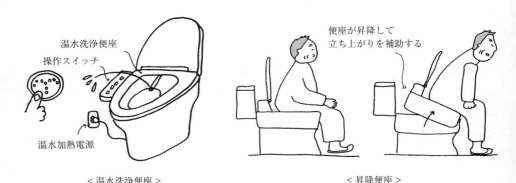

図8・14　温水洗浄便座と昇降便座

【ちょっとお耳を拝借！】

便座にまつわる笑い話

　この話は、筆者の岳父からかつて聞いた話である。岳父は、ゴルフが趣味で**某名門ゴルフコース**のメンバーであり、毎月一二度はゴルフをするのを楽しみにしていた。当時は、まだ**和風便器**が主流の時代であるが、そのクラブハウスは、当然**洋風便器**を設置していたそうである。岳父がたまたまトイレに行ったところ、なんと**便座**の上に、**スパイク**の痕がくっきりと残っていたそうである。このゴルファーが、果たしてうまく用をたせたのかどうか気になってしかたがなかったそうであるとか……。

【技術用語解説】

節水便器

　水資源の有効活用のために、世界的に**便器洗浄水量**は、**節水化**に向かっており、日本でもJIS規格で、**節水便器**を**Ⅰ型（8.5リットル以下）**、**Ⅱ型（6.5リットル以下）**、8.5リットルを超えるものを**一般型**と呼んでいる。最近では、洗浄水量を**大（4リットル）・小（3リットル）**と変えられる**節水便器**までもが使用されているとか。なお、**節水便器**を採用する場合には、**排水配管長・排水配管勾配・排水配管口径・排水配管**の**曲がりの数**などの制約があることに留意する必要がある。特に**既存トイレの改修工事**においては、排水配管の劣化・排水配管長によっては、**節水便器**を採用できない場合があるので要注意である。

(4) 小便器

小便器とは、主として男性の小便用に使用される**水受け容器**で英語では"urinal"といい、**壁掛け型**と**自立型（床置き型）**がある。

また、**トラップ内蔵型**が一般的であるが、**トラップ内蔵型**には**トラップ着脱式**のものがある。最近では、**トラップ着脱式**は、詰まり（clogging）の恐れが多い、使用頻度の高いところで採用されている。

この方式の場合には、**トラップ碗**を取り外したままにしないことが肝要である。

◇**小便器の種類**：図8・15は、主な小便器の種類を示したものである。

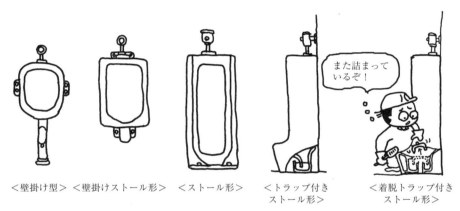

図8・15　主な小便器の種類

主として、大人だけが使用するオフィスなどでは、小便（urine）が跳ねにくい**壁掛け型**のほうが好ましい。一方、子供が使用する施設では、**たれ受け面が低い自立型（床置き型）**が好ましく、大人と子供の両方が使用する場合には、併設することが望ましい。デパートなどでは、子供の利便性を考え、**女性トイレ**に自立型の小便器を設置しているケースもみられる。

◇**小便器の洗浄様式**：**水洗様式**は、全て**洗い落とし方式**で1回当たりの必要洗浄水量は**4リットル**である。これを10秒〜15秒間で給水する。この範囲を超えると**水勢**が強くなり、**洗浄水**が水はねしたり、あふれたりする。

また、不足すると**不洗部**が生じ、**臭気発散**や**排水管閉塞**の原因となる。

なお、これまで**小便器**の設置は**非住宅**の建物が主体であったが、**使用勝手**と**節水**のため、住宅でも**小便器**が設置されるケースが増えており、**スリムな形状の家庭用小便器**（図8・16）も販売されている。

図8・16　スリムな形状の家庭用小便器

【ちょっとお耳を拝借！】

"流しそうめん"小便器 in NZ

筆者は、1999年（平成11年）3月にJSPE（給排水設備研究会）のメンバーと一緒にNZ（ニュージーランド）に研修旅行に出かけたことがある。この機会に、NZ南島にある**クイーンズタウン（QT）**から、観光バスで**ミルフォード観光**に出かけたが、途中で日本の上高地の徳沢を連想させる風光明媚な**ノブス・フラット**で**トイレ休憩**をとったことがある。その時日本人の女性添乗員が、"どうぞ、**流しそうめん**を堪能してきてください！"というではないか。トイレに入ってみて初めて合点がいった。男子用小便トイレは、長さ10m余もありステンレス製で、**一体化プレス加工**されたもので、横一列に並んで用を足していると、各人の排尿が**上流**から**下流**へと流れる、まさしく**流しそうめんトイレ**であった。

図8・17　ニュージーランドの"流しそうめん"トイレ

◇**小便器の洗浄装置**：小便器の**洗浄装置**には、①小便器水栓、②洗浄弁（フラッシュバルブ）、③ハイタンク方式、④自動洗浄弁があるが、小便器に**洗浄装置**が不可欠な理由は以下の通りである。

小便器は、長期間にわたって洗浄せずに使用すると、大なり主なり**尿結石**（urinary calculus）による**詰まり問題**が発生する。このトラブルを回避するためには、こまめに**小便器**を手入れ清掃する必要があるからである。

　なお、最近の**給水装置**の中には、電気的に洗浄水の水質を変えて、排水路に**尿結石**が付着しないように工夫されたものも販売されているとか。この方式のものを採用すると**小便器**の保守管理も非常に楽になる。

① **小便器水栓**：ハンドルの開閉によって**小便器**を洗浄するもので、**操作の有無・水勢・水量**とも使用者に委ねられる。したがって、**確実な洗浄**を望むことには無理があり、**臭気発散**の原因になっているケースが多い。

② **洗浄弁**：この弁は**フラッシュバルブ**とも呼ばれるが、**押しボタン**を押すことにより洗浄を行い、一定量吐水後に止水するものである。

③ **ハイタンク方式**：**自動サイホン**または**自動排水弁**により、一定時間ごとに**小便器**を洗浄する方式である。それぞれに**普通タイプ**と小便器使用者を感知してその時だけ**小便器**を洗浄するタイプがある。

④ **自動洗浄弁**：小便器使用者を感知し、その時だけ洗浄弁を作動させて**小便器**を洗浄するものである。これには各小便器ごとに設置する**単独タイプ**と二つ以上の小便器をまとめて洗浄する**連立タイプ**とがある。

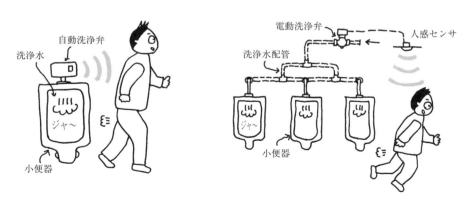

図8・18　感知式小便器洗浄方式：単独タイプと連立タイプ

（5）手洗い器・洗面器と洗面化粧台

ここでは、**洗面所**（washroom・lavatory・tiolet）に必ず設置される**手洗い器・洗面器**および**洗面化粧台**について紹介する。

◇**手洗い器・洗面器の種類**：**手洗い器**のボウル（bowl）の容量は、わずか3リットル程度で、**洗面器**は6～9リットル程度のものが多い。**手洗い器**は、その用途から水をためることがないので、**排水ゴム栓**がついていないことがほとんどである。

しかしながら、オフィスビルなどでは、**洗面器**として商品化されたものが、**手洗い器**として使用されているので、注意が必要である。

【知っておきたい豆知識】

洗面器ボウル取り扱い上の注意事項

洗面器ボウルは、衛生上の問題から**陶器**でできている場合が多い。陶器は腐食せずいつまでも**衛生的**である一方で、**衝撃**（shock）に弱い。したがって、使用に当たっては**化粧びん**などを落とさないようにしたり、**冷たい洗面器**に**熱湯**を注がないような注意が必要である。

手洗い器・洗面器の種類としては、大きさ・形状・取付ける給水栓・取り付け方法などにより分類されるが、取付け方法には、①**壁掛け式**と②**カウンタ式**がある。

ちなみに、図8・19は、代表的な洗面器の種類を示したものであるが、**壁掛け洗面器・セルフリミング式（self-rimming type）洗面器・アンダカウンタ式洗面器・フレーム式洗面器**などがある。

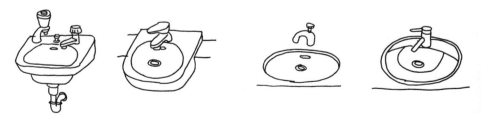

＜壁掛け洗面器＞　＜セルフリミング式洗面器＞　＜アンダカウンタ方式洗面器＞　＜フレーム式洗面器＞

図8・19　代表的洗面器の種類

① **壁掛け式**：昔から一般的に普及している壁面に直接取り付ける型式で、**化粧キャップ付き木ねじ止め式・バックハンガ式・ブラケット式**がある。

　小型の手洗い器には、**化粧キャップ付き木ねじ止め方式**が、それ以外はほとんど**バックハンガ式**が採用され、昔主流であった**ブラケット式**は**清掃性**と**外観上**の**体裁**の面から、現在ほとんど見ることはできない。

② **カウンタ式**：**カウンタ**により**洗面器下部**が見えにくく、しかも**カウンタ**の上に小物が置け、豪華に仕上がるためその採用が近年特に増加している。

　なお、**カウンタ式**には、洗面器のつばを**カウンタ上面**に引っ掛けて設置する**セルフリミング式**とカウンタ下面に**洗面器**をあてがい**ブラケット**などで、支持固定する**アンダカウンタ式**、および**洗面器**の周縁とカウンタとの間にステンレスなどの**フレーム金具**を用いて取り付ける**フレーム式**があるが、水仕舞いの面から現在では**アンダカウンタ式**と**フレーム式**が多く採用されている。

◇**洗面化粧台**：住宅での**洗面器・手洗い器**としては、現在では、**洗面化粧台**が普及している。ごく普通のシンプルな**洗面化粧台**の他に、**出窓タイプ**のものや洗髪・小物洗いに便利なように**洗面ボウル**を大きくし、かつシャワーを装備した多機能な**洗面化粧台**なども、商品化され多様化している。

　洗面化粧台の**開口寸法**は、50cm・60cm・75cm・80cm・100cm・120cmがあるが、最も多く採用されているものが75cmで、次いで60cmのものが多い。

◇**手洗い器・洗面器用水栓**：手洗い器・洗面器用の水栓には、**水**あるいは**水**と**湯**を別々に吐水させる**立て水栓**と、あらかじめ**湯**と**水**を混合させたものを一つの**吐水口**から出す**湯水混合水栓**がある。

　湯水混合水栓の中で、**ハンドル部**と**吐水口部**が別々になっているものを**コンビネーション**、それぞれを一体化したものを**センターセット**と呼んでいる。

　ちなみに、**センターセット**には、レバーハンドル一つで**湯水の開閉・温度調節・水量調節**が行える**シングルレバー混合栓**がある。

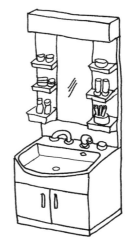

図8・20　洗面化粧台の一例

この他、洗髪用にシャワーヘッドのついた**シャンプー水栓**、手洗い用に手を感知すると自動的に吐水する**ノン・タッチタイプ**の自動水栓がある。

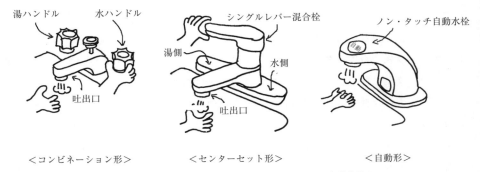

図8・21　コンビネーション・センターセット・自動水栓

（6）流し（シンク）

流し（シンク：sink）とは、**台所流し（kitchen sink）・掃除流し（slop sink・service sink）・汚物流し（bed pan sink）・洗濯流し（laundry sink）・実験用流し（laboratory sink）・病院用流し（hospital sink）**などの総称である。このように**生活空間**の中にはさまざまな**流し（sink）**がある。

ここでは、最近**台所流し**として設置例が多い**システムキッチン**と**種々の陶製流し**について紹介しておきたい。

◇**システムキッチン**：台所流しは、歴史的にいうと公営住宅・公団住宅が**ダイニングキッチン様式**を採用し**プレス加工**した**ステンレス流し台**を採用したことにより大きく進化し、**流し台・調理台・コンロ台、吊り戸棚**を**キャビネット型**にして見栄えよく一列に並べたものが**台所の基本**となった。

【ちょっと一息！】

ワークトライアングル

ワークトライアングル（work triangle）とは、**人間工学（human engineering）**から生まれた概念（concept）で、シンク（流し）・加熱調理器・冷蔵庫の3点を結んだ**三角形（作業の三角形）**のことを意味する。この各距離間如何が、調理の**作業効率（work performance）**に大きく影響する。

第8話　衛生器具設備工事

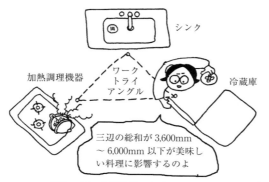

図8・22　調理作業におけるワークトライアングル

　その後、**各キャビネット**の配列を**直列**だけでなく、**L型・U型・並列型**に配置するタイプも開発され、これらを**セクショナルキッチン**と呼ぶようになる。

　これに対し、一枚の天板で**流し台・調理台・コンロ台**を一体化し、さらに**コンロ**などの部品をそこに組み込んで一体化したものを**L型・U型・並列型**に配列したものを**システムキッチン**と呼ぶようになった。

図8・23　システムキッチン：代表的レイアウトパターン例

　この**システムキッチン**の特徴は、**組み合わせの自由度**が高いこと、継ぎ目のない**シームレスカウンタ**や**ビルトイン（組み込み）機器**などによって**納まり**がよく、また建築躯体との関係も**充填材（シーラーなど）**によって、壁から壁まできっちり納めることができるという長所がある。また、さまざまな**バリエーション（variation）**があり、個人の感性に応じた**インテリア性**にこだわることもできる。

183

システムキッチンの**ワークトップ（天板）**の材質には、**ステンレス・人造大理石・メラミンポストフォーム**など、また**キャビネット**には**木質系・金属系**などのものがあり、条件や個人の好みによって選択できる。

その中には、**部材型**と称する**フルチョイス**可能な**高級タイプ**と、ある程度メーカで**パッケージ化**し、組み合わせの範囲を狭めた**簡易施工型**と称する**普及タイプ**とが主流となっている。

◇**陶磁器製流し**：流しの材質・材料にもいろいろあるが、昔からよく使用されている**流し材料**はなんといっても**陶磁器（porcelain）**であろう。その理由は、表面が平滑で、清掃性・衛生性に優れているからである。

主に料理の**下ごしらえ用**に使用される**料理流し**、汚れものの**下洗い・漂白**など、主に洗濯に使用される**洗濯流し**、モップ洗い・バケツ洗いなどの掃除用に供せられる**掃除流し**、病院などで尿の排出・尿びんの洗いなどに使用される**汚物流し**、学校・研究所などの**実験室**で使用される**実験流し**の他、野菜の下洗い・生花の水浸し・靴の泥落とし、魚の前処理など、多目的に使用する**多目的流し（multi-purpose sink）**などがある。

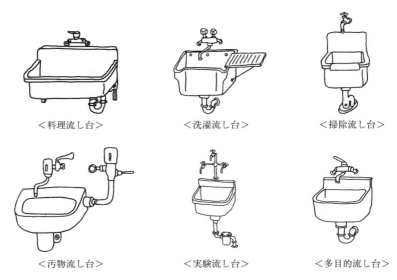

図8・24　多種多様な陶磁器製流し

【技術用語解説】
◇流しと給水吐水口
　流しに水を溜めた時、**吐水口**が水没してしまうような関係があると、断水時に給水管内が**負圧**になり、**流しの汚水**が給水管の中に逆流してしまう恐れがある。十分な**吐水口空間**が確保されているかの確認が不可欠である。
◇流しと排水トラップ
　流しの**排水トラップ**には、構造的に**本体組込みタイプ**と付属品として**取付けるタイプ**がある。後者の場合、ビニルホースなどを一巻にして**トラップ状**にしたものがあるが、**臭気や害虫**の侵入防止上完全とはいえず、**衛生上トラップ**とは認められていないので**要注意**である。

(7) 浴槽とシャワー

　浴槽とは、入浴するための**衛生器具**であり、英語では"bathtub"というが、シャワー(shower)は、**シャワーヘッド**により湯水を噴射放出するものである。

　入浴行為は、その国の**気候風土（climate）**や**歴史（history）**と深くかかわっている。欧米では、体を洗うことを主目的として**浴槽**や**シャワー**を使う人が大部分である。日本では、体を清潔に保つ目的の他に、体を温め**血行（blood circulation）**をよくし、**疲労（fatigue）**を取るなどの効果を期待して浴槽に浸かる習慣がある。

　近年日本でも、特に若い年代の人達の間では、**シャワー**だけを浴びる習慣が次第に定着しつつあるが、**浴槽**に浸かる行為が完全になくなるとは考えられない。

　したがって、日本の浴室では、**浴槽**と**シャワー**が不可欠なものとなっている。

　◇**浴槽（バスタブ）**：**浴槽（バスタブ）**は、図8・25に示すように、形状により**和風・洋風・**

図8・25　浴槽のタイプの種類

和洋折衷があり、また、設置状態により、図8・26に示すように**据置き型・落としこみ型・半埋め込み型・埋込み型**に分類される。

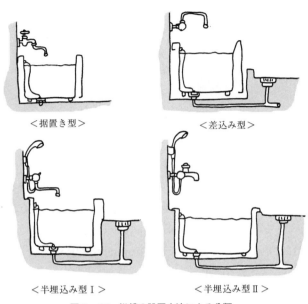

<据置き型>　　　　　　<差込み型>

<半埋込み型Ⅰ>　　　　　<半埋込み型Ⅱ>

図8・26　浴槽の設置方法による分類

また、浴槽の材質には、**木・タイル・鋳物・ほうろう・ステンレス・樹脂**などがあるが、最近では家庭や温泉などで、木の香りを好む**檜風呂**が人気である。

◇**シャワー**：かつて**洋風生活**の象徴の一つであった、**シャワー**は**ライフスタイル**の変化と共に**浴室の必需品**になっている。

シャワーには、ヘッド部を浴室壁面の高所に固定して、ヘッドの下に立って浴びる**固定式**と、ヘッドと給水部とをフレキシブルな管で繋ぎ、ヘッドを**フック**に掛けたまま、あるいは手に持ったまま使用できる**ハンドシャワー**がある。

ちなみに、**固定式シャワー**は、業務用が主で、一般家庭用は**ハンドシャワー**が一般的である。近年**噴出強度**を自動的に変化させる**マッサージシャワー**や、シャワーヘッドを自動的に上下したり、複数のヘッドから噴出したり、噴出状態が変化する**多機能**

シャワーも登場している。

その場合には、給水・給湯の**圧力・水量**が必要となる。最近では、**シャワー**が**浴室**から独立して、**据え置き型**のシャワールームユニットとして、寝室などの居室内に設置したり、**シャワー**を身に浴びるのではなく**洗髪**の目的で、**洗面化粧台**に付属させたりしている例も多くなってきている。

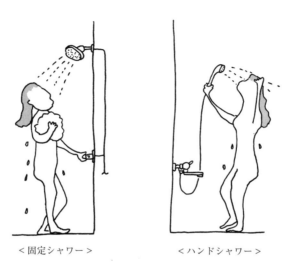

<固定シャワー>　　　<ハンドシャワー>

図8・27　固定シャワーの一例とハンドシャワーの一例

【ちょっと一息！】

中国の浴室：中国語（漢語）で、"風呂に入る"という用語としては、"洗澡（xi③zao③）"および"泡澡（pao④zao③）"が使われる。
注：（　）内は、中国語（漢語）の**発音記号（ピン・イン）**のことである。
ここで、前者は"体を洗う＝シャワーを浴びる"ことであり、後者は"湯船に入る＝浴槽に浸かる"という意味である。中国（南方地方）では、風呂に入るといっても"湯船に入る"という習慣はあまりないようである。筆者が中國の**アモイ（厦門）**のホテルに滞在した時、**シャワー設備**しかない客室に泊まらされてことがある。そういえば、中国で売り出されている**分譲マンション**は、シャワー設備しか設置されていないものが多いようである。ちなみに、筆者の次男は、現在**インドネシア：ジャカルタ**に、単身赴任しているが、彼の滞在マンションも**シャワー設備**しか装備されていない由。

（8）衛生設備ユニット

衛生設備ユニット（sanitary equipment unit） とは、衛生設備を工事現場外の**工場**で一つのユニットとして、製作（prefabricate）して工事現場に搬入し、据付け・組立てるユニットのことである。この**衛生設備ユニット工法**の採用により、工事現場での作業の大幅な**省人・省力化**を達成することができる。

◇**設備ユニットの利点**：従来工法、すなわち**湿式工事**による**水廻り設備工事**は、必然的に**高い防水性**が要求される上、工事の性格上どうしても建築工事との**相番（あいばん）作業**となり、非常に工期と手間がかかる作業であった。

ちなみに、**衛生設備**のユニット化の利点は、使用部材を前もって**工場加工（prefabrication in off-site factory）** することにより、工事現場では**ユニットの組立て作業**のみの、いわゆる**乾式工事**が主体となるので、現場での**作業量**が大幅に削減され、かつ大幅な**後期短縮**のニーズにも対応でき、さらに**建設労働者不足**という問題の解決策にもつながるのである。

その副次効果としては、使用部材が**工場加工**のため、**部材精度**が著しく優れる上、現場組立て・単純作業により高い**施工精度**を保持できる点にある。

筆者の記憶に誤りがなければ、歴史的に**衛生設備ユニット**は、1964年（昭和39年）に開催された**東京オリンピック**の大量宿泊施設建設の**短工期ニーズ**に応えるために、大成建設が**ホテル：ニューオータニ**の建設現場で大体的に採用したのがその嚆矢であったと思う。

【技術用語解説】

相（合）番作業（あいばんさぎょう）
　相番の原義は、相棒で、異なる職種の技能者が立会い、順序良く、一緒に作業することである。

◇**設備ユニットの種類**：一口に**衛生設備ユニット**といっても様々な種類がある。

例えば、JISには、①住宅複合サニタリーユニット、②同浴室ユニット、③同便所ユニット、④同洗面所ユニット、⑤同壁型キッチンユニット、⑥同配管ユニット、⑦システムキッチン（既述）、⑧洗面化粧ユニットなどが規定されている。

第8話　衛生器具設備工事

図8・28　浴室ユニットと複合ユニット

◇**その他の設備ユニット類**：**室型ユニット**の代表は**浴室ユニット**（バスユニット）で、浴槽と床が一体になったものと、床と分離したものがある。

その他に、**入浴・用便・洗面の機能を一室に集めた集合ユニット**、**シャワー水栓**をセットにした、2階にも設置できる**シャワー室ユニット**（これには後付けできる**ピット・インタイプ**と組み込み済の**ビルト・インタイプ**）、便所をセットして部屋を構成する**便所ユニット**、洗面・洗濯用の**洗面所ユニット**などがある。

部材ユニットとしては、洗面器・ミラーキャビネットと**収納キャビネット**を組み合わせた**洗面化粧ユニット**、一体成形の**浴室用床**で、浴室の施工から**防水工事**（water proofing works）を省くことができる**浴室防水パン**や浴槽と洗い場付き床が一体成形された**洗い場付き浴槽（ハーフユニット）**などもある。

また、あまり一目に触れないが、給水管・給湯管・排水管・通気管をセットにして、現場に設置するだけで配管工事の省力化ができる**配管ユニット**もある。

最近では、**配管ユニット・便器・洗面器**などの部品を組み合わせた**大便器ユニット・洗面器ユニット**および**壁パネル**でトイレ空間を形成する**システムトイレ**も普及してきている。

これらの**衛生設備ユニット**は、**従来工法**では、非常に手間のかかる**便所工事**に**乾式工法**を採用することにより**省人化・省力化**し、工期短縮に寄与するほか、**排気脱臭**や**自動洗浄**

第8話 衛生器具設備工事

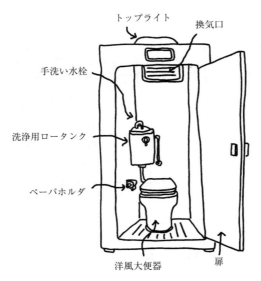

図8・29 屋外公共向けトイレユニット

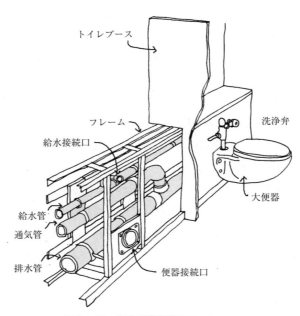

図8・30 衛生設備配管ユニット

などの機能アップも図れるので、オフィスビル・学校など比較的規模の大きい便所に採用されている。

　衛生器具各論では、既述項目の他に、①高齢者・身障者用衛生器具、②食器洗い乾燥機、③洗濯機、④飲料用冷水機等々の項目が挙げられるが、紙面の都合上、ここでは割愛させていただきたい。

第9話　浄化槽設備工事

　し尿・生活排水は、汚濁物質を一定量削減する汚水処理施設を経て、所定の排水流水の水質を確保した上で公共用水域に放流されている。

　しかしながら都市周辺部や農山村などの**下水道未整備地域**においてはもっぱら**浄化槽**（septic tank、johkasou）により処理され放流している。

　汚水処理施設を汚水処理人口の数によって述べると、下水道（処理人口：1億31万人）、**浄化槽**（処理人口：1,175万人）、農業集落排水施設等（処理人口：344万人）、コミュニティプラント（処理人口：21万人）になっているが、未だに約1,260万人が**汚水処理施設**を利用できない状況下にある。

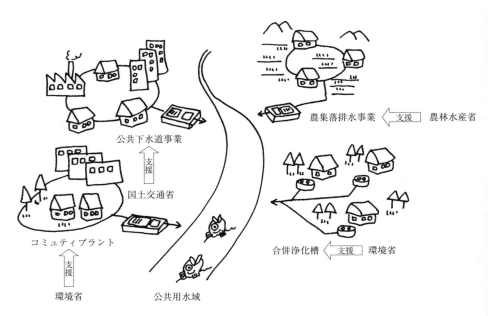

図9・1　浄化槽と下水道、農業集落排水施設等、コミュニティプラントの位置関係

【技術用語解説】

◇**下水道（sewerage system）**

　下水を排除するための設けられる排水管、排水渠その他の排水施設（かんがい排水施設を除く）、これに接続して下水を処理するために設けられるポンプ施設その他施設の総体をいう。下水道として整備を図るものとしては、**公共下水道（特定の事業者の事業活動に主として利用される下水道）、流域下水道（2以上の市町村の区域における下水を排除し、かつ、終末処理場を有する下水道）**および**都市下水路（主として市街地内における浸水を防除するために設置される下水道）**の3種類の下水道がある。**公共下水道**は更に狭義の**公共下水道、特定環境保全公共下水道**および**特定公共下水道**に細分化される。下水道には、どんな汚水でも流してもいいというわけではなく、事業所などから排出される重金属等の有害物質に対して、全国一律に排出基準が定められている。さらに、下水道の立地条件や使用状況に応じて、**水温・pH・生物化学的酸素要求量（BOD）・浮遊物質（SS）・動植物油（ノルマルヘキサン抽出物）**などについて**排出基準**が設けられている。

◇**農業集落排水施設（rural sewerage facility）**

① 数集落を単位として汚水処理を行う、小規模分散型の処理システムである、
② 発生汚泥の農地還元を原則としている、
③ 日常管理（施設周囲の除草、施設の安全確認、異常警報などの有無の確認等）は施設を利用している住民が行う、
④ 浄化槽法の浄化槽に位置づけられて、保守点検回数は1週間に1回以上行う等が特徴づけられている。

　処理対象汚水は、原則としてし尿、生活雑排水、農家の作業排水、および日常生活関連の排水（公共施設・民宿・商店等の排水）とし、有害物質を含む恐れのある工場排水・温泉排水などは含めないこととなっている。このことは、発生汚泥の**農地還元利用**においても重要となる。しかしながら雨水は処理対象としていない。

◇**コミュニティプラント（community plant）**

　農業集落排水施設などに該当しない下水道区域外の集落や、団地などに設置され、排出されるし尿と生活雑排水を処理するもので廃棄物処理法の**一般廃棄物処理計画**に従い、市町村が設置する地域し尿処理施設のことをいう。

　法律上の位置づけはあくまで**し尿処理施設**である。

9・1　浄化槽とは？

　浄化槽（septic tank、johkasou）とは、特記する場合を除き、し尿（night soil）と雑排水とを合併して処理する方法すなわち**合併処理浄化槽（domestic wastewater treatment system）**と定義している。**浄化槽**は単に浄化槽本体のみを指すのではなく、流入管きょおよび放流管きょ、さらに付属機器を含めて汚水処理に係る総体のこという。

　浄化槽は、水洗トイレから排出される"し尿"を衛生的に処理するための**建築付帯設備**として規定し設置されたのが始まりで、農業集落排水処理施設・コミュニティプラントなど

とともに、下水道が普及していない地域を補う施設として設置されてきたものである。

浄化槽には、水洗トイレからの汚水のみを処理する**みなし浄化槽**（旧名は**単独処理浄化槽**（flush toilet wastewater treatment system）と、汚水・雑排水のすべての生活排水を処理する**合併処理浄化槽**（浄化槽法では単に浄化槽という）と、閉鎖性公共用水域の水質改善のため、**窒素**や**リン除去**などの高度な処理技術が加えられた**高度合併処理浄化槽**（advanced domestic wastewater treatment system）の3種類がある。

なお、し尿だけを処理する**単独処理浄化槽**は、未処理の生活雑排水による汚濁負荷（pollutant Loading）の増大が問題視され、2001年（平成13年）4月より施行された**改正浄化槽法**によって、この**みなし浄化槽**の新設は禁止されている。

浄化槽は大きさによって、小型浄化槽・中型浄化槽・大型浄化槽に分類され、処理方式により**構造基準（structural standards）型（構造例示型）**と**大臣認定（minister's recognition）型（性能評価型）**とに分類される。

ここで、**浄化槽**（digestion tank）と**下水道**（sewerage system）との違いを挙げると、工場廃水、雨水その他の特殊な排水は処理しないことで、浄化槽と下水道とは異なっていることである。

【技術用語解説】

し尿（night soil）
"し"とは大便のことで、食物の不消化部分のほか、消化液の残りや上皮細胞のはがれたものや腸管内微生物の残がい、または腸粘膜からの排出物を含んでいる。色は胆汁色素に起因するものである。成人1人あたりの排泄量は、100〜150gである。"尿"とは小便のことで、排出器官（腎臓）において体液からろ過や吸収などの作用により捕集された液状の排出物で、同時に水と混じったものをいい、成人1人あたりの排泄量は、1,000〜1,500mlである。

浄化槽設備を理解するには、まず**水質汚濁用語**を理解しておく必要がある。例えば、①**BOD**（生物化学的酸素要求量：biochemical oxygen demand）、②**COD**（化学的酸素要求量：chemical oxygen demand）、③**SS**（浮遊物質：suspended solids）などがあるが、これらの技術用語については、第1話水に関する雑知識：**1・7水質汚濁指標**の項で詳述しているので、そちらを参照されたい。

（1）浄化槽の仕組み

浄化槽における幾つかの処理方式のうち、ここでは代表的な処理方式の**嫌気ろ床接触ばっ気方式**（嫌気ろ床槽＋接触ばっ気槽＋沈殿槽＋消毒槽）で構成されるのを例にとって浄化の仕組みを説明することにしたい。

浄化槽は単位装置を組合せて処理を行うが、浄化槽の槽は主に次の四つに区分される。

① 流入する汚水は**嫌気ろ床槽**（anaerobic filter tank）にまず流入する。この槽で汚水中に含まれる固形物や夾雑物を分離し、分離された固形物を貯留するとともに**嫌気性菌**（anaerobic bacteria）により槽内に発生する**嫌気性微生物**の働きにより、汚水中に含まれる有機物を分解する。

② 次に、**接触ばっ気槽**（contact aeration tank）へ移流する。接触ばっ気槽では、送風機から空気が送り込まれ、**好気性微生物**（aerobic bacteria）の働きにより有機物を二酸化炭素と水に分解する。槽内には微生物が付着して生息し増殖しやすいように、プラスチック製の接触材といわれるものが充てんされている。

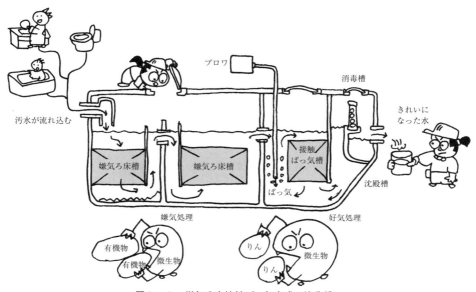

図9・2　嫌気ろ床接触ばっ気方式の浄化槽

③　その後、**沈殿槽**（sedimentation tank）に移流し再度、固液分離されきれいな上澄水（supernatant）だけを消毒槽（disinfection tank）に移す。
④　最終工程として、上澄水は、消毒槽で塩素消毒（chlorine disinfection）されて放流される。

（2）浄化槽の特徴

浄化槽には他の**汚水処理施設**（waste water treatment）に比べて大きな特徴がある。その特徴を以下①〜⑥に示す。

①　浄化槽は家庭などから排出される汚水を処理する施設で、家庭やアパート・学校・病院・スーパーマーケットおよびパチンコ店などの施設に個別に設置され、下水道の**終末処理場**（sewerage treatment facility）なみの浄化能力を持つ施設である。
②　放流水の水質の技術上の基準として**生物化学的酸素要求量**（BOD）の除去率は90％以上、放流水質はBOD：20mg／L以下で放流されている。
③　生活排水を1か所に集める**管きょ関連設備**が不要なため、設置費用が安価である。但し、管きょが不要な代わりに、各戸ごとに浄化槽を設置するスペース用敷地の確保が必要となる。
④　浄化槽は例えば本体・周辺部位の被害が生じても、せいぜい家庭用で1週間から10日程度と短い期間で復旧が可能であるので、復旧面からみると下水道のように放流先の水質の影響は少ないと考えられ災害に対してリスクが低い処理装置である。
⑤　集合処理では、家屋が密集していない地域においては**整備投資効率**が低下し、起伏のある地形では、生活排水の移送のためのポンプ施設等も必要となるが、個別処理であるために無駄な投資は避けられ、地形の影響を受けることが少ない。

　　また、浄化槽に関する設置工事および維持管理等は**地元業者**が行う場合が多く、地元経済に与える経済効果は事業経費の割に大きいと考えられる。
⑥　各戸ごとに処理施設を整備するため、整備計画に柔軟性を有する。

（3）浄化槽設置台数

2015年（平成27年）度における**浄化槽**の設置台数は、表9・1の通りである。

表9・1　浄化槽設置台数

種　類	設置台数
浄化槽全設置台数	7,623,915 基
単独処理浄化槽	4,124,453 基
合併処理浄化槽	3,499,462 基
（高度処理型浄化槽）	（758,041 基）

　現在までに、生活排水の処理システムとして公共下水道、農業集落排水施設等、（合併）浄化槽などの整備が進められ、我が国の**汚水処理人口普及率**（汚水処理人口を総人口で割った指標）は、90.9％ 2017年（平成29年）度末となっているが、残念ながら2015年（平成27年）度末現在、未だに1,300万人の生活雑排水が未処理のまま放流されている現状である。

9・2　浄化槽の歴史

　日本で発明され、独自の技術として開花し、世界に輸出され、人々の生活衛生面の向上に大いに寄与している**浄化槽**の歴史を学ぶことで、浄化槽の重要性を是非理解していただきたい。し尿と雑排水を処理する浄化槽の生い立ちから現在までの変遷について、年次順に示すと以下の通りである。

（1）江戸時代から明治時代まで

　　江戸時代　　　　　・し尿は肥料の供給源としての役割を担い、農地還元となるシステムが確立していた。
　1871年（明治04年）・公同便所を初めて設置。
　1878年（明治11年）・初めて屎尿処理の基準が屎尿取締概則として制定。
　1887年（明治20年）・警視庁東京府が厠圊芥溜下水取締規則を制定。
　1900年（明治33年）・日本で最初の廃棄物の法律である**汚物掃除法**が成立。
　1911年（明治44年）・日本で最初の浄化槽（汚水を処理するために固液分離を行った後に上澄水を放流する腐敗タンク方式を採用）が川崎に設置された。

（2）大正時代から昭和時代まで

　1914年（大正03年）・日本で最初の**住宅用汚物処理槽**を設置。
　1919年（大正08年）・建築基準法の前身となる市街地建築物法および都市計画法を制

第9話　浄化槽設備工事

図9・3　江戸時代のし尿循環システム

定。

1920年（大正09年）・市街地建築物法施行規則が公布され、今日でいう浄化槽である汚物処理槽による処理水を公共河川へ放流することを認めた。

1921年（大正10年）・水槽便所取締規則で水槽便所の浄化装置の構造基準を制定し、浄化槽の水質が規定された。

1930年（昭和05年）・汚物清除法の見直しにより、し尿の収集・運搬が市町村の義務となる。

1932年（昭和07年）・東京市が**海洋投棄**を開始。

1944年（昭和19年）・汚物浄化槽の標準規格が制定され、**浄化槽**の表現が初めて使われる。

1950年（昭和25年）・建築基準法が制定され、基準型（多室腐敗槽＋散水ろ床＋消毒槽）と特殊型（変型2階タンク、分離器、平面酸化方式）が制定された。

1953年（昭和28年）・建築基準法第31条第2項により、公共下水道以外に水洗トイ

                               第9話　浄化槽設備工事

　　　　　　　　　　レの汚物を放流する場合、屎尿浄化槽を設置することと規定さ
　　　　　　　　　　れた。
1956年（昭和31年）・し尿浄化槽の構造等の基準を制定。
1960年（昭和35年）・し尿浄化そうの容量算定基準（JISA3302-1960）を制定。
1969年（昭和44年）・屎尿浄化槽の構造（建設省告示第1726号）（JISA3302-1969）で、
　　　　　　　　　　単独処理浄化槽：水洗トイレの汚水を処理する浄化槽と**合併処**
　　　　　　　　　　理浄化槽：水洗トイレの汚水と生活雑排水を併せて処理する浄
　　　　　　　　　　化槽を規定。
　　　　　　　　　・建築物の用途別によるし尿浄化槽の処理対象人員の算定基準を
　　　　　　　　　　規定。
1970年（昭和45年）・廃棄物の処理及び清掃に関する法律の制定（昭和46年9月24
　　　　　　　　　　日施行）。
　　　　　　　　　・浄化槽清掃業が法律に基づき創設された。
　　　　　　　　　・水質汚濁防止法の制定（昭和46年6月24日施行）。
1975年（昭和50年）・し尿浄化槽の構造基準を告示。
　　　　　　　　　　具体的には、処理対象人員501人以上対象、BOD20ppm以下
　　　　　　　　　　とする。
1978年（昭和53年）・水質汚濁防止法一部改正し総量規制を導入。
1980年（昭和55年）・建設省告示第1726号が改定され、現在の浄化槽の構造基準と
　　　　　　　　　　なる建設省告示第1292号が制定。生物膜法（分離接触ばっ気
　　　　　　　　　　方式）の導入と（旧）基準で処理性能が十分であった処理方式（腐
　　　　　　　　　　敗タンク方式など）の削除が行われた。
1983年（昭和58年）・浄化槽法の制定（法律第43号）（昭和60年10月1日全面施行）。
1984年（昭和59年）・**湖沼水質保全特別措置法**が成立。
1988年（昭和63年）・戸建て住宅に設置する処理対象人員50人以下の小型合併処理
　　　　　　　　　　浄化槽（処理水：BOD20m g /L）の構造基準が、**屎尿浄化槽**
　　　　　　　　　　構造基準に、追加された。

（3）平成時代以降
1990年（平成02年）・水質汚濁防止法及び湖沼水質保全特別措置法の一部改正。

すなわち処理対象人員の201人以上500人以下の屎尿浄化槽が**みなし指定地域特定施設**となり、この施設を設置する工場・事業所が法規制対象の特定事業場となる。

1991年（平成03年）・中規模の合併処理浄化槽（処理水：BOD20mｇ/L）が追加された。

1993年（平成05年）・環境基本法の公布（従来の公害対策基本法は廃止）。

1995年（平成07年）・高度処理型の合併処理浄化槽の構造が追加。
・**ロンドン条約**の96年議定書を受けた法改正により、2007年2月から海洋投棄が全面禁止。

2000年（平成12年）・し尿と生活雑排水を分ける社会文化は、雑排水の放出が河川や湖沼の水質汚濁の主な原因となることから、浄化槽法の一部を改正（施行：平成13年4月）。

すなわち、し尿のみを処理する**単独処理浄化槽**は**みなし浄化槽**とされ、浄化槽の定義から削除し、下水道予定処理区域を除いて、し尿と雑排水を併せて処理する合併処理浄化槽のみを浄化槽とし、設置を義務化。

・**単独処理浄化槽**（BOD除去率65％以上で、処理水BOD90mg/L以下の**新規設置が原則禁止**。

・水質汚濁防止法施行令の一部改正。
具体的には、人の健康に係る被害を生ずる恐れがある物質として**ほう素及びその化合物ふっ素及びその化合物アンモニア、アンモニウム化合物、亜硝酸化合物及び硝酸化合物**が加えられた。

2005年（平成17年）・浄化槽法の一部改正（施行：平成18年2月）。
改正の主要項目は以下の通り。
① 法の目的に**公共用水域等の水質保全**を明示。
② 浄化槽からの放流水に係る水質基準の創設。環境省令で定める基準：BOD20mg/L以下及びBOD除去率90％以上。
③ 浄化槽設置後等の水質検査（7条検査）の検査時期の見直し。

④　適正な維持管理を確保するための都道府県の監督規定の強化。

⑤　水質汚濁防止法施行令の一部改正し、従来の**化学的酸素供給量（COD）**に加え新たに窒素・リンを総量規制の対象項目とした。

2007年（平成19年）・し尿や汚泥の海洋投棄が全面禁止。

9・3　浄化槽の関連法令等

　浄化槽設備は、雑排水を放流することから、浄化槽本体の構造、処理水の水質・水量・温度等は、種々の法令の排水技術規準の規制を当然受けることになる。浄化槽設備に関連する法令（建築基準法・水質汚濁法・浄化槽法等）は以下の通りである。

①　浄化槽の構造体力、形式適合認定、構造方法等の認定等では、建築基準法、同施行令、同施行規則・告示及び通達に基づく**し尿浄化槽**関係条文が適用される。

②　浄化槽の設置、形式の認定等では、浄化槽法、同施行令、同施行規則・告示及び通達に基づく**し尿浄化槽**関係条文が適用される。

③　一般廃棄物処理計画等では、廃棄物の処理及び清掃に関する法律に基づく**し尿浄化槽**関係条文が適用される。

④　水質汚濁防止法排水（一律）基準として、

・**生物化学的酸素要求量（BOD）**：160（日間平均120）（単位：1リットルにつきミリグラム）

・**化学的酸素要求量（COD）**：160（日間平均120）（単位：1リットルにつきミリグラム）

・**ノルマルヘキサン抽出物質含有量（鉱油類含有量）**：5（単位：1リットルにつきミリグラム）

　等の許容限度、排出水の排出等では、水質汚濁防止法に基づく**し尿浄化槽**関係条文が適用される。

⑤　規制基準の設定等では、湖沼水質保全特別措置法および総理府令に基づく**し尿浄化槽**関係条文が適用される。

⑥　排水設備等では、下水道法、同施行令に基づく**し尿浄化槽**関係条文が適用される。

⑦　給水装置の構造および材質では、水道法、同施行令、同施行規則・告示に基づく**し**

尿浄化槽関係条文が適用される。

建築基準法・下水道法は**国土交通省所管**、浄化槽法は**環境省所管**となるが同第4章は建築基準法との、同第5章および同第7章は建設業法との関連により国土交通省の所管になり同第2章および同第10章は両省の共同管轄になる。

なお、廃棄物の処理および清掃に関する法律・水質汚濁防止法・瀬戸内海環境保全特別措置法・湖沼水質保全特別措置法・水道法は環境省が所管している。

9.4 浄化槽の設置場所と放流先

浄化槽の設置場所と浄化槽への流入水・放流先は以下の通りである。

(1) 浄化槽の設置場所

設置場所は、原則として**公共下水道処理区域以外の区域**とし、下水道処理区域内における浄化槽の設置は法律、条例により原則として認められていないことに留意しておきたい。

(2) 浄化槽への流入水

浄化槽は、**生物化学的な処理装置**であるため、生活排水以外の工場廃水（合併処理浄化槽により処理可能な雑排水は除く）・雨水・プール排水・洗車排水・冷却排水・屋外の給水栓の排水・受水槽の水抜の排水（オーバーフロー管）・温泉排水などは、機能障害を起こすおそれのあることから浄化槽へ流入させてはならない。

また、飲食店、社員食堂の厨房排水、食品加工などの排水は、油脂分が多量に含まれている場合が多く、浄化槽に直接流入させると性能および機能の低下等悪影響を及ぼすため、油脂分を適正に除去できる**油水分離槽**（グリース阻集器）を油脂分の発生箇所付近に設置することになっている。

(3) 浄化槽への事業場排水の受け入れ可能な業種

表9・2に示す業種の排水は、以下の①〜④の措置を講じることにより、合併浄化槽により処理排水可能な雑排水として扱っても支障のないものとされている。

① 1日当たりの平均的な排出水の量が、50㎥未満であること。
② 浄化槽の保守点検および清掃に関する浄化槽管理者の義務を果たすこと。
③ 水量変動に対して、種々施設を付設すること。
④ 合併浄化槽からの引き出し汚泥の取り扱いについては**一般廃棄物**とみなし適正に運搬・処理・処分を行うこと。

表9・2　合併浄化槽への事業場排水の受け入れ可能な業種

産業分類	業　種
123	野菜缶詰・果実缶詰・農産保存食料品製造業
1231	野菜缶詰・果実缶詰・農産保存食料品製造業
1232	野菜漬物製造業
127	パン・菓子製造業
1271	パン製造業
1272	生菓子製造業
1273	ビスケット類・干菓子製造業
1274	米菓製造業
129	その他の食料品製造業
1293	めん類製造業
1295	豆腐・油揚製造業
1296	あん類製造業
1298	惣菜製造業

※産業分類：1998年（平成10年）2月発行、日本標準産業分類

（4）浄化槽の放流先

浄化槽からの処理水は、敷地付近の下水管きょ、道路U字側溝、水路、河川又は運河等へ放流し、原則として**自然流下方式**により放流するように定められている。

（5）浄化槽に係る排水規制の適用

浄化槽の届出等の対象施設を下記の表9・3に示す。

表9・3　届出等の対象施設

	200人槽以下	201人～500人槽	500人槽以上	設置等の手続き
特定施設（水濁法）	×	×	○	届出
指定地域特定施設（水濁法）	×	○	―	届出
特定施設（瀬戸内法）	×	×	○	許可
みなし指定地域特定施設（瀬戸内法）	×	○	―	届出
みなし指定地域特定施設（湖沼法）	×	○	―	届出
水道水源特定施設（水道水源法）	×	○	―	届出

また、ディスポーザ排水に対して十分な処理能力を備えた浄化槽を計画するためには、このような性能評価を受けて大臣認定を取得した、**ディスポーザ対応型浄化槽**とすること

がより望ましいとされている。

9.5　浄化槽の処理対象人員とBOD負荷量の選定

浄化槽は、使用する人数の対象人口数・流入水と処理水の水質・排水の種類・処理方法・建物の用途および規模によって以下に示すように決定する。

（1）建築用途別処理対象人員の算定

建築物の用途別による屎尿浄化槽の処理対象人員算定基準は、表9・4 により算出する。

表9・4　建築物の用途別による屎尿浄化槽の処理対象人員算定基準（JIS A 3302-2000）

類似用途別番号	建築用途			処理対象人数	
				算定式	算定単位
1	集会場施設関係	イ	公会堂・集会場・劇場・映画館・演芸場	n＝0.08A	n：人員（人） A：延べ面積（㎡）
		ロ	競輪場・競馬場・競艇場	n＝16C	n：人員（人） C：総便器数（個）
		ハ	観覧場・体育館	n＝0.065A	n：人員（人） A：延べ面積（㎡）
2	住宅施設関係	イ	住宅　A≦130の場合	n＝5	n：人員（人） A：延べ面積（㎡）
			130＜Aの場合	n＝7	
		ロ	共同住宅	n＝0.05A	n：人員（人） A：延べ面積（㎡）ただし、1戸当たりのnが、3.5人以下の場合は1戸当たりのnを3.5人又は2人（1戸が1居室だけで構成されている場合に限る。）とし、1戸当たりのnが6人以上の場合は1戸当たりのnを6人とする。
		ハ	下宿・寄宿舎	n＝0.07A	n：人員（人） A：延べ面積（㎡）
		ニ	学校寄宿舎・自衛隊キャンプ宿舎・老人ホーム・養護施設	n＝P	n：人員（人） P：定員（人）
3	宿泊施設関係	イ	ホテル・旅館　結婚式場又は宴会場をもつ場合	n＝0.15A	n：人員（人） A：延べ面積（㎡）
			結婚式場又は宴会場をもたない場合	n＝0.075A	
		ロ	モーテル	n＝5R	n：人員（人） R：客室数
		ハ	簡易宿泊所・合宿所・ユースホステル・青年の家	n＝P	n：人員（人） P：定員（人）

なお、表9・4に示した建物用途以外の医療施設関係（病院・診療所・医院等）、店舗関係（店舗・百貨店・飲食店等）、娯楽施設関係（卓球場・パチンコ店・ボーリング場・キャ

ンプ場・ゴルフ場等)、駐車場関係(サービスエリア・駐車場・ガソリンスタンド等)、学校施設関係(保育所・学校・図書館等)、事務所関係(事務所)、作業所関係(工場・研究所等)およびその他の施設(市場・公衆浴場・公衆便所等)については、日本建築行政会議編集の**浄化槽の設計・施工上の運用指針　2015年版平成27年4月**を参照されたい。

(2)　浄化槽の汚水量およびBOD負荷量

浄化槽の計画水量及び水質は、対象建築物において過去に水量・水質の実測データが存在する場合には、まずその数値を参考とする。

また、類似の建築用途の施設や近隣する地域の類似施設のデータも参考になる。

なお、実測データ等が得られない場合には汚水量及びBOD負荷量は、原則として表9・5 **処理対象人員(n)1人当たりの汚水量およびBOD量参考値**一覧表の値を採用する。

なお、表9・5に示した建物用途以外の医療施設関係(病院・診療所・医院等)、店舗関係(店舗・百貨店・飲食店等)、娯楽施設関係(卓球場・パチンコ店・ボーリング場・キャンプ場・ゴルフ場等)、駐車場関係(サービスエリア・駐車場・ガソリンスタンド等)、学校施設関係(保育所・学校・図書館等)、事務所関係(事務所)、作業所関係(工場・研究所等)及びその他の施設(市場・公衆浴場・公衆便所等)については、日本建築行政会議編集の**浄化槽の設計・施工上の運用指針　2015年版(平成27年4月)**を参照されたい。

浄化槽の選定上留意しておかなければならないことでは、処理対象人員が500人(指定地域にあっては200人)を超える場合は、水質汚濁防止法で定める**特定施設**の手続が必要となり、特定施設(処理対象人員が500人を超える浄化槽)および指定地域特定施設(指定地域内に設置される、処理対象人員が200人を超え500人までの浄化槽)は、法に定める諸手続のほか、**水質汚濁防止法**に定められた手続が必要になることが挙げられる。

9・6　浄化槽の種類

浄化槽には、2000年(平成12年)浄化槽の定義から削除されたし尿のみを処理する**みなし浄化槽(旧名は単独処理浄化槽)**と、下水道予定処理区域を除いて、し尿と雑排水を併せて処理する設置を義務化された**合併処理浄化槽**と**高度処理型合併浄化槽**とがある。

(1) みなし浄化槽(旧名:単独処理浄化槽)(flush toilet wastewater treatment system)

下水道の未整備地区においてトイレのし尿処理に限られている浄化槽で、生活雑排水を

表9・5 処理対象人員(n)1人当たりの汚水量およびBOD量参考値

類似用途別番号	建築用途		処理対象人数		JIS A 3302-2000 算定単位当たりの汚水量及びBOD濃度参考値				参考値 処理対象人員(n)1人当たりの汚水量及びBOD量参考値				1日の排水時間
					合併処理対象		単独処理対象		合併処理		単独処理		
			算定式	算定単位	汚水量	BOD	汚水量	BOD	水量負荷算定	BOD負荷算定	水量負荷算定	BOD負荷算定	
1	集会場施設関係	イ 公会堂・集会場・劇場・映画館・演芸場	n = 0.08A	n:人員(人) A:延べ面積(㎡)	16 (L/㎡・日)	150 (mg/L)	4 (L/㎡・日)	260 (mg/L)	(L/人・日) ○(200)	(g/人・日) ○(30)	(L/人・日) ○(50)	(g/人・日) ○(13)	公会堂・集会場8 劇場10映画館12
		ロ 競輪場・競馬場・競艇場	n = 16C	n:人員(人) C:総便器数(個)	2,400 (L/個・日)	260 (mg/L)	―		○(150)	○(40)	―	―	10
		ハ 観覧場・体育館	n = 0.065A	n:人員(人) A:延べ面積	10 (L/㎡・日)	260 (mg/L)	3.2 (L/㎡・日)	260 (mg/L)	○(155)	○(40)	○(50)	○(13)	15
2	住宅施設関係	イ 住宅 A≦130㎡の場合	n = 5	n:人員(人) A:延べ面積	1,000 (L/戸・日)	200 (mg/L)	250 (L/戸・日)		○(200)	○(40)	○(50)	○(13)	12
		130㎡<Aの場合	n = 7		1,400 (L/戸・日)		350 (L/戸・日)						
		ロ 共同住宅	n = 0.05A	n:人員(人) A:延べ面積(㎡)※	10 (L/㎡・日)	200 (mg/L)	2.5 (L/㎡・日)		○(200)	○(40)	○(50)	○(13)	
		ハ 下宿・寄宿舎	n = 0.07A	n:人員(人) A:延べ面積	14 (L/㎡・日)	140 (mg/L)	3.5 (L/㎡・日)		○(200)	○(28)	○(50)	○(13)	8
		ニ 学校寄宿舎・自衛隊キャンプ宿舎・老人ホーム・養護施設	n = P	n:人員(人) P:定員	200 (L/人・日)	200 (mg/L)	50 (L/㎡・日)	260 (mg/L)	○(200)	○(40)	○(50)	○(13)	8 (但し老人ホーム10)
3	宿泊施設関係	イ ホテル・旅館 結婚式場・宴会場有	n = 0.15A	n:人員(人) A:延べ面積(㎡)	30 (L/㎡・日)	200 (mg/L)	7.3 (L/㎡・日)		○(200)	○(40)	○(50)	○(13)	10
		結婚式場・宴会場無	n = 0.075A	n:人員(人) A:延べ面積(㎡)	30 (L/㎡・日)	100 (mg/L)	3.7 (L/㎡・日)		○(400)	○(40)	○(50)	○(13)	
		ロ モーテル	n = 5R	n:人員(人) R:客室数	1,000 (L/室・日)	50 (mg/L)	250 (L/室・日)		○(200)	○(30)	○(50)	○(13)	
		ハ 簡易宿泊所・合宿所・ユースホステル・青年の家	n = P	n:人員(人) P:定員	200 (L/人・日)	200 (mg/L)	50 (L/㎡・日)		○(200)	○(40)	○(50)	○(13)	8

※ ただし、1戸当たりのnが、3.5人以下の場合は、1戸当たりのnを3.5人又は2人(1戸が1居室だけで構成されている場合に限る)とし、1戸当たりのnが6人以上の場合は1戸当たりのnを6人とする。

処理することができず、未処理のまま放流されている。2001年(平成13年)4月1日より**浄化槽法**が改正され、原則として新規に設置することが禁止(但し、下水道予定処理区域(認可区域)において単独処理浄化槽の設置は可能)され、2013年(平成25年)度末現在約437万基が残存している。**みなし浄化槽**の処理性能では、水洗トイレからのBOD量は13gとすると、BOD除去率が65%以上なので、処理後は5g以下になり、台所や風呂場などからの未処理のBOD量27g(BOD量:40g − 13g)と合わせて、合計32g(BOD量:5g + 27g)程度のBOD量を放流していることになる。

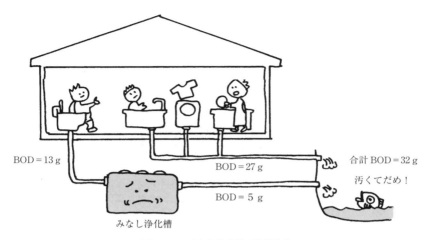

図9・4　みなし浄化槽の浄化能力

（2）合併処理浄化槽（domestic wastewater treatment system）

　水洗トイレからのし尿に加え台所・風呂などからの生活雑排水（台所・風呂・洗面・洗濯・掃除等に使用した水）を同時に微生物の働きなどを利用して浄化処理して放流する1975年（昭和50年）代に技術が確立された日本独自の施設で、2001年（平成13年）からは水洗便所汚水と生活雑排水を併せて処理する**浄化槽（合併処理浄化槽）**の設置が義務づけられた。

　新設される**浄化槽**の放流水の水質の技術上の基準は、BOD除去率：が90％以上、処理水のBOD：20mg/L以下となっている。

　浄化槽（合併処理浄化槽）の処理性能では、生活雑排水の汚れは1人・1日あたり排出するBOD量は40gとすると、浄化槽のBOD除去率は90％以上なので、処理水のBOD量の4g程度は環境へ負荷されるが、生活排水の汚れは1/10以下に減じられる。

　浄化槽（合併処理浄化槽）はみなし浄化槽による排水方式（みなし浄化槽＋生活雑排水）に比べると、汚れの量はたったの1/8になっている。

　なお、合併処理浄化槽の処理は、微生物による**生物処理**が主である。なお、合併処理浄化槽には、その性能や処理方式により、様々なタイプがある。

第9話　浄化槽設備工事

図9・5　合併処理浄化槽の浄化能力

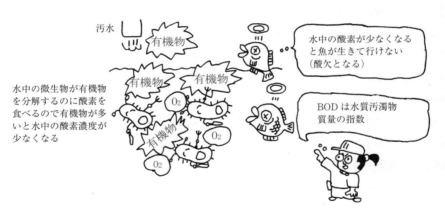

図9・6　BODとは？

(3) 高度処理型合併浄化槽 (advanced domestic wastewater treatment system)

高度処理型浄化槽は、窒素・燐・BOD除去が高度に処理できる浄化槽で、水道水源地域、湖沼や閉鎖性海域でのより一層の**水質汚濁防止**および**富栄養化防止**の目的で用いられる。処理方式は、流量調整機能を有する**嫌気ろ床接触ばっ気循環方式**（anaerobic filter bed contact aeration circulation system)、**担体流動生物ろ過方式**（carrier flow and biological filtration system)が主流になっている。

BOD5mg/ℓ以下の高度処理は、**膜分離活性汚泥方式**（activated sludge process with membrane separation)になる。

高度処理型では、微生物による汚れの除去（窒素等）と化学分解によるリンの除去の2つの仕組みによって汚れた水をきれいにしている。

① **嫌気ろ床槽**（anaerobic filter bed tank）：汚水中の固形物を嫌気ろ床槽第一室充填ろ材で物理的に固液分離（solids-liquid separation）し、嫌気ろ床槽第二室充填ろ材により嫌気処理を行う。流入水中の異物・油脂等が分離・貯留される。

② **生物ろ過槽**（biofilm filter tank）：嫌気ろ床槽処理水は間欠定量ポンプにて生物ろ過槽処理部に定量的に流入し、充填されている網様円筒担体に付着した好気性微生物により、汚れを分解する。

また電極を利用した化学反応により、リンを除去する。処理水は移流管を通過後、生物ろ過槽ろ過部に流入し、処理水中のSS（浮遊物質：suspended solids）を分離する。ろ過部は一日一回あるいは2回の自動逆洗により、貯留したSS（浮遊物質：suspended solids）を嫌気ろ床槽第一室に移送する。

③ **処理水槽**（process water tank）：生物ろ過槽で処理された水は、一時的に処理水槽に滞留され、一部はエアリフトポンプで揚水され、嫌気ろ床槽第一室に循環移送される。

嫌気ろ床槽の代わりに、**脱窒ろ床槽**（denitrification type anaerobic filter tank）というものがある。ここでは、**嫌気ろ床槽**と同様に浮遊物を取り除き有機物を分解するとともに、窒素の除去を行う。

その他の**接触ばっ気槽**、**沈殿槽**、**消毒槽**の働きは、上述のBOD除去型と同じで、窒素を除去するため、**接触ばっ気槽**の水を**脱窒ろ床槽**へ送り返す。

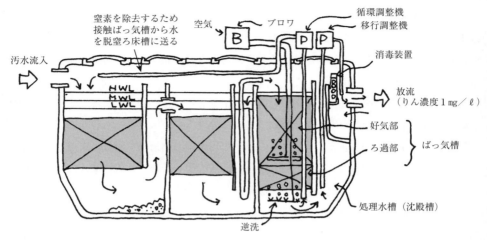

図9・7　高度処理型　脱窒ろ床接触ばっ気方式の概念

（4）浄化槽の大きさによる分類

浄化槽の大きさは、人槽または処理対象人員の単位で区分され、浄化槽の処理能力の大きさにより、以下に示すように①〜③に分類している。

① **小型浄化槽**：

戸建て住宅等の処理対象人員（日平均汚水量：10㎥/日）以下の小規模な排水処理で、通常プラスチック製の工場生産品を使用する。

② **中型浄化槽**：

処理対象人員51〜500人槽（日平均汚水量：100㎥/日）までの中規模な排水処理で、通常プラスチック製の工場生産品と鉄筋コンクリート製の現場設置型を使用する。

③ **大型浄化槽**：

処理対象人員501人槽以上を大型と呼称し、商業施設や公共施設などの排水に大規模な合併処理浄化槽を用いる場合には、1万人以上を対象とした大きなものもある。通常鉄筋コンクリート製の現場設置型を使用する。

9・7　浄化槽の処理方式

　排水処理の方法には、その対象と目的に応じて、生物・物理・化学的方法が用いられ、下水道では微生物を浮遊させる**活性汚泥法**（activated sludge process）が主流であるが、浄化槽では**生物膜法**（biofilm process）が主流となっている。

　生物膜法の長所は、汚泥微生物が反応槽内に保持されるため、汚泥返送が不要で、また自己酸化の促進によって余剰汚泥の発生量が少ないことが挙げられる。

　浄化槽の処理方式は、国土交通省が示す構造基準（structural standards）型（構造例示型）と、それと同等以上の性能を有すると認められる大臣認定（minister's recognition）型（性能評価型）とに分類される。なお、浄化槽法では構造基準としているが、現行の建築基準法令では、構造方法と表記されている。

　現在、新設される浄化槽の大多数は、**性能評価型**であり、平成26年度（2014年度）現在における構造例示型115万基（37％）に対し、性能評価型は213万基（63％）となっていて、出荷される浄化槽の98％以上が性能評価型浄化槽である。

（1）構造基準型（構造例示型）

　浄化槽の構造基準型（構造例示型）の選定では、表9．6に示す第2・第3告示区分および第4・第5の単独処理浄化槽（みなし浄化槽）を除く告示区分、処理性能（BOD除去率・BOD濃度、COD濃度・T-N濃度・T-P濃度）、処理方式（下記参照）処理対象人員（5人～5,000人以上）の項目によって決定する。

① 分離接触ばっ気方式（separation-contact aeration process）
② 嫌気ろ床接触ばっ気方式（anaerobic filer contact aeration process）
③ 脱窒ろ床接触ばっ気方式（denitrification type anaerobic filer contact aeration process）
④ 回転板接触方式（rotating biological contactor process）・長時間ばっ気方式（extended aeration process）
⑤ 標準活性汚泥方式（conventional activated sludge process）
⑥ 接触ばっ気／ろ過方式
⑦ 接触ばっ気／活性炭吸着方式（contact aeration/filtration system, and a contact aeration/activated carbon adsorption method）
⑧ 硝化液循環活性汚泥方式（nitrified water recirculation type activated sludge

process)
⑨ 三次処理脱窒／脱燐方式（tertiary treatment denitrification/dephosphorization method method）等、の項目により決定する。

1）浄化槽の構造

浄化槽の構造について、告示に定める浄化槽の処理方式を表9・6に示す。

2）浄化槽構造方法のフロー

次に告示区分・性能・処理方式・処理対象人員別のフローを記載した浄化槽構造方法のフローシートを表9・7に示す。

なお、表9・7に示した第2※・第3※・第4・第5の告示区分を除く、第6～第11の告示区分別の性能・処理方式・処理対象人員別のフローを記載した浄化槽構造方法のフローシートについては、日本建築行政会議編集の**浄化槽の設計・施工上の運用指針2015年版平成27年4月**を参照されたい。

3）各槽の機能

フローシートに記載されている主要な槽の役割について下記に記す。

① **沈殿分離槽**（sedimentation − separation tank）：
　流入水の時間帯変動の緩和や固形分の分離と貯留の機能を有する。分離槽は2室で構成され、各室は短絡流が生じないように流入部と流出部はできるだけ離れた位置に設置される。分離された汚泥・スカムは、槽上部・底部でそれぞれ濃縮・貯留される。

② **接触ばっ気槽**（contact aeration tank）：
　接触ろ床を設置して、空気を散気して酸素を補給するとともに、汚水を循環して接触材に付着した生物膜に接触させ、有機物を好気性分解する。
　基本構造は、生物膜を付着させる接触材、酸素供給と汚水攪拌のためのばっ気装置、肥大化生物膜の剥離のための逆洗装置、剥離汚泥の沈殿分離槽への移送装置または自然移送できる構造からなっている。

③ **沈殿槽**（sedimentation tank）：
　主に重力沈降による固液分離により、きれいな上澄水を消毒槽に移送する。

④ **消毒槽**（disinfection tank）：
　浄化された処理水は、放流前に消毒される。薬剤筒に亜塩素酸カルシウムまたは塩化イソシアヌールの錠剤を充填してばっ気槽からの越流水に薬剤を接触させ、消毒槽

表9・6　浄化槽の構造基準（昭和55年7月14日建設省告示第1292号の概要）

告示区分		処理性能				処理方式	処理対象人員 5　50 100 200　500　2,000　5,000	第12に定めるBOD以外の水質項目の処理性能				
		BOD除去率（％）以上	ミリグラムBOD濃度（リットルにつき1）以下	ミリグラムCOD濃度（リットルにつき1）以下	ミリグラムT-N濃度（リットルにつき1）以下	ミリグラムT-リン濃度（リットルにつき1）以下		COD (mg/L)	SS (mg/L)	n-Hex (mg/L)	pH	大腸菌群数（個/㎤）
第1	合併	90	20	—	— (20)	—	分離接触ばっ気 嫌気ろ床接触ばっ気 脱窒ろ床接触ばっ気	▬▬ ▬▬ ▬▬	—	—	—	—	—
第2※	合併	70	60	—	—	—	回転板接触 接触ばっ気 散水ろ床 長時間ばっ気	▬▬▬▬▬▬	60以下	70以下	20以下	5.8～8.6	3,000以下
第3※	合併	85	30	—	—	—	回転板接触 接触ばっ気 散水ろ床 長時間ばっ気 標準活性汚泥	▬▬▬▬▬▬	45以下	60以下	20以下	5.8～8.6	3,000以下
第4	単独	55	120	—	—	—	腐敗槽	▬▬	—	—	—	—	—
第5	単独	SS除去率55％以上	SS除去率につき250ミリグラムリットル以下				地下浸透	▬▬					
第6	合併	—	20	—	—	—	回転板接触 接触ばっ気 散水濾床 長時間ばっ気 標準活性汚泥	▬▬▬▬▬▬	30以下	50以下	20以下	5.8～8.6	3,000以下
第7	合併	—	10	—	—	—	接触ばっ気・ろ過 凝集分離	▬▬▬▬▬▬▬	15以下	15以下	20以下	5.8～8.6	3,000以下
第8	合併	—	10	10	—	—	接触ばっ気・活性炭吸着 凝集分離・活性炭吸着	▬▬▬▬▬▬▬	10以下	10以下	20以下	5.8～8.6	3,000以下
第9☆	合併	—	10	—	20	1	硝化液循環活性汚泥 三次処理脱窒・脱燐	▬▬▬▬▬▬▬	15以下	15以下	20以下	5.8～8.6	3,000以下
第10☆	合併	—	10	—	15	—	硝化液循環活性汚泥 三次処理脱窒・脱燐	▬▬▬▬▬▬▬	15以下	15以下	20以下	5.8～8.6	3,000以下
第11☆	合併	—	10	—	10	1	硝化液循環活性汚泥 三次処理脱窒・脱燐	▬▬▬▬▬▬▬	15以下	15以下	20以下	5.8～8.6	3,000以下

・☆第9、第10、第11の硝化液循環活性汚泥方式においては日平均汚水量が10㎥以上の場合に限る。
・第1、第6、第7、第8、第9、第10又は第11のBOD除去率及び濃度は、昭和55年建設省告示第1292号（最終改正平成18年国交省告示第154号）（資料編p.4参照）の改正により、環境省関係浄化槽法施行規則第1条の2に規定する放流水の水質の技術上の基準に適合するとされ、同省令に規定する数値を表す。
・第1の（　）内の数値は、建設省住宅局建築指導課長通達（平成8年3月29日住指発第135号（p.133 6.1.1.1 通達⑱）及び平成12年6月1日 住指発第682号（p.137 6.1.1.1 通達㉔参照）によるものである。
・※第2、第3については、昭和55年建設省告示第1292号の平成18年改正により削除されたが、参考のため掲載。

表9・7 浄化槽構造方法のフローシート

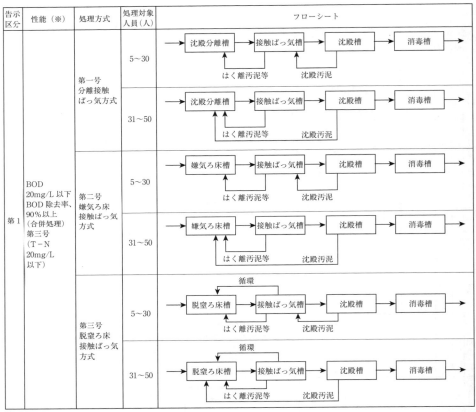

・※（　）内の数値は、建設省住宅局建築指導課長通達（平成8年3月29日住指発第135号、平成12年6月1日住指発第682号）によるものである。

に滞留させて放流する。

⑤ **嫌気ろ床槽**（anaerobic filter bed tank）：

分離槽にろ材を設置した嫌気ろ床槽は、2室以上で構成され、槽の有効容積に対するろ材充填率は第1室でおよそ40%、第2室でおよそ60%となっている。

⑥ **脱窒ろ床槽**（denitrification filter bed tank）：

浮遊物を取り除き有機物を分解するとともに、接触ばっ気槽の水を当水槽へ送り返し窒素の除去を行っている。

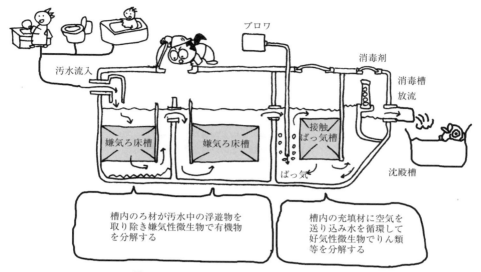

図9・8　BOD除去型（嫌気ろ床接触ばっ気方式）

（2）大臣認定型（性能評価型）

　性能評価型浄化槽では、総容量が構造例示型よりも小さいもの、高度な窒素やリンの除去能力を有するもの、膜分離により高度にBODを除去するもの、等が実用化・認定され、特徴として①流量調整機能を有する、②沈殿分離槽・嫌気ろ床槽・脱窒ろ床槽、接触ばっ気槽や沈殿槽が構造例示型と異なる、③ブロアやポンプに自動制御装置を付設する等がある。

1）浄化槽構の構造

　浄化槽は単位装置を組合せて処理を行うが、汚水の処理段階では一次処理装置、二次処理装置、消毒装置、機能を補う付帯装置などで構成されており、組合せの例を表9・8に示す。

表9・8 小型浄化槽（性能評価型）における装置の構成例

	単位装置の組合せなど
一次処理装置	嫌気ろ床槽（第1室、第2室） 夾雑物除去槽（固液分離槽）と嫌気ろ床槽 沈殿分離槽（汚泥貯留部含む）と嫌気ろ床槽 汚泥貯留槽と予備ろ過槽（嫌気ろ床槽）
二次処理装置	接触ばっ気槽と沈殿槽 生物ろ過槽と処理水槽 担体流動槽と沈殿槽 担体流動槽と生物ろ過槽と処理水槽 接触ばっ気槽と生物ろ過槽と処理水槽 担体流動槽と接触ばっ気槽と沈殿槽 接触ろ床槽と処理水槽 膜分離活性汚泥槽
付帯装置	流量調整（ピークカット）装置 循環装置 自動逆洗装置

2）浄化槽の処置方式

大臣認定型（性能評価型）の処置方式には、総容量が構造例示型よりも小さい以下のような方式がある。

① 担体流動生物ろ過方式（carrier flow biological filtration system）
② 膜分離により高度にBODを除去する膜分離活性汚泥方式（activated sludge process with membrane separation）
③ 高度な窒素やリンの除去能力を有するリン除去脱窒ろ床ばっ気方式（method plus phosphorus removal device in contact filter bed method）
④ 接触ろ床方式（contant bed process）
⑤ 嫌気ろ床担体流動循環ろ過方式（anaerobic filter bed carrier fluid circulating filtration method）
⑥ 凝集剤添加型膜分離活性汚泥方式（flocculant type membrane separation activated sludge method）

等が実用化・認定されている。また、派生型として、**高濃度対応型（ディスポーザ汚泥対応型**や主に屎尿汚水のみの流入対応型、窒素、リン、CODに性能値をもつ処理方式）のものもある。

なお、処理方式の名称は各製造メーカーが独自に定めているため、上記の名称とは必ず

第9話　浄化槽設備工事

しも一致していない。

　ここに、**性能評価型**の浄化槽容量一覧表を表9・9に参考に示すが、詳細は**公益社団法人徳島県環境技術センター《参考資料》11～50人槽・メーカー別浄化槽容量表**を参照されたい。

表9・9　浄化槽容量一覧表性能評価型

機種名	処理方式	人槽	嫌気ろ床槽1室（全量）	嫌気ろ床槽2室（適正量）	清掃基本引抜量	担体流動槽	担体ろ過槽	処理水槽	消毒槽	総容量
HC-B型	ピークカット流量調整型嫌気ろ床担体流動ろ過循環（性能評価型）	14	2.542	1.771	4.313	0.489	0.112	0.86	0.03	5.804
		18	2.981	2.15	5.131	0.965	0.15	1.292	0.063	7.601
		21	3.571	2.15	5.721	1.107	0.15	1.292	0.063	8.333
		25	3.812	2.754	6.566	1.308	0.15	1.292	0.063	9.379
		30	4.746	2.754	7.5	1.593	0.15	1.292	0.063	10.598
HC-A型	ピークカット流量調整型嫌気ろ床担体流動ろ過循環（性能評価型）	人槽	嫌気ろ床槽1室（全量）	嫌気ろ床槽2室（適正量）	清掃基本引抜量	担体流動槽（必要なし）	担体ろ過槽（必要なし）	処理水槽（必要時）	消毒槽	総容量
		35	5.695	2.83	8.525	1.868	0.253	1.371	0.105	12.122
		40	6.346	3.17	9.516	2.123	0.253	1.371	0.105	13.368
		45	6.998	3.51	10.508	2.377	0.253	1.371	0.105	14.614
		50	7.677	3.849	11.526	2.66	0.253	1.371	0.105	15.915
KXU型	担体流動浮上ろ過（性能評価型）	人槽	嫌気ろ床槽（全量）	嫌気ろ床槽（適正量）	清掃基本引抜量	担体流動槽（必要なし）	担体ろ過槽（必要なし）	消毒槽	総容量	
		35	3.06	4.65	7.71	1.81	1.87	0.11	11.5	
		40	3.44	5.15	8.59	2.08	1.87	0.11	12.65	
		45	3.81	5.7	9.51	2.32	1.87	0.11	13.81	
		50	4.15	6.24	10.39	2.55	1.87	0.11	14.92	
HCZ型	担体流動循環（性能評価型）	人槽	夾雑物除去槽	嫌気ろ床槽	清掃基本引抜量	担体流動槽	沈殿槽	消毒槽	総容量	
		12	1.576	1.58	3.156	0.727	0.384	0.03	4.297	
		14	1.576	1.58	3.156	0.727	0.384	0.03	4.287	
		15	2.366	2.372	4.738	1.082	0.481	0.044	6.345	
		16	2.366	2.372	4.738	1.082	0.481	0.044	6.345	
		18	2.366	2.372	4.738	1.082	0.481	0.044	6.345	
		20	2.366	2.372	4.738	1.082	0.481	0.044	6.345	
		21	2.366	2.372	4.738	1.082	0.481	0.044	6.345	
		25	2.839	2.818	5.657	1.284	0.737	0.078	7.756	
		30	3.395	3.38	6.775	1.542	0.737	0.078	9.132	
		35	3.94	3.951	7.891	1.804	0.737	0.078	10.51	
		40	4.503	4.509	9.012	2.054	1.046	0.105	12.217	
		45	5.076	5.067	10.143	2.312	1.046	0.105	13.606	
		50	5.626	5.626	11.252	2.57	1.046	0.105	14.973	

217

3）代表的な処置方式

ここで、大臣認定型（性能評価型）の代表的な処置方式である、**担体流動生物ろ過方式**、**膜分離活性汚泥方式**および**リン除去脱窒ろ床ばっ気方式**について、以下に解説しておく。

① **担体流動生物ろ過方式**（carrier flow biological filtration system）：

夾雑物除去槽と**嫌気ろ床槽**と**担体流動生物ろ過槽**により汚れを分解し、消毒後に放流している。担体流動生物ろ過方式における各槽の機能を以下に示す。

- 夾雑物除去槽（contaminant removal tank）：

  汚水中の大きな固形物や油脂などの固液分離を分離する。

- 嫌気ろ床槽（anaerobic filter bed tank）：

  ろ材が充填されており、汚水がろ材を通過する際に、固形物の分離と嫌気性微生物の働きにより有機物が嫌気分解する。

- 担体流動生物ろ過槽（carrier flow biological filtration tank）：

  上部の好気部と下部の嫌気部に分かれている。好気部では常時散気が行われ、充填された担体（ろ過材）に付着した微生物の働きにより、汚水中の有機物の分解、除去をおこなう。ろ過部では担体（ろ過材）によりSS（浮遊物質）のろ過を行う。

図9・9に担体流動生物ろ過方式のフローを示す。

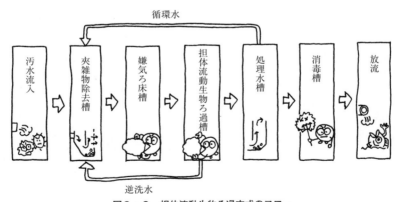

図9・9　担体流動生物ろ過方式のフロー

② **膜分離活性汚泥方式**(activated sludge process with membrane separation):

汚泥と処理水を分離し、従来の沈殿池に代えて**精密ろ過膜**(MF膜:microfiltration diaphragm)または**限外ろ過膜**(UF膜:ultrafiltration diaphragm)により高度にBODを除去する。沈殿槽が不要になるので施設がコンパクトになるなどのメリットがある。

しかし、膜のコストは高い、定期的な膜の洗浄(薬液洗浄)や交換が必要、ばっ気槽の挙動が安定しにくく発泡しやすい等のデメリットもある。図9・10に膜分離活性汚泥方式のフローを示す。

処理対象人員51～500人

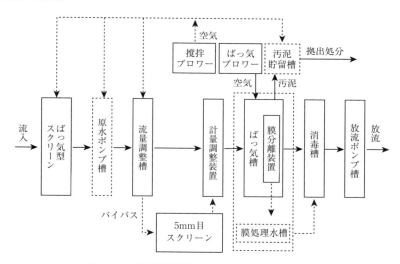

図9・10　膜分離活性汚泥方式のフロー

③ **リン除去脱窒ろ床ばっ気方式**(method plus phosphorus removal device in contact filter bed method):

全排水中に占めるし尿系の割合によって汚濁物質の濃度は大きく異なるが、特に工場・事業場系は、生活雑排水(浴室・洗濯・台所からの排水)が少なく、トイレ・洗面からの排水が中心となり、窒素・リンの濃度は高く負荷量も多い。

リンと脱窒の一例としては、**リン除去**については鉄電解法により3価の鉄イオン(Fe^{3+})と水中のリン酸イオン(PO_4^{3-})と反応し、リン酸鉄($FePO_4$)の沈殿物として除去している。

また、**脱窒**については微生物の働きを利用した**硝化液循環方式**で窒素ガス（N_2またはN_2O）にして放出除去している。

図9・11に高度な窒素やリンの除去能力を有するリン除去脱窒ろ床ばっ気方式のフローを示す。

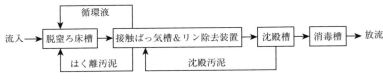

図9・11　リン除去脱窒ろ床ばっ気方式のフロー

9・8　浄化槽設置の事例

浄化槽の設置時の手続き、規定、保守管理、補助金の制度および設置事例について以下の(1)～(5)に示すことにする。

(1) 浄化槽設置時の手続き

住宅の新築の場合は、建築確認申請書を建築主事に提出する時に**浄化槽設置届**を添付する。改造設置の場合は、保健所または役所の担当窓口等に**浄化槽設置届**を提出する。

(2) 浄化槽設置時の規定

浄化槽は、国土交通大臣が定めた構造方法を用いるものか、国土交通大臣の認定を受けたものでなければ設置はできない。

【知っておきたい豆知識】

浄化槽設備士（johkasou installation worker）：
浄化槽工事を実地に監督するのに必要な浄化槽法に基づく国家資格を有する者。ただし、**浄化槽管理士**（johkasou operator）は、浄化槽の保守点検の業務に従事し、浄化槽管理者より委託されて水質汚濁防止のため、浄化槽の保守・点検を行う浄化槽法に基づく国家資格を有する者。
ちなみに**浄化槽工事業者**（johkasou constructor）は、営業所ごとに**浄化槽設備士**を置き、技術上の基準に則り浄化槽工事を実地に監督させなければならない。

（3）浄化槽設置後の保守管理

浄化槽の保守点検は、**浄化槽管理者**（普通は設置者）が技術上の基準に従って行なう。通常は、設置者が専門の保守点検業者に保守点検を、清掃業者に清掃を依頼している。専門の保守点検業者は、**浄化槽管理士**のいる登録店で、清掃業者は許可業者であることが必要である。

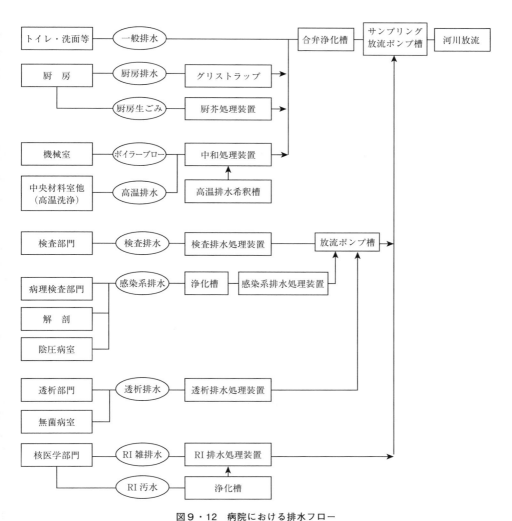

図9・12　病院における排水フロー

(4) 浄化槽設置時の補助金制度

浄化槽の設置に際しては、国と都道府県が市町村に補助金を出し、市町村が浄化槽を設置者（工事業者ではない）に補助金を出す**補助金制度**があり、必要な手続きをとれば補助金の交付を受けることができる。また、浄化槽設置住宅に対する住宅金融公庫融資では、**特別融資加算制度**の対象になっている。

なお、補助金制度を申請する際には、市町村のより浄化槽の大きさにより金額に違いがあることと、年度末には締め切られることもあるので留意しておきたい。

(5) 浄化槽設置の事例

浄化槽の設置事例として、**病院における排水フロー**を図9・12に示す。病院からの排水では、排水系統は多岐にわたり、病院排水系統毎に排水基準に合致した装置・排水槽にて、以下の①～⑤により排水処理後、公共用水域へ放流することになる。

① 一般系統、厨房系統（厨房排水：グリストラップ、厨芥生ごみ：厨芥処理装置）、機械室系統（ボイラーブロー水：中和処理装置）、中央材料室ほか高温洗浄系統（高温排水：高温排水希釈槽経由後、中和処理装置）は、合併処理浄化槽からサンプリング放流ポンプ槽へ排水する。

② 検査部門系統（検査排水：検査排水処理装置）経由後に放流ポンプ槽からサンプリング放流ポンプ槽へ排水する。

③ 病理検査部門・解剖部門・陰圧病室系統（感染系排水：浄化槽経由後、感染系排水処理装置経由後に放流ポンプ槽からサンプリング放流ポンプ槽へ排水する。

④ 透析部門・無菌病室系統（透析排水：透析排水処理装置）経由後に放流ポンプ槽からサンプリング放流ポンプ槽へ排水する。

⑤ 核医学部門系統（RI雑排水：RI排水処理装置、RI汚水：浄化槽経由後にRI排水処理装置）からサンプリング放流ポンプ槽へ排水する。

いずれもサンプリング放流ポンプ槽から公共用水域へ放流している。

第10話　消火設備工事

　昔の人は、怖いものの例えとして、よく"**地震・雷・火事・おやじ**"などと言っていたが、主として**木材**と**紙**で造られていた**日本の家屋**は、火事に対しては全くの無防備であった。また、自嘲的に"**火事と喧嘩は江戸の華**"とも言われることもあったが、265年間続いた江戸時代（1603～1868）だけでも、江戸では100回以上の**大火事**があり、江戸の中心部は2～3年に一度**大火事**に見舞われ、現在日本の道路の**基点**となっている**日本橋**は、10回も焼け落ちたと言われている。

　特に、1657年（明暦3年）に起きた**振袖火事**と呼ばれる**明暦の大火**では、江戸の町のほとんどを焼き尽くしてしまった由。

　これが契機（トリガー）となって、幕府が組織したのが**定火消し**という**消防組織**で、現在の**消防署**の原点ともなっているのである。火事になると屋根の上で**纏（まとい）**を振り回す姿で有名な**町火消し**が組織されたのは、1719年（享保4年）になってからのことだという。**町火消し**は**いろは48組**に分かれた総勢512人の**消防隊（firefighting party）**で、手押しポンプの**竜吐水**・**はしご**・**鳶口**・**大のこ**などの道具が、主な**消火用具**であった。

　しかしながら、**竜吐水**といっても水を撒く程度の威力しかなく、火災が広がらないように**風下の可燃物**、すなわち家屋を取り壊す**破壊消防**であった。

図10・1　江戸の町火消しと纏

第10話　消火設備工事

図10・2　江戸時代の消防ポンプ：竜吐水

10・1　消火設備工事とは？

　消防設備工事（fire extinguishing system works） とは、火災時に**消火**の役割を果たすために設置される**機器・装置**および**器具**の総称のことで、**水バケツ・砂袋**も**消火設備**の範疇に入る。

　しかしながら、**初期消火**にのみ役立つ**消火器**および**簡易消火器**を除き、**初期消火**の段階を超えた火災に対しても有効に対応して**火災**を制圧する能力と**類焼の防止**の役割を具備した設備を指すのが一般的である。

　なお、以降で述べる**各消火設備**は、**消防関係法令（Fire Service Laws）** によって**消防設備細目**についての規定があり、それに従って**適応火災**も制限され、**技術上の基準**などが定められている。

10・2　火災発生の条件・種類および進行プロセス

（1）火災の発生する三つの条件

　今更言うまでもないが、**火災は物が燃焼（combustion）** することによって発生する。**燃焼**とは、急激で大きな**酸化反応（oxidation reaction）** のことで、**酸化反応**に伴う**反応熱**が大きいために**発光現象**を伴う。さらに、瞬間的な燃焼は、強い光や音を伴った衝撃的な

圧力を発生する**爆発(explosion)**となる。そして、物が燃焼する、すなわち火災が起こるには、下記の三つの条件が必要となる。
① **酸化されやすいもの**が存在すること。
② **酸素(空気)**があること。
③ **酸化反応**を起こすのに不可欠な**熱エネルギー**があること。

きわめて当然のことであるが、換言すると**消火設備**とは、この三つの条件を取り除くために考えられた設備のことなのである。

図10・3　火災の起こる三つの条件

(2) 火災の種類

一口に**火災**と言っても、いろいろな種類があり、図10・4に示すように、以下の五つに分類されている。

① **A火災**：**普通火災**・**一般火災**とも呼ばれるが、木材・紙などの**一般可燃物**による火災。
② **B火災**：**油火災**とも呼ばれ、**石油類**その他の**可燃性液体**・**油脂類**が燃える火災。
注：ガソリンは、消防法の危険物第4類、第1石油類で、指定数量200Lと規定されて

おり、ガソリン火災は重大火災の一つである。2019年7月18日、放火により発生した京都アニメーションビルの火災では、死者35名、負傷者33名という痛ましい事件となった。

③　**C火災**：**電気火災**とも呼ばれ、電気が通じていて感電（electric shock）のおそれがある**電気施設**などで生じる火災。

④　**D火災**：**金属火災**と呼もばれ、**マグネシウム（Mg）・ナトリウム（Na）・カリウム（K）**などの**金属酸化反応**による火災。

⑤　**ガス火災**：**都市ガス・プロパンガス**の爆発に伴う火災。

図10・4　五種類の火災の分類

（3）火災の進行

プロセス火災は、まず**出火源**があり、それが成長して**周辺の可燃物・内装材料**に燃え移り、**垂直方向**または天井面では**水平方向**に伝わり拡大する傾向がみられる。この時期、すなわち火災のごく初期は、可燃物が**熱分解・蒸発・酸化反応**を起こしている状態で、温度も低く**不完全燃焼状態**である。

この可燃物の**熱分解**によって発生した**可燃ガス**などが室内上部に蓄積され、燃焼の拡大と共に増大していく。この蓄積された**可燃ガスの量**が**不完全燃焼**の限界に達し、室内にある空気やガラスの破損などによって室内に侵入した空気により、燃焼に必要な条件が満た

されると、一瞬にして室全体は炎に包まれる状態になる。この現象を**フラッシュ・オーバー**（flash-over）と呼び、**初期火災**の状態からこの時期までを**火災成長期**と呼んでいる。

この**フラッシュ・オーバー**が起きると、その場所では人は生存できないので、**出火**から**火災成長期**までの時間は、避難に必要な重要な時期を意味する。

フラッシュ・オーバーが発生してからしばらくの間に、火勢が最も強い**最盛期**に入る。この**最盛期**には、火炎の中で温度は最高となり、**熱・煙・有害ガス**などの放出量も最大となる。この最盛期の温度や持続時間を支配するものは**火災荷重（単位面積当たりの可燃物の重量：kg/m²）**や開口部の面積・高さ、室内の表面積、周壁の熱定数などであると言われている。**最盛期**が終わり火の勢いが衰え始めると、火災は**減衰期**に入り、室内の見通しもきくようになって、ついに床上の**堆積物**が火のように燃え続けて**鎮火**することになる。

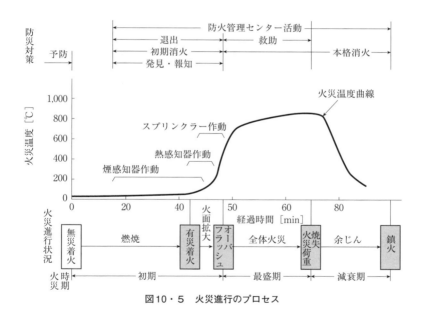

図10・5　火災進行のプロセス

10・3　消火の方法

火を消す方法は、既述の**火災の起きる三つの条件**を排除することである。

①の酸化されされやすい物体があるという条件に対しては、火災が起こる前であれば、**可燃物**を除去することになる。しかし、これはあくまで**防火（予防措置）**の話になる。

第10話　消火設備工事

　一旦火災が発生後は、**可燃物**の**排除作業**はなかなか困難である。したがって、②の**酸素（空気）**があることに対しては、**酸素（空気）**を遮断することが最も効果がある。この消火方法を**窒息消火**と呼んでいる。

　また**触媒作用**として、**消火剤（extiguishant）**により可燃物の**分子結合**を遮断し、**燃焼の継続**を不能とする消火方法もある。

　一方、③の**酸化反応**を起こすのに**必要なエネルギー**があるという条件に対しては、**燃焼物温度**を発火点以下に下げればよいことになり、この消火方法を**冷却消火**と呼んでいる。

　ちなみに、実際の消火方法としては、**窒息消火法・冷却消火法・窒息・冷却併用消火法**などを採用し、火災の種類によっては最も効果的な**消火剤**が投入される。

　窒息消火は**消火剤**によって燃焼物を覆い、空気を遮断して消火する方法で、**冷却消火**は**消火時**が熱せられて蒸発する時に**熱を奪う作用（気化熱）**を利用して、燃焼物の温度を**発火点以下**に下げることにより消火を行う方法である。一般に、A火災は水による**冷却作用**で、B火災は、水噴霧・泡・不活性ガス・ハロゲン化物・粉末による**窒息作用**および**冷却作用**で、C火災は、水噴霧・不活性ガス・ハロゲン化物・粉末による**窒息作用**および**冷却作用**により消火を行う。

【技術用語解説】

酸素濃度が人体・燃焼に及ぼす影響
　人間が生命を維持していくのに不可欠な**酸素濃度**は21％で、濃度：18％以下の空気を**酸素欠乏（酸欠）空気**と呼んでいる。この酸素濃度は、19％に低下すると**不完全燃焼**が始まり、**一酸化炭素（CO）**が発生し、15％に低下すると消火すると言われている。酸素濃度がこの程度になると、**脈拍（pulse）**や**呼吸数（respiration times）**が増え、**大脳機能が低下**する。さらに、10％以下になると**意識不明（unconscious in a coma）**になり、約6％以下になると数分間で**昏睡死亡（death in coma）**すると言われている。

図10・6　酸素濃度が人体・燃焼に及ぼす影響

10・4　消火設備の種類

　消火設備にも様々な種類があり、消防法第17条で、**消防の用に供する設備・消防用水・消火活動上必要な施設**が規定されている。またさらに、消防法施行令29条の四では、**必要とされる防火安全性能を有する消防用の設備等**が規定されている。

　この内**消防用の設備**には、**消火設備・警報設備・避難設備**の三つがあり、**消火設備**については、水その他の消火剤を使用して行う**機械器具**および**設備**として下記の設備が規定されている。（消防法施行令第7条）

① 消火器およびバケツ・水槽・乾燥砂・膨張ひる石および膨張真珠岩などの簡易消火用具
② 屋内消火栓設備
③ スプリンクラー設備
④ 水噴霧消火設備
⑤ 泡消火設備
⑥ 不活性ガス消火設備
⑦ ハロゲン化物消火設備
⑧ 粉末消火設備
⑨ 屋外消火設備
⑩ 動力消防ポンプ設備

【技術用語解説】

　消火器の構造：消火器の本体は、**鋼板製**または**ステンレス鋼板製**であり、本体内部に**消火剤**を送り出す**サイフォン管**(持たないものもある)、外部には**ノズル・ホース・レバー・安全栓**、その他蓄圧式消火器にあっては**圧力計**が取り付けられている。

　また、上記の**消火設備**の他に**消火活動上必要な施設**として、下記の四つの設備がある。
① 排煙設備
② 連結散水設備
③ 連結送水管
④ 非常用コンセントおよび無線通信補助設備

第10話　消火設備工事

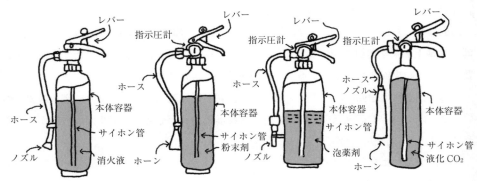

図10・7　各種消火器の断面図

【知っておきたい豆知識】

排煙設備の位置づけ：排煙設備は、**屋内消火栓設備**や**スプリンクラー設備**などのような**消防の用に供する設備**でなく、**連結送水管設備・非常用コンセント設備**などと同様に、あくまで**消火活動上必要な設備**の一つであることに注意！

さらに、**必要とされる防火安全性能を有する消防用の設備等**には、下記の四つがある。

① 　パッケージ型消火設備

② 　パッケージ型自動消火設備

③ 　共同住宅用スプリンクラー設備

④ 　共同住宅用連結送水管

これらのうち、**消火設備・連結散水設備・連結送水管**の三つをまとめて、**消火設備**と呼んでいる。いずれにしても、消火設備は**防災の基本精神**である**人命の尊重**と**財産の保護**をするための有力な設備であり、数ある**防災設備**の中で**火を消す唯一の手段**である。

この意味から、各消防設備には、耐震上の有効な措置を講じておく必要がある。

なお、消防法では**消防設備士**（qualified engineers for firefighting facilities）という資格が定められていて、消防設備の**工事**や**整備**は、**消防設備士**が行うことが規定されているので、無資格者が手を出すことはできない。

第10話　消火設備工事

> 【知っておきたい豆知識】
> **消防設備士**
> 　消防設備士には、**甲種消防設備士（特類、第1類から第5類まで）** と**乙種消防設備士（第1類から第7類まで）** がある。
> 　ちなみに、**甲種消防設備士**は消防設備の**工事**および**整備**をすることができるが、**乙種消防設備士**は、消防設備の**整備**にしか従事することができない。

10・5　水を使用する消火設備

　消火設備は、**水を使用する消火設備とガスを使用する消火設備に大別できる。水を使用する消火設備**にも数多くの種類があるが、**消火ポンプ**や**消防用水源容量**などが、**消防法の技術基準**で詳細に決められている。

　したがって、ここではまず**水を使用する消火設備**について紹介することにする。

（1）屋内消火栓設備

　屋内消火栓設備は、消火設備の中で最も親しみやすい消火設備である。平素から人目に付きやすく使い易いように、**廊下の壁面**に**消火栓弁**およびこの弁に接続する**ホース**と**ノズル**を収納しておく**消火栓箱**を設置し、**消火ポンプ**などの**加圧送水装置**からの配管に接続した設備である。

　屋内消火栓設備は、火災を発生した場合、**ノズル**が付いた**消火ホース**を**消火栓箱**から引き出し、**ノズル**より加圧水を**燃焼物**の上に放水して、水の冷却作用によって消火作業を行うものである。なお、**屋内消火設備**には、**1号消火栓**と**2号消火栓**の2種類があり、その**性能**と**操作性**に違いがある。

◇**1号消火栓**：1号消火栓は、消火栓から**半径：25m以内**の範囲の消火を行うもので、火元近くまで**ホース**を延ばして**消火ポンプ**の**起動ボタン**を押して、**消火栓弁**を開けて放水するためどうしても二人で操作する必要がある。

　しかしながら、1号消火栓は水圧が高く、訓練を受けた人でないと扱うのが難しく、老人や女性が操作することは無理と考えたほうがよい。ちなみに、最近では1人で操作できる**易操作性1号消火栓**も使われるようになっている。

◇**2号消火栓**：2号消火栓は、1人でも操作できるように考えられた**消火栓**で、**範囲：15m以内**の範囲をカバーする消火栓である。

なお、**消防法**では、工場・作業所・倉庫・指定可燃物の貯蔵および取扱所の一部は、**1号消火栓**に限るとなっているが、上記以外の**防火対象物**は、原則として1号消火栓でも2号消火栓でもよいことになっている。

しかし、**屋内消火栓設備**は、火災発生直後に使用する設備なので、消防署では**老人福祉施設**や**宿泊施設**などでは、操作の容易な**2号消火栓**を設置することが望ましいとしている。ちなみに、2013年（平成25年1）の**消防法改正**により、**広範囲型2号消火栓**という規格が追加された。

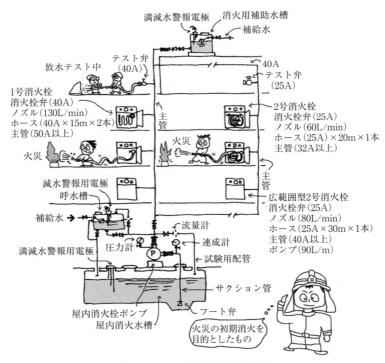

図10・8　屋内消火栓設備の系統図

（2）屋外消火栓設備

屋外消火栓設備は、建物の**1階部分**および**2階部分**の火災を外部から消火しようとする**消火設備**である。既述の**屋内消火栓設備**と同様に、放水による**冷却作用**で火災を抑制し消

火する設備で、**屋外消火栓ポンプ**からの配管を接続した**屋外消火栓弁**を、建物周囲の**半径：40m以内**ごとに設置し、その近くに**消火ノズル**付きのホースを内蔵した**屋外消火栓箱**を設置する。

屋外だけに**操作性**もよく、火災の**初期**から**中期**にかけての火災および**延焼防止**に有効な**消防設備**として使われている。

屋外消火栓設備は、図10・9に示すように**水源・加圧送水装置・起動装置・配管・屋外消火栓箱**から構成されている。なお、**屋外消火栓弁**には、**ホース**や**ノズル**と一緒に**屋外消火栓箱**に組込まれたものや、地上に自立する**自立型**や地下の**バルブます**内に収納された**地下式**のものもある。

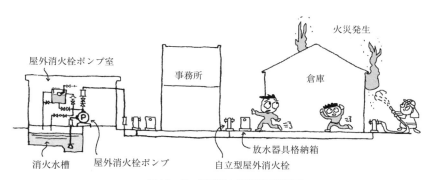

図10・9　屋外消火栓設備の系統図

（3）連結送水管設備

この設備は、消火のために**消防車（fire engine）**で駆け付けた**消防隊（fire brigade）**が使用する設備である。消防車から水を送り込むための**送水口**と建物内に設置した**放水口**を**配管（連結送水管）**で結んだ装置で、**消防車から高圧水を送り込み**、**消防隊員が放水口にホースを連結し、連結送水管**で送られてきた水を放水して消火活動にあたるものである。

この設備は、**高層建築物・無窓建築物**の消火活動を有効に行うための専用設備で、**高層建築・地下街・アーケード**など、**消防車**から**火災現場**までホースを連結し延ばすことが困難な建物に設けるものである。

したがって、**放水口**は火災の時にも**消防隊員**が近寄りやすい**階段室・非常用エレベータロビー**などに設置する。また、11階以上の**放水口**には、**消防隊員**が使用する**消防器具**を

入れた**格納箱**を設置し、また**高さ：70m**を超える建物には、**消防ポンプ車**の水圧では、消火に必要な水を送水することが不可能なので、建物の中間階に別途**加圧ポンプ（booster pump）**を設置することになっている。

送水口は、二つの**ホース接続口**をもった**双口型**で、消防車が近寄りやすい外壁や地上に設置する。過去に、この送水口は**サイアミーズ・コネクション（Siamese connction）**とも呼ばれたこともあるが、**差別語**であるという理由で、現在ではこの呼称は使用されていない。

なお、**連結送水管**は、**屋内消火栓設備**の消火管や消火栓箱を兼用する場合もある。**放水口**は、一般の建物では**3階以上**の階ごとに、地下街では**地階の放水口**を中心として**半径：50m（アーケードでは、半径：25m）**の距離で、建物の各部分が包含される位置の階段室、またはそれから**5m以内**の場所に設置する。

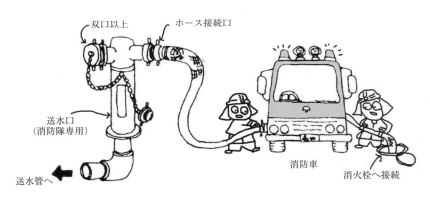

図10・10　連結送水管設備用の送水口

（4）スプリンクラー消火設備

今まで紹介してきた消火設備は、人の手で操作する**手動的な消火設備**であったが、夜間や建物内が無人の時の場合の火災には対処できない。

これに対し**スプリンクラー消火設備**は、たとえ建物内が無人であっても火災が発生すれば自動的に放水するので、**一般可燃物**による火災に対しては最も有効で、信頼性のある消火設備である。

なお、最近では、**共同住宅用**のスプリンクラー消火設備が**消防法**で定められている。**スプリンクラー設備**は、水を噴出するスプリンクラーヘッドの**形状・能力**により**閉鎖型・開放型・放水型**の3種類に大別され、その方式にも**湿式・乾式・予作動式**の3方式がある。

◇**閉鎖型スプリンクラーヘッド**：このヘッドは、放水口が常時閉じていて、火災の熱によって放水口を抑えている**ヒューズ**が溶解して、放水口が開き放水するヘッドである。

　ちなみに、一般のビルに設置されているものは**閉鎖型ヘッド**である。

◇**開放型スプリンクラーヘッド**：このヘッドは、放水口が常時開いているもので、**劇場の舞台**などに設置されているものである。

◇**放水型スプリンクラーヘッド**：通常のヘッドでは、効果的に火災を感知して消火することが困難な、**天井高が10m（デパートは6m）**を超えるような部分、例えば**ドーム球場**や高層建物の**吹抜け（アトリウム）**などに設置されている。

1）閉鎖型スプリンクラー消火設備

最も代表的な**スプリンクラー消火設備**で、**スプリンクラーヘッド**が熱を感知・開放して、天井面から雨のように散水して、水の**冷却効果**によって消火する設備である。なお、**作動方式**として**湿式**と**予作動式**が使われている。

◇**湿式**：**スプリンクラー消火ポンプ（加圧送水装置）**からスプリンクラーヘッドまでの配管内は**常時満水状態**になっていて、火災になりヘッドが開放されて水が流れると、**水の流れ**を検知して**警報（アラーム）**を発すると同時に、ポンプが作動して水を放水する仕組みになっている。なお、水の流れを検知して警報を発する**流水検知装置**としては、**湿式アラーム弁**を採用する。

◇**予作動式**：予作動式は、**誤作動（error action）**で放水された場合に、**多大な損害（水損被害など）**を被る恐れのある**コンピュータ室**や**クリーンルーム（Clean Room）**などの**特殊な部屋**に適用されている。

　対象となる部屋（放水区域）の天井に**閉鎖型ヘッド**と**熱感知器**を設置して、その系統の配管には**熱感知器**からの信号で開く**予作動弁（pre-action valve）**が設置されている。そして、**ポンプ**から**予作動弁**までの配管は、**湿式**と同様**常時満水状態**になっており、**予作動弁**から**ヘッド**までの配管には**圧縮空気**が充填されている。

　熱感知器が、火災を感知すると、**予作動弁**が開き、水はヘッドまでいきわたるが、

第10話　消火設備工事

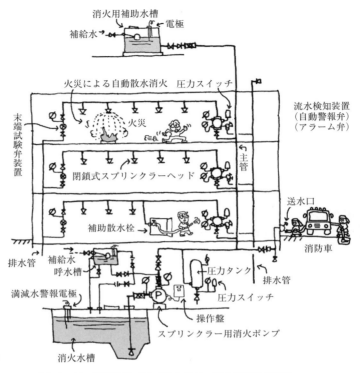

図10・11　閉鎖型湿式スプリンクラー消火設備の系統図

実際に火災でなければ、**ヘッド**は開放していないため放水はされない。

つまり、**熱感知器**と**閉鎖型ヘッド**の二つによって、火災の有無を事前に判断することにより**水損事故**を防ぐ仕組みになっている。

なお、天井面に設置する**スプリンクラーヘッド（標準ヘッドという）**は、**消火対象部分全域**に散水されるように、**建物用途**や**ヘッドの種類**によって、**設置間隔**が**消防法**で定められている。ただし、**便所・階段・浴室・手術室・レントゲン室**などは、**補助散水栓**を設置することによって**スプリンクラーヘッド**の設置が免除される。ちなみに、**補助水栓**とは、**スプリンクラー消火配管**から分岐して、**2号消火栓**を設置するものである。

第10話 消火設備工事

【技術用語解説】

散水障害物：
　スプリンクラーヘッドの下方にあって、ヘッドからの散水を妨げる、**幅**または**奥行**が**1.2m以上**の**ダクト**や**棚**のことで、この障害を避けるために、図10・12のような対策を講じる必要がある。

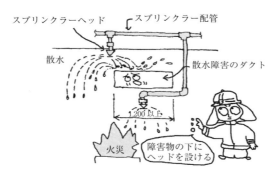

図10・12　スプリンクラーヘッド散水障害物対策

2）開放型スプリンクラー消火設備

　この消火設備は、火災が発生すれば急激に燃え広がると予想される**劇場舞台部**などに設備されている。**消火対象区域（放水区域）**の天井面に、**開放型スプリンクラーヘッド**を設置し、各放水区域ごとの送水管には**一斉開放弁**（deluge valve）を設置して、ポンプから**一斉開放弁**までは**常時満水状態**にしてある。

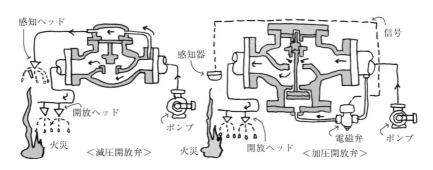

図10・13　予作動弁と一斉開放弁の構造

237

火災が発生した時には、**一斉開放弁**を開放してその区域のすべてのスプリンクラーヘッドから、一斉に放水して消火する消火設備である。

> 【技術用語解説】
> ◇予作動弁 (pre-action valve)
>   一次側に**圧力水**、二次側に**空気**を満たした状態にあり、**熱感知器**などの作動により、弁が開き二次側に放水される機能を有する弁のこと。
> ◇一斉開放弁 (deluge valve)
>   **一斉散水方式**の消火設備の**制御用バルブ**として用いられ、**機械的信号**または**電気信号**で作動する弁のこと。
> ◇ドレンチャ設備 (drencher system)
>   外部からの**延焼** (fire spreading) を防止する目的ために、設置する消防設備で、**一般ビルの開口部・建築物の耐火構造でない部分**あるいは重要文化財である**神社・仏閣**などに数多く使用されている。
>   設備の方式は、**手動開放型**スプリンクラー消火設備とほぼ同様であるが、**手動式**なので**アラーム弁**は設置しないことが多い。なお、**ドレンチャーヘッド**は、開放型であり、その用途に応じ**屋根用・外壁用・窓用・軒用**のヘッドがある。

図10・14　ドレンチャー設備の一例

3) 乾式スプリンクラー消火設備

この設備は冬期に**スプリンクラー配管内**の水が、凍結 (frezing) するのをおそれのある**寒冷地**などで採用される設備である。各放水区域ごとに**乾式弁**が設置されている。**スプリンクラー消火ポンプ**から**乾式弁**までは既述の**湿式**と同様に、常時**ポンプの圧力**で加圧して水を張り、**乾式弁**以降スプリンクラーヘッドまでは**圧縮空気（または窒素ガス）**が充填さ

れている。

　スプリンクラーヘッドが熱を感知して開放されると、配管内の**空気圧**が低下し、**乾式弁**が自動的に開いて、開放した**スプリンクラーヘッド**から散水する設備である。

4）特定施設：水道用直結型スプリンクラー消火設備

　老人短期入所施設・重症心身障害児等の施設では、規模の小さい建物でも**スプリンクラー消火設備**が必要となっている。**水道用直結型スプリンクラー消火設備**には七つの類型があり、小規模の建物において、**給水管**と**主設備**を共用することで、低コストで設置できる消火設備となっている。

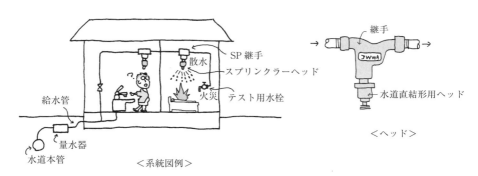

図10・15　特定施設：水道直結型スプリンクラー消火設備の系統図

（5）連結散水消火設備

　この設備は、**消火活動上必要な設備**として**消防隊**が使用する設備である。**地下街**や**地下階**を対象として消火設備で、**地下街**や**地下階**は一端火災が発生すると煙が充満して**消火活動**が困難になるため、地上に設置した**送水口**から**消防ポンプ車**で水を送り、**散水ヘッド**から散水し消火を行うものである。ちなみに、**連結散水消火設備**は**送水口・連結散水管・散水ヘッド・一斉開放弁・選択弁**から構成されている。

第10話　消火設備工事

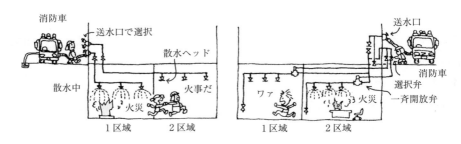

図10・16　連結散水消火設備の系統図

（6）水噴霧消火設備

　水噴霧消火設備は、特殊な水噴霧ヘッドを使って**微細な水滴**を噴霧して消火をするもので、火に噴霧された水滴は瞬時に蒸発して**気化熱**を奪い、**冷却**するとともに、**水蒸気**の膜で火を覆って**窒息消火**する設備である。

　また、**油火災（B火災）**に対しては、**水粒**が油面から強い圧力によって飛び込み、油が攪拌されて水中に散乱し、**不燃性の層（乳化層）**となって油面を覆う**エマルジョン効果**で**窒息消火**を行う。**水噴霧消火設備**は**危険物施設・駐車場**などの火災に適しているが、放水される多量の水の**排水設備**が必要となるため、**駐車場**に設置される例はあまりない。

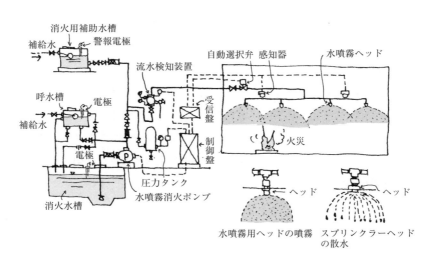

図10・17　水噴霧消火設備の系統図

240

（7）泡消火設備

　この消火設備は**水**と**泡消火剤**を一定の割合で混合し、**特殊なヘッド**から**空気**を混合して**泡（bubble）**を放射することにより、**窒息消火**を行う消火設備である。この消火設備の設置対象は、主として水では消火が困難な**駐車場・飛行機の格納庫・危険物を取扱う施設**などである。

　なお、**泡消火設備**には**固定式**と**移動式**があり、**固定式**は配管部に取り付けた**泡ヘッド**または**泡放出口**により、防火対象物の消火を行うものである。

　一方、**移動式**は**泡ノズル**をホースでに結合して**放射消火**を行うものである。

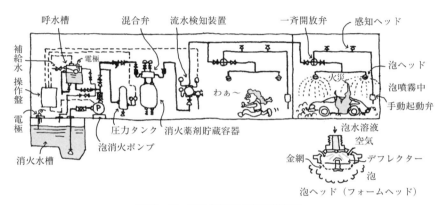

図10・18　固定式泡消火設備の系統図

10・6　ガスを使用する消火設備

　ガスを使用する消火設備は、**不活性ガス消火設備・ハロゲン化物消火設備**および**粉末ガス消火設備**の三種類に大別される。前述の**水を使用する消火設備**の**消火効力**に比べて、**ガスを使用する消火設備**は比較的**短時間**で**高い効果**の消火を行うことが可能で、水をかぶることによる**水損被害**の心配も少ない。

　したがって、**水を使用する消火設備**では消火が困難な**ボイラ室・電気室・通信機室・駐車場**などの消火設備に採用されている。いずれの場合にも、放出する**消火剤（fire extinguishing agents）**の量・放出時間・放出区域の構造・消火剤による**内部圧力上昇防止方法（減圧開口）**・放出後の**燃焼ガス排気方法**など、建築の構造や換気設備について**消防法**で詳細に規定されている。

（1）二酸化炭素消火設備

ボンベに彫像した**二酸化炭素（炭酸ガス：CO_2）** を室内に放出して、室内の炭酸ガス濃度を30％以上とし、同時に室内空気中の酸素濃度を**13％前後**に低下させて、**窒息消火**を行う消火設備である。また、この消火方法は、**二酸化炭素**が気化する際に熱を奪う**冷却効果**もある。**窒息消火**であるので人体への危険性が高く、過去には誤作動による**人身事故（死亡事故）** が発生したこともある。

したがって、**避難警報**を出して室内に人がいないことを確認してから操作するなど**誤作動防止**や**ガス漏れ防止**に細心の注意を払う必要がある。我々が呼吸している空気中には、炭酸ガスが**0.03％** 含まれているが、炭酸ガス濃度が**20％** を超すと死亡すると言われているからである。

ちなみに、**二酸化炭素消火設備**には、火災室全体に炭酸ガスを放出する**全域放出方式**と部分的に放出する**局所放出方式**がある。

◇**全域放出方式**：**火災感知器**により出火を検知し、**サイレン**または**ベル**を鳴らして、出火室内の全員の人を**全員退避**させ、出火室内の**無人**を確認してから**防火シャッタ**と**給排気用ダクトダンパ**を閉じて、出火室内からの**ガス漏洩**がないようにしてから、はじめて**開放弁**用の押しボタンを押して、二酸化炭素を放出する方式である。無人の**立体駐車場**などに採用されている。

◇**局所放出方式**：主として**ボイラバーナ**の部分や**可燃性液体タンク**の防護に採用されている。

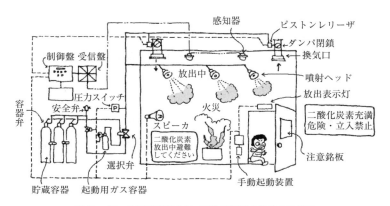

図10・19　全域放出方式の二酸化炭素消火設備の系統図

（2）ハロゲン化物消火設備

ハロゲン化物消火設備は、かつての**アポロ宇宙船内火災事故**により、3名の搭乗員が死亡したことを受け、上述の**二酸化炭素消火設備**のように**窒息消火**ではない、**燃焼化学反応**を抑制する作用により消火する**人間に対する安全性**の高い消火設備として開発された経緯がある。

二酸化炭素消火設備に比べて、**イニシャルコスト（設備費）**は高価であるが、人体に対する安全性が高く、消火に必要な**消火剤の量**が少なくて済むという利点があり、**二酸化炭素消火設備**に代わって長い間使われてきた。

しかしながら、**ハロゲン化合物（ハロン2402・1211・1301）**が大気中の**オゾン層**を破壊する作用が大きい、すなわち**オゾン層破壊係数（ODP）**が大きいことから、その製造・使用が禁止となった。その結果、一部の特別なものを除いて**ハロゲン化物消火設備**は、使用されなくなってきている。

現在では、従来採用されてきた**ハロン系の消火剤**に代わり、オゾン破壊係数（ODP）の少ない、**ハイドロフルオロカーボン（HFC）消火剤**である、トリフルオロメタン（HFC-23）・ヘプタフルオロプロパン（HFC-227ea）・ドデカフルオロ-2-メチルペンタン-3-オン（FK-5-1-12）が使われている。

なお、**地球温暖化係数（GWP）**という観点からみると、**ハロン消火剤・HFC消火剤**はGWPが高く、例えば既述の**FK-5-1-15消火剤**のGWPは1である。

ちなみに、**HFC消火剤**も、消火の際に発生する**フッ化水素（HF）**の量が多いという理由から、**常時人がいない場所**にしか使うことができない。

（3）不活性ガス消火設備

水や**泡**で消火することができない、すべての**防火対象物**に、**二酸化炭素消火設備**を適用することは、**窒息**による人命への危険性があるために、**ハロゲン化物代替消火剤**として、**不活性ガス（イナートガス：inert gas）**による消火設備が新たに開発され、採用されるようになってきた。**消防法**で認められている**不活性ガス消火設備**に用いられる**消火剤**には、従来より認められている**二酸化炭素**に加えて、次のような3種類の**イナートガス消火剤**がある。

① 窒素
② 窒素とアルゴンの容量比が50：50の混合物（IG-55）

③ 窒素とアルゴンと二酸化炭素の容量比が52：40：8の混合物（IG-541）

ちなみに、**二酸化炭素**以外の**イナートガス消火剤**は、**酸素濃度**を低下させ消火する方法のため、**全域放出方式**しか認められていない。

また、必要な消火剤の濃度が高いので、**人命安全の観点**から、常時人がいない場所にしか適用できない。**新ガス系消火設備**は、いずれの場合にも、放出する**消火剤の量・放出時間・放出区画の構造**・消火剤による**内部圧力上昇防止方法（避圧開口を設ける）**・消火剤放出後の**燃焼ガス排気方法**など、建築構造や換気設備について、**消防法で詳細に規定されて**いる。

（4）粉末消火設備

粉末消火設備は、**重炭酸ソーダ（sodium bicarbonate：重曹）**を主成分とし、**防湿剤**によって被覆した**微細な粉末**を容器（vessel）に貯蔵しておいて、**窒素ガス**を使って放出する消火設備である。

この消火設備にも、**全域放出方式**と**局所放出方式**がある。この消火設備は、**粉末消火剤**が熱分解（thermal resolution）して、**炭酸ガス（CO_2）**と**水蒸気**が発生し、酸素濃度の**希釈作用**と熱吸収による**冷却作用**の他に、**不燃性ガス**が燃焼物を覆う**窒息作用**により消火するものである。

消火剤としては、**第1種粉末剤（主成分：炭酸水素ナトリウム）・第2種粉末剤（主成分：炭酸水素カリウム）・第3種粉末剤（主成分：リン酸塩類）・第4種粉末剤（主成分：炭酸水素カリウムと尿素の反応物）**の以上4種類がある。

なお、消火剤を容器に貯蔵する方式には、同一容器内に**加圧ガス**を封入しておく**蓄圧式**と**加圧用のガス容器**を別に設ける**加圧式**がある。

10・7　その他の消火設備

筆者は、よく"それは、前例がございません！"という言葉を耳にする度に、"例外のない規則はない！"というように"それなら、前例を作ればいいではないか！"という持論の持主である。他の設備も同様であるが、世の中の新しい要求（ニーズ）により、日進月歩の発展を遂げており**消火設備**もその例外ではない。

ここでは、**消火設備**における**日進月歩**の事例を紹介してみたい。

第10話　消火設備工事

（1）大空間の消火設備

　東京ドーム（Big Egg）などのような**大空間（huge pace）**を有する建築物は、一般の建物とはかなり様相を異にしていて、現在の**消防法**に規定されている**消火設備**では対応することはできない。というのは、**大空間**の消火設備を計画する上で、以下に列挙するような問題点があるからである。

① **防火区画**などの区画の設置が困難
② **避難設備・誘導設備**の設置が困難
③ **スプリンクラー設置**などの**自動消火設備**を採用しても、確実な消火が困難
④ **煙感知器（smoke detector）**などでは、迅速・確実な火災感知が困難
⑤ 適切な**煙制御**が不可欠

　そこで、日本各地で**大ドーム建築**が建設されるようになった近年では、**大空間の消火設備**として、**火災感知装置**と組み合わせた**消火用放水銃装置**が設置されるようになってきている。

　消火用放水銃は、低層の建物を外部から消火する**屋外消火栓設備**と同様に、**多量の水**を**高い圧力**で**集中的**に放水する**消火設備**で、**火災報知器**が火災を検知すると、火災に近い**放水銃**を自動的に選んで**放射方向**を定めて信号を発し、操作員が**操作盤**のキーを押して放水する仕組みになっている。

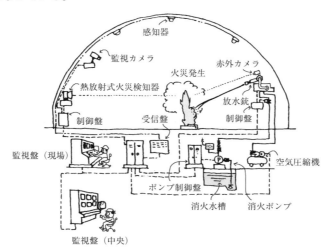

図10・20　大空間火災消火用消火放水銃システム

第10話　消火設備工事

【ちょっと一息！】

京都かやぶきの里美山町の放水銃

　筆者は、**放水銃**というと、**京都かやぶきの里**をすぐに思い出す。実は、京都府南丹市美山町に、1993年（平成5年）に**重要伝統的保存地区**に選定された**かやぶきの里**という観光スポットがある。ここでは、火災時に**かやぶきの民家**が類焼（escaping the fire）しないように、自営消防団を組織し里内の各所に設けられた**放水銃**で、節目節目で一斉放水を実施している。これが**かやぶきの里美山**の風物詩ともなっているのである。

図10・21　京都美山村郷の放水銃放水訓練風景

（2）パッケージ型消火設備／パッケージ型自動消火設備

　この消火設備は、必要とされる**防火安全性能**を有する**消防用設備等**に該当し、**屋内消火栓設備**の代替として**パッケージ型消火設備**が、スプリンクラー消火設備の代替として**パッケージ型自動消火設備**が規定され、ある一定の条件を満たせば使用することができる。これらの設備は、**消火水槽・消火ポンプ**の代わりに**消火薬剤**を一体化した**パッケージ消火設備**であり、これらの設備を採用することにより**機械室スペース**や**受変電設備**の縮小を図ることが可能である。

（3）排気フードの消火設備

　ちゅう房内では、**直火**や**高温の油**による調理が行われるので、常に火災の危険に曝されているといえる。**排気フードの消火設備**は、ちゅう房内にある**調理器具**のうち、**レンジ**や油を使用する**フライヤ**など、特に火災発生危険度の高い調理器具を対象として、開発され

第10話　消火設備工事

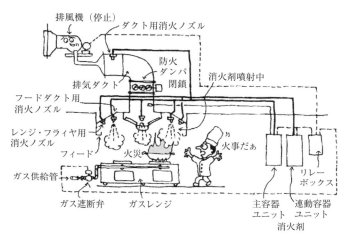

図10・22　ちゅう房用排気フードの消火設備系統図

た**固定式の自動消火設備**である。

　この設備は、**レンジ**や**フライヤ**から出火すると、**火災感知器**が作動して警報を発し、排気フードに取り付けた**ノズル**から**消火剤**を噴射して、消火を行う設備である。加えて、同時に燃料ガス供給用の**遮断弁**を閉じるような機構も具備している。ちなみに、消火剤としては、**粉末消火剤**または**強化液（主成分：炭酸カリウム）**などが使用されている。

第11話　ガス設備工事

　都市部に住むほとんどの日本人は、現在**調理・給湯**あるは**冷暖房用**の**燃料 (fuel)** として、**都市ガス・プロパンガス**などを当然のように使用している。

　しかし、歴史的にみると、**ガス**を日本で最初に使用しはじめた目的は、**ガス灯**、つまり**照明用**であった由。**ガス灯**は1792年（寛政4年）にイギリスで発明され、欧米の主要な都市では、19世紀半ばまで**街灯 (outdoor lamp)** として使われていた。

　日本では、1857年（安政4年）に、西欧文化の吸収に熱心であった薩摩藩主：島津斉彬が**ガス灯**を作って、別邸の**石灯篭**に取り付けたのが最初であり、その後1874年（明治5年）には**横浜神奈川県庁前**に十数基の**ガス灯**が灯った。

　1874年（明治7年）には、東京にも85基の**ガス灯**が点灯されるようになったが、その後**ガス灯**は、20世紀の初頭に全盛期を迎えた。

　しかし、1915年（大正4年）頃から次第に**電灯 (electric light)** に代わりはじめ、1937年（昭和12年）には姿を消してしまった。その後、**ガス**が**薪**や**炭**に代わって燃料として使われ始めたのは1900年（明治33年）頃からで、現在の**一口ガスコンロ**に該当するに**ガス七輪**が家庭の台所と使われるようになった。

図11・1　薩摩藩別邸に設けられたガス灯

　さらに、**暖房**に**ガスストーブ**が使われるようになったのは、1910年（明治43年）頃からで、1931年（昭和6年）になると**早沸き釜**という**ガス風呂**が誕生して、一般家庭でも**銭湯**に代わって、**お風呂**が普及するようになり、ガスは**代表的な燃料**として、使用されるようになってきた。

> 【知っておきたい豆知識】
> **配管用炭素鋼鋼管（SGP）**は、なぜ今でも**ガス管**と呼ばれるの？：
> 　従来、**都市ガス**を供給する**導管（conduit）**としては、長い間もっぱら**配管用炭素鋼鋼管（SGP：JIS G 3452）**の**黒ガス管**が多用されてきた。現在でも**SGP**のことを**黒ガス管**とか**白ガス管**と呼ぶ呼称が健在なのはその名残なのである。
> 　ちなみに、1975年（昭和50年）頃までは、**都市ガス導管**には、**白ガス管**が使用されていたが、近年では**ポリエチレン管**や鋼管の表面を**プラスチック**で被覆した管を使用しており、**都市ガス導管の土中腐食**の心配は全く無くなっている。

11・1　ガス設備工事とは？

　まず**ガス設備（gas facilities）**とは、**都市ガス（city gas）**・**液化石油ガス（LPG：Liquefied Petroleum Gas）**などの**気体燃料（gas fuel）**にかかわる設備の総称で、大きく**製造設備・供給設備・消費設備**のプロセスに分類することができる。

　都市ガスの場合、**製造設備**とはガスを製造する目的で工場に設けられた**機械・配管**など一式のことである。**供給設備**とは**ガス導管・ガスメータ・バルブ・ガバナ**など**導管中**に設置するもの、およびその**付帯設備**など一式のことで、**消費設備**は**ガス消費機器・給排気設備**など、ガスを消費するために用いられる**機械・器具**およびその**付帯設備**など一式のことを意味する。

　なお、**液化石油ガス（LPG）**の場合には、その**容器**から**消費設備**までの全体の総称のことをいう。

　したがって、**ガス設備工事**とは上述の**ガス設備**を敷設する工事のことである。

11・2　ガスの種類

　我々が日常使用している**ガス**は、**石炭（coal）・石油（petroleum）・天然ガス（natural gas）**などの**化石燃料（fossil fuel）**を原料としている。

　しかしながら、原料やガスを作る**製造工程**の違いによって**ガスの性質**が異なり、現在日本全国では、7つにグループ化されている**都市ガス（後述）**および**プロパンガス**などが使用されている。**都市ガス**と**プロパンガス**の基本的な違いは、空気と比較して、まず比重が異なることである。

すなわち、**都市ガス**の比重は一部を除いて**空気**よりも軽く、**プロパンガス**の比重は**空気**より重いが、同じ体積でも**都市ガス**の２倍以上の熱を出力することができるという特徴がある。

（１）都市ガス

都市ガス（city gas）には、**天然ガス系・石油ガス系・石炭系**の３種類があり、それぞれ**製造方法**が異なり、1940年（昭和15年）代の後半までは**石炭ガス系**が、そのほとんどを占めていた。

しかしながら、1950年（昭和25年）代になると、**原油**からつくる**石油ガス系**が主流を占めるようになり、**ガスの消費量**が急激に増えて**公害問題（environmental pollution issue）**を引き起こすようになる。

その結果、東京オリンピック開催の翌年、すなわち1965年（昭和40年）以降は、**公害を発生させないようなナフサ（naphtha）**や**液化石油ガス（LPG）**などを原料とするようになった。

【知っておきたい豆知識】

◇**ナフサ（naphtha）**
　原油から**石油**に加工する際に出る一番軽い液体で、別名**粗製ガソリン**とも呼ばれている。
◇**液化石油ガス（LPG）**
　原油を汲み出したり加工したりする際に出る**ガス**を冷却して液体にした、いわゆる**液化ガス**のことである。

その後、**石油資源の枯渇問題**が問題視され、石油に替わる新しいエネルギーとして**天然ガス系**が利用されるようになり、現在では日本全国ほとんどの**都市ガス**が**液化天然ガス（LNG：Liquefied Natural Gas）**が使われるようになってきている。

ちなみに、現在207のガス事業者が、７種類の**都市ガス**を供給している。**都市ガス**の種類は発熱量の多い順から、13A⇒12A⇒6A⇒5C⇒L1⇒L2⇒L3に分類されていて、供給しているガスはその地域によって異なる。

分類記号の13Aから5Cまでの数字は、**ガス燃焼性**を表す**ウォッベ指数**を1000で除した数値で、A・B・Cは**燃焼速度**の速さを表し、A⇒B⇒Cの順で速くなる。

ところで、ここで特記しておきたいことは、かつて**都市ガス**は、既述のように**ガス事業**

者によって多くの種類があったが、2010年（平成22年）に**IGF（Integrated Gas Family）計画**によって、東京都の都市ガスは**13A**に統一されたので、以降**都市ガス＝13A**として取り扱うことにする。

> 【技術用語解説】
>
> **ウォッベ指数（Wobbe Index）**
>   ガスの**燃焼性**を表す指数で、**ガスの発熱量**を**ガス比重**の平方根で除した（割った）数値のことである。ガス燃焼器具の**熱出力**に影響を及ぼす指数として用いられている。

ガス器具は**ガスの種類**に合わせて製作されており、その器具に合う**ガスの種類**が必ず明示されている。熱量の大きい**都市ガス**を熱量の小さい**都市ガス用器具**に使用すると、赤い大きな炎となって燃え**不完全燃焼**を起こして**一酸化炭素中毒**を起こす危険性がある。逆の場合には、すぐに消えそうな炎でしか燃焼しない。

したがって、引っ越しなどを行った時には、必ず事前に**ガスの種類**と**ガス燃焼器具**の整合性をチェックしておくことが最も重要である。

（2）液化石油ガス

液化石油ガス（Liquefied Petroleum Gas）は、**LPガス**とか**LPG**とか呼ばれている。これは**石油精製**や**石油化学製品**の製造過程で発生する**炭化水素ガス**を液化したもので、**硫黄分（S）**や**窒素分（N）**をほとんど含まないガスである。

常圧では**気体**であるが、加圧（pressurization）したり冷却（chilling-down）したりすると容易に**液化**する性質を具備している。

ちなみに**LPG**は、**プロパン（C_3H_8）・プロピレン（C_3H_6）・ブタン（C_4H_{10}）・ブチレン（C_4H_8）**、その他若干の**エタン（C_2H_6）・エチレン（C_2H_4）**を含んでおり、液化すると約1/250になるので、運搬・貯蔵に非常に便利なことから、**家庭用・業務用**として**都市ガス**より多く使用されるようになってきている。

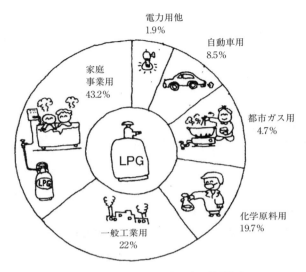

図11・2　液化石油ガス（LPG）の使用用途

（3）液化天然ガス

液化天然ガス（Liquefied Natural Gas） とは、通称**LNG**とも呼ばれている**メタン（CH$_4$）** を主成分とする**天然ガス**を冷却・液化した色も臭いもないガスである。**液化天然ガス（LNG）** は、天然ガスを－162℃に冷却して液化したもので、天然ガスが液体になると容積が約1/600になるため輸送に非常に便利な上に、**有害物質**を含まず、燃料として使用しても**二酸化炭素排出量**が**石炭**や**石油**にくらべて、30％〜40％も少ない**クリーンエネルギー**なのである。

また、天然ガスは限られた地域にしかない**石油**と異なり、世界各地に多量に存在し**安定した供給**が得られるため、現在では**都市ガス原料**の約90％を占めるようになってきている。現在日本では、LNGを主として**マレーシア・ブルネイ・オーストラリア**などから輸入しているが、輸入量は年々増え続けており、現在では1年に約1,130億m^{3}に達し、**石油代替エネルギー**として、日本の**基幹エネルギー**として注目されている。

第11話　ガス設備工事

【知っておきたい豆知識】

LNGタンカー
　−162℃の**液化ガス**を運搬できるように、**魔法瓶（thermos）**のような船体構造になっており、タンクから発生した**天然ガス**を使って**運行動力**としても利用している。ちなみに、20万軒の家庭が1年で使用する**都市ガス**を、1回で運ぶことが可能な**巨大タンカー**もある。

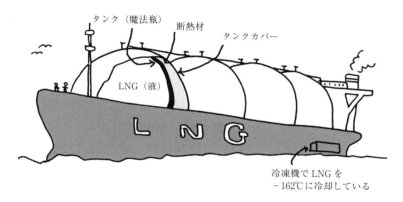

図11・3　巨大なLNGタンカー（超低温輸送船）

11・3　ガスの組成とその性質

（1）都市ガスとLPGの組成

　表11・1は、**都市ガス**の代表例として、**13A**・およびLPGの組成（composition）を示したものである。**天然ガス**を主原料とした**13Aガス**は、**メタン（CH_4）**を主成分とした**エタン（C_2H_6）・プロパン（C_3H_8）・ブタン（C_4H_{10}）**の混合物であり、硫黄分や毒性のある一酸化炭素を含まない**クリーン**なガスである。

　次に、**プロパン（C_3H_8）**を主成分とした、家庭用の**LPG**も同じく硫黄分や毒性のある一酸化炭素を含まない**クリーン**なガスである。

253

表11・1 都市ガス（13A）とLPGの組成

(%)

成分	都市ガス（13A）	LPガス（い号）
メタン	89.60	0
エタン	5.62	1.5
プロパン	3.43	97.7
ブタン	1.35	0.8
ペンタン	—	0
炭酸ガス	—	0
酸素	—	0
窒素	—	0
合計	100%	100%

ちなみに、**ナフサ（naphtha）**などを改質して製造される**L1ガス（6B等）**は、**水素・メタン・炭化水素・一酸化炭素・二酸化炭素・酸素・窒素**など多くの成分を含んでおり、現在主流となっている**天然ガス**を主原料とした**13A**とは、表11・1に示すように、その成分に大きな違いがある。**都市ガス**および**LPGは臭い（odor）**がほとんどないガスであるため、1,000倍に希釈（dilution）しても**臭いを容易に感知できる付臭剤の添加**が法令で義務付けられている。

【技術用語解説】

付臭剤（stench agent）
　ガス漏れを早期に発見するため、**独特の臭い**がガスに付けられている。なお、**付臭剤**としては、TBM・DMSなどの混合物が用いられ、$1m^3$当たり10数mgの**極微少量**が添加される。

（2）都市ガスとLPガスの特性

表11・2は、**都市ガスとLPG**の特性を示したものである。この表より、**都市ガス**の主流である**13Aガス**と**LPG**を比較すると、**ガスの比重・発熱量・燃焼範囲・燃焼速度・理論空気量**などに違いのあることが分かる。

表11・2　都市ガスとLPGの特性比較

	都市ガス（13A）	LPG（プロパン）
総発熱量（MJ/m^3）	45	102
理論空気量（m^3）	10.7	23.8
比重（空気1.0）	0.65	1.55
燃焼範囲（％）	約4～14	約2.1
供給圧力（kPa）	1.0～2.5	2.2～3.3

　これらは、**ガスの燃焼**にどのような影響を与えるのであろうか……。まず、**ガスの比重**については、**13A ガス**は空気より軽く**LPG**より重いことに注目してほしい。したがって、万一ガスが**漏洩**した場合は、**13A ガス**は天井付近に、**LPG**は床付近に滞留するということである。

　また、**LPG**は**燃焼範囲**の下限値も低いので、比較的少量の**漏洩**でも**燃焼爆発（combustion explosion）**の危険性があることである。

【技術用語解説】

燃焼範囲
　ガスは、空気と**一定の割合**で混合されないと燃焼しない。この混合割合の範囲を**燃焼範囲（爆発範囲）**という。

　発熱量は、既述のように**LPG**の方が2倍以上も高く、ガス配管口径も**13A ガス**に比べ細い配管でのガス供給が可能である。さらに**LGP**は、その**蒸気圧**を利用して、**比較的高い圧力**で**ガス燃焼器具**にガスを供給できる利点もある。容器内のLPGが**自然気化**し消費されていくと、消費するにしたがって、発生する**ガス組成（gas composition）**も変わり**発生熱量**も当然変化する。

　充填時に**プロパン（C_3H_8）**の液組成が70％の場合、最初はプロパン：90％のガスが発生するが、**液の残量**が半分まで消費されると、ガス中のプロパンの割合は、79％まで減少する。LPGには、このような特性があることから、**高沸点成分**である**ブタンの再液化**に留意する必要がある。ガス：$1m^3$を燃焼するのに**必要な空気量**は、**都市ガス：13A**に比べ**LPG**の方が多い。

このため、燃焼に必要な空気を**ガス燃焼器具**に取り込みやすくするため、**LPG**の方が高い圧力で供給されている。このように**ガスの性状**によって、いろいろな影響がでてくるため、**ガス用配管**や**安全設備**などの計画・設計に当たっては、これらの特性を十分に知悉しておく必要がある。

【ちょっとお耳を拝借！】

　液化天然ガス（LNG）のクリーン性：今まで**LNG**は、クリーンなエネルギーであると述べてきたが、その理由について、ここで再度詳述しておきたい。
　LNGは、**脱炭酸・脱水・重質分除去**などの**前処理（pre-treatment）**が行われ**液化**されるので、**不燃物**はほとんど含まれていない。
　例えば、**石炭**のガス排出量を100とした場合、地球温暖化の要因となる**二酸化炭素（CO_2）**の排出量は、**石油：80・天然ガス：60**、また**大気汚染（air pollution）**や**酸性雨（acid rain）**の原因ともなりうる**窒素酸化物（NO_X）**の排出量は、**石油：71・天然ガス：40**以下で、**いおう酸化物（SO_X）**の排出量は、**石油：68・天然ガス：0**である。
　このように**天然ガス**は、地球環境に優しい（friendly to the earth）、**環境**に対する負担が優しい**クリーンなエネルギー**なのである。

11・4　ガスの供給方式

ここでは、都市ガスの供給方式：**製造設備⇒供給設備⇒消費設備**に至る一連のプロセスに関する知見を紹介することにする。

（1）都市ガスの供給方式

都市ガス製造プラントで製造された、**都市ガスは組成（composition）や熱量（calorie）**を調整された後、**ガス導管**を通じて図11・4に示す**ガス供給設備網**を通して**需要家（consumer）**まで供給される。

ちなみに、今や日本全国の**ガス導管**の総延長は、約25.7万km（2016年）にも達し、これは、地球の六周分の長さに相当している由。

需要家までのガス供給方式は、**ガス導管**の圧力により**高圧ガス供給方式・中圧ガス供給方式・低圧ガス供給方式**の3方式に大別される。

なお、表11・3は、東京地区で実際に実施されている**都市ガス：13Aの供給方式**を一覧化したものである。

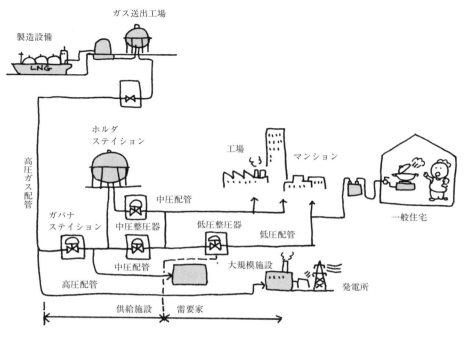

図11・4　都市ガス供給システム

表11・3　東京地区の都市ガス：13Aの供給方式

供給方式の呼称	供給圧力[MPa]	法令上の定義	
高圧供給	1.0以上	1.0MPa以上	高圧
中圧A供給	0.3以上1.0未満	0.1MPa以上 1MPa未満	中圧
中圧B供給	0.1以上0.3未満		
低圧供給	供給規定圧力 1.0〜2.5〔kPa〕	0.1MPa未満	低圧

◇**高圧ガス（1.0MPa以上）供給方式**：このガス供給方式は、**発電所（power plant）**用など特殊用途に限定して採用されている。

◇**中圧ガス（0.1〜1.0MPa未満）供給方式**：このガス供給方式は、一般的に**ガスの使用量**が300m^3/hを超える**大型ガス機器**を対象としたガス供給方式であり、**大型ボイラ・加熱炉・大型冷温水発生機・コージェネレーション（CGS）**などに適用されている。

中圧ガス供給方式は、**小さい配管径**のガス導管でも**多量のガス**を送れる利点があり、**ガス供給先**までの距離が長く、**低圧ガス供給方式**では**導管布設費用**がかさむ場合などに利用される。

なお、中圧ガス供給方式には、**中圧Ａ供給方式**と**中圧Ｂ供給方式**とがある。

ちなみに、近年では、各家庭に**ハウスレギュレータ**を設置し、**中間圧**でガス供給する方式も一部行われている。

◇**低圧ガス (0.1MPa以下) 供給方式**：**低圧ガス供給方式**は、最も一般的な**ガス供給方式**であり、比較的**ガス使用量**の少ない**家庭用・業務用・空調用ガス機器**などを対象にして行われる。

【技術用語解説】

◇ガバナ (調圧器：governor)
　一次側の**ガス圧力変動**や二次側の**ガス使用量の変動**に影響されず、**所定のガス圧力**で**必要なガス量**を送出する機能を具備している。なお、英語：governorの原義は、知事・市長・長官などの意。

◇ハウスレギュレータ (house regulator)
　ガスの**圧力調整器 (ガバナ)** の一種で、**家庭**に取り付けられることからこのように呼ばれている。ちなみに、**ハウスレギュレータ**は、各家庭まで**高い圧力**でガス供給している欧米などでは多くみられる。

---

(２) ＬＰガスの供給方式

LPGのガス供給方式としては、**気化したLPG**をそのまま供給する方式（別名：生ガス供給方式）と**気化したLPG**に一定の割合の空気を混合させて供給する方式（別名：**ダイリュートガス (dilute gas) 供給方式**）とがある。

◇**生ガス供給方式**：この方法は、装置が簡単であることから最も一般的なLPG供給方式として、広く採用されている。気化されたLPGは**調整器 (ガバナ)** により所定の圧力まで**単段圧縮方式**で減圧され**ガスメータ**を通り**ガス機器**に供給される。

一方、高層建築や遠距離配管の場合には、**分離型二段圧縮方式**が採用されるが、このガス供給方式は、**ガス容器**から出る**ガス圧力**を比較的高い圧力にまでしか減圧しないで供給し、ガス機器の近くで**二次側調整器**を用いて、所定の圧力まで減圧するガス供給方式である。

なお、この方式を採用すると、供給圧力を安定化できるとともに、ガス配管径を小さく

できる利点がある。

＜単段式減圧方式＞

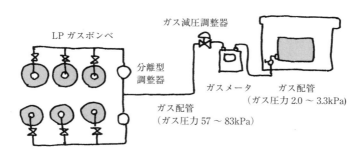

＜分離型二段式減圧方式＞

図11・5　LPGのガス供給方式：単段減圧方式と分離型二段減圧方式

◇**ダイリュートガス**（dilute gas）**供給方式**：この方式は、LPGの**燃焼範囲外**において**LPG**と**空気**を混合し、**ガス器具**にガス供給する方式である。

　発熱量は一般的には**20.9～50.2MJ/m³（N）**程度のものが多い。この方式を採用する場合には、**LPG**と**空気**を混合する**混合器**と**混合比**を調整する**調整器**が必要となる。既述の**生ガス供給方式**と比べた場合、**ダイリュートガス供給方式**の利点は、LPGが**再液化**する心配が少ないこと、**発熱量**が調整できること、LPGが漏洩した場合でも滞留しないことなどが挙げられる。

【技術用語解説】

ダイリュートガス（dilute gas）発生装置
　LPGと**空気**を混合する方法として、**ベンチュリ管式・ブロワ式・流量比例制御式**がある。混合されたガスは、一端タンクなどに貯蔵された後、燃焼器具に送り出される。

（3）LPGガスの新バルク供給システム

　LPGの**バルク供給システム（Bulk Supply System）**は、従来製鉄所・工場等、比較的大量にLPGを消費する**工業用事業者**を対象として行われていて、特にLPGの新しい供給方式ではない。

　しかしながら、1997年（平成9年）の法改正で、一般家庭を含む**一般消費者**に対する供給手段として、**バルク供給システム**が**民生用**にも利用できるようになった。この中で、特に小口向けのものは、従来のものとは区別するため、**新バルク供給システム**と呼ばれている。このLPGの**新バルク供給方式**は、従来の**容器交換方式**に代わるもので、一般住宅・集合住宅（アパート・マンション等）・業務用住宅などに設置された**バルク貯槽**にバルクローリで、直接LPGを充填供給する方式で、これにより軒先への**容器輸送**の必要がなくなった。

　この方式の利点は、一度に大量のLPGを輸送することにより、より安定した供給が実現することができる上に、**輸送の合理化・安全・保安の硬度化・美観の向上**等の他に、**災害時（特に地震時）**の対応に優れている等、多くのメリットがある。

　ちなみに、**バルク貯槽**には、**地下式**と**地上式**の2種類がある。また、バルク貯槽タンクの容量・形状には、数多くの**バリエーション**があるので、設置場所の状況によって、最適なものを選択できるようになっている。

　なお、LPGの使用量の計測には、消費先に設けられた**ガスメータ**でカウントされた消費量を元に計算される場合と、**バルクローリ**に搭載された**充填質量計**により計算する場合がある。このLPG新供給システムは、**物流の合理化**に寄与する**未来型供給形態**として、今後ますます普及していくものと期待されている。

第11話　ガス設備工事

【ちょっとお耳を拝借！】

マッピングシステム（mapping system）とは？
　都市ガスを供給する導管は膨大な長さになり、**大手ガス事業者**の例では、その**導管総延長**は約45,000kmにも達していると言われている。このため、消費者の**全ガス設備**を総合的に管理・運用するシステムとして、現在では道路や建物の**地図情報**をベースにした、**マッピングシステム（mapping system）**と呼ばれる**ガス設備総合管理システム**が構築されている。
　このシステムには、**ガス導管の管径・圧力・位置・材質・道路埋設物情報**など、必要な情報が全て登録されている。
　このシステムは、導管ネットワーク（network）の**維持管理・新規需要**に対する**導管網解析**や**緊急時の対応**に活用されているのである。

11・5　ガス配管の設計

　筆者は、今まで**建築設備配管（空調設備用配管・衛生設備用配管）**の設計・施工業務に長年関与してきた。我々建築設備家にとっては、**ガス配管の設計・施工**という問題は、非常に馴染みの少ないテーマである。
　しかしながら、"百聞は一見に如かず！"という格言のように、折角の機会であるので、ここで**ガス配管の設計**に関する知見を紹介しておきたい。

（1）ガス用配管の設計手順

　ガス設備の**配管設計**は、設置されている**ガス機器類**に安定したガスを供給して**適正な燃焼**を維持することが目的である。そのために、**配管設計**では**配管ルートの選定・配管口径の計算・給排気設備・安全設備**などの設計をしなければならない。また、高層建物などの**ガス配管**の設計では、**層間変位**などの**耐震設計**も同時に実施しなければならない。
　ちなみに、図11・6は、**都市ガスのガス配管**の設計手順を示したものである。
　集合住宅（マンション）などの例では、まず各住戸において使用される**ガス燃焼機器・ガス消費量**を把握し、技術上の基準に適合するような**ガス燃焼器具類**に対する**給排気方式**および**設置位置**が選定される。
　次に、**各住戸に必要なガス量**と**住棟全体に必要なガス量**が算定される。ガス量の算定に当たっては、住戸におけるガス機器の**同時使用率（diversity factor）**と住棟全体の**同時使用率**を斟酌しなければならない。
　次に、**配管ルート**は、道路に埋設された**ガス導管**からの**取出し位置**から**ガスメータ・ガ**

第11話　ガス設備工事

①ガス機器の設置場所などの選定

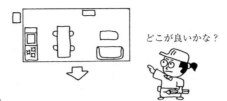

②ガス流量の決定

③配管ルートの選定

④配管径の決定

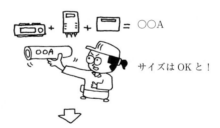

⑤配管仕様の決定

図11・6　都市ガスのガス配管設計手順

ス栓まで、最適な**配管ルート**を決定する。この際には、表11・4に示した**建物区分**による**安全設備**の設置位置も決定される。

> 【技術用語解説】
>
> **建物区分（bldg. classification）**
> 　保安の確保を図る目的で、**安全設備**の設置に関し、法令で定められた、例えば**特定地下街・超高層建物**などの建物用途区分。

表11・4　建物区分別の安全設備（都市ガスの場合）

建物区分	ヒューズガス栓などの設置	ガス漏れ警報器などの設置	引込み管ガス遮断装置の設置	緊急ガス遮断装置の設置
特定地下街など	○	○	○	○
特定地下室など	○	○	○	○
超高層建物	○	○	○	○
高層建物	○			
特定大規模建物	○	○		○
特定中規模建物	○			
特定中規模建物	○			
工業用建物	○			
一般業務用建物	○			
一般集合住宅	○			
一般住宅	○			

〔備考〕建物区分に該当しない場合でも、圧力、配管径などで安全設備の設置が必要になる場合がある。

　次に**ガス配管径**は、**許容圧力損失**の範囲内に入るように選定され、**都市ガス低圧供給**の場合には、道路に埋設された**ガス導管**から**ガス栓**までの**許容圧力損失（ただし、ガスメータを除く）**が、一般的には**147Pa**以下になるように設計されている。さらに、**配管材料・配管継手・配管接合法**などの**ガス配管工事仕様**などは、**配管防食対策・配管地震対策・不等沈下対策（different settlement）**などを熟慮して決定される。それと同時に**自動検針・遠隔監視・ガス遮断システム**の設計なども行われる。

　ちなみに、**LPG**のガス配管設計に関しも、**容器の本数・ガバナの能力選定・ベーパライザの設置**を除き、ほぼ同様である。

第11話　ガス設備工事

【技術用語解説】
◇**自動検針（automatic gas meter inspection）**
　電話回線により各家庭の**ガス使用量**を自動的に検針する。**集中電送盤方式**は１回線で多数の家庭のガス使用量を検針できるので**オートロックマンション**などにも採用されている。
◇**ベーパライザ（vaporizer）**
　LPGの蒸発を促進させるための**加温装置**のこと。LPGは、その容器周辺の温度によって**気化量**が異なるため、LPGを加温することによって、**気化**を促進させ、安定したガス量を得るために設置する。特に**寒冷地**や**多量にガスを必要とする場所**などに設置される。なお、外気を熱源とする**自然気化方式**と温水等の熱媒体を使う**強制気化方式**があり、**LPG蒸発促進装置・気化器**とも呼ばれている。

（２）超高層ビルなどのガス用配管の設計

　高さ：60mを超えるような**高層建築（high-rise bldg.）**内に、**ガス配管工事**を行う場合には、**ガスメータ**付近までの配管は**溶接接合（welding jointing）**とし、**ガス配管系**に対する**耐震設計（seismic pinping design）**を実施しなければならない。

　具体的には、建物の**階数・高さ・最大層間変位**・地震時の**応答加速度・固有周期・ガス使用箇所**などから**耐震計算**され、ガス配管の**耐震支持間隔**や**変位吸収方法**などが決定される。

　ここで、特筆しておきたいことは、**ガス**と**空気**の**密度差**から、**地上階**と**高層階**では圧力が変わってしまうため、**空気**より軽い**天然ガス系**の**都市ガス**の場合には、高さ：45mを超えるような**高層建築**になると、ガス圧力の上昇を防ぐ**昇圧防止器**を設置する必要がある。

　一方、**空気**より比重の重い**LPG**の場合には、逆に高層にいくほど**供給圧力**が下がり、**所定の圧力**を確保できなくなる。

　したがって、高層ビルの**ガス配管設計**をする際には**供給されるガスの性**状に十分留意することが必要である（表11・5参照）。

表11・5　高層建築における都市ガス：13A・LPGのガス圧力の変化

高さ[m]	都市ガス[Pa]	LPガス[Pa]
10	44	－66
20	87	－132
30	131	－198
50	219	－330
100	437	－659

ちなみに、図11・7は都市ガスの**中圧ガス配管の概念図**を示したものであるが、中圧ガスは、道路に埋設された**ガス導管**から**フィルタ・ガバナ・中圧ガスメータ**を経由して、**熱源機器**まで供給される。

 ガス配管の途中には、**安全対策**として**各種遮断装置**が設置されるとともに、**不等沈下防止対策**などを、必ず講じる必要がある。中圧ガス供給のガス配管は、**配管接合部**の信頼性を確保するために、**溶接接合配管**としなければならない。さらに、**ガス配管径**は、低圧ガス配管決定における**許容圧力損失**とは異なり、ガス配管内での**ダストの飛散・発生騒音の防止**の目的から、**管内ガス流速：20m/s**を超えないように決定するのが一般的である。

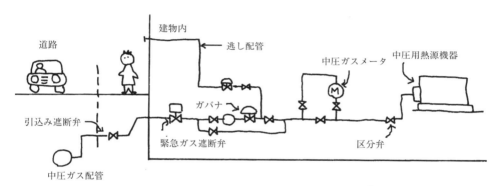

図11・7　中圧都市ガス配管の建物内取入れ例

【ちょっとお耳を拝借！】

免震ビルへのガス供給

 1995年（平成7年）1月17日に発生した**阪神・淡路大地震**がトリガーとなって、日本でも**免震ビル (vibration isolation bldgs.)** が数多く建設されるようになった。このような**免震ビル**に**都市ガス用ガス配管**を引込み場合には、免震ビルの**基礎部分**と**免震部分構造物**のおのおのに**ガス配管**を固定し、その間を**フレキシブル管**により接続する方法が採用されている。

 これにより、地震などにおける**基礎構造物**と**免震ビル構造物**の間の**相対変位 (relative displacement)** を吸収している。**連絡接続部分**は、2本の**SUS鋼製フレキシブル継手**をL字型に連結し、これを自由に動けることができる**配管支持架台**上に設置するのが一般的である。

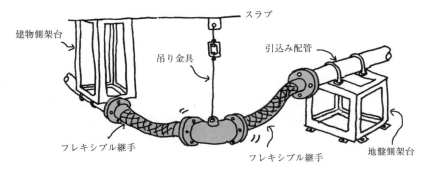

図11・8　免震ビルへのガス管の引込み例

11・6　ガス使用機器と給排気

ここで紹介する事項は、建築設備技術者にとっては**MUST（不可欠な知識）**であるので、是非完全に習得していただきたい。

（1）ガス燃焼に必要な空気量と換気量

ガスを安全に燃焼させるためには、**新鮮な空気**の供給と燃焼によって生成した**燃焼排ガス**を排出することが不可欠である。また、供給される**ガスの種類**に適合した**ガス機器**でなければ、**安定したガス燃焼**を期待することは不可能である。

ちなみに、**ガスの燃焼**に必要な空気量は、ガスの性状によって異なり、**完全燃焼（complete combustion）**に必要な理論上の最小空気量を**理論空気量**、この時の燃焼排ガス量を**理論排ガス量**と呼んでいる。

実際の燃焼には、理論空気量の20%〜30%の**過剰空気**が必要となる。

なお、表11・6は、**都市ガス**と**プロパンガス**のそれぞれの**理論空気量**と**理論排ガス量**を一覧化したものである。**理論空気量**は、4,186kJ（1,000kcal）当たり、約$1m^3$の空気を必要とし、**理論排ガス量**は、**理論空気量**の約1.1倍となる。

通常、空気中には約21%の酸素が含まれるが、室内で**ガス機器**を燃焼させた場合には室内の**酸素濃度**は低下する。その低下する酸素濃度の**許容限界**を0.5%とすると、室内の必要換気量は、**理論排ガス量**の約40倍にもなるので、換気について十分なる配慮が必要となる。

なお、**ガス燃焼機器**の種類によっても異なるが、空気中の酸素濃度が**18%〜19%**に低

表11・6 都市ガスとプロパンガスの理論空気量・理論排ガス量

	都市ガス(13A)	プロパンガス
発熱量 [kcal/m³(N)]	11,000	24,320
理論空気量 [m³(N)/m³(N)]	10.95 m³	23.8 m³
理論排ガス量 [m³(N)/m³(N)]	12.05 m³	25.8 m³
CO_2 [m³(N)]	1.199 m³	3.0 m³
H_2O [m³(N)]	2.199 m³(水1,767g)	4.0 m³(水3,214g)
N_2 [m³(N)]	8.647 m³(N)	18.8 m³

下すると**不完全燃焼**を起こすと言われており、近年では**不完全燃焼防止装置**が組み込まれた**ガス燃焼機器**の普及も進んでいる。

【知っておきたい豆知識】

一酸化炭素(CO)中毒
　都市ガス中に**一酸化炭素(CO)**は、**酸素**より人体の血液中**ヘモグロビン(hemoglobin)**と結び付きやすい。したがって、COを吸引すると**酸素欠乏症**を引き起こすが、**CO許容限度**は、50ppmであり、50ppm以下になると5分〜10分で死亡すると言われている。

(2) ガス機器の種類とその給排気方法

　ガス機器の分類方法としては、**ちゅう房・給湯・暖冷房**などの用途別に分類する方法とガス機器の**給排気方式**から分類する二つの方式がある。

　ここでは、ガス機器の**給排気方式**による分類を以降で紹介するが、表11・7はそれらガス機器の**設置場所・給排気方式**の比較を一覧化したものである。

① **開放式ガス機器**：屋内の空気を**燃焼用**として使用し**燃焼排ガス**を室内に排出する器具で、**ガステーブル(図11・9)・小型湯沸かし器・小型暖房器**がある。

　これらの**ガス機器**を設置・使用する場合には、燃焼排ガスの充満や酸素不足などの**室内空気汚染**を防止するため、**自然換気**や**強制換気**が必要となる。

② **半密閉式ガス機器**：室内空気を燃焼用として使用し、**燃焼排ガスを自然通気式(略称：CF式)**または**強制排気(略称：FE式)**によって排出する**ガス機器**である。**自然通気式(CF式)**は、周囲の空気との**温度差**を利用して排気する方式であり、**建物の構造や建物の形態**などから生じる**風圧帯**または**換気扇**の影響を大きく受けるため、**排気筒**の形

第11話 ガス設備工事

表11・7 ガス機器：設置場所・給排気方式による分類比較

設置場所	ガス機器の分類	給排気方式	給排気方法の内容
屋内	開放式ガス機器	—	燃焼用の空気を屋内からとり、燃焼排ガスをそのまま屋内に排出する方式
	半密閉式ガス機器	自然排気式（CF式）	燃焼用の空気を屋内からとり、自然通気力により、燃焼排ガスの排気筒を用いて屋外に排出する方式
		強制排気式（FE式）	燃焼用の空気を屋内からとり、燃焼用ガスをファンを用いて強制的に排気筒から屋外に排出する方式
	密閉式ガス機器	自然給排気式（BF式）	給排気筒を外気に接する壁を貫通して屋外に出し、自然通気力によって給排気を行う方式
		強制給排気式（FF式）	給排気筒を外気に接する壁を貫通して屋外に出し、ファンにより強制的に給排気を行う方式
屋外	屋外用ガス機器	自然排気式	自然通気力で排気を行う方式
		強制排気式	ファンで強制的に排気を行う方式

状・位置や**給気口**の確保などを含め、設置に当たっては十分な配慮が不可欠である。

③ **密閉式ガス機器**：室内空気を**ガス機器燃焼用**として一切使用しないガス機器であり、**室内空気汚染**もなく**衛生的なガス機器**である。

ちなみに、排気方式には、**自然通気力（略称：BF式）** を利用する方式と**強制排気方式（略称：FF式）** があるが、**強制給排気方式**の場合**細い排気筒**で済むという利点がある。

④ **屋外用ガス機器**：ガス消費量の多い**大型給湯器**や**暖房用熱源機**などに適しており、給湯機分野では最も多く利用されている。

屋外用ガス燃焼機器であっても、**排気ガス**がショート・サーキットして窓から室内に再流入しないように、**適切な場所**に設置することが必要である。

図11・9 開放式ガス機器：ガステーブル

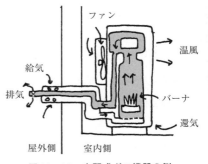

図11・10 密閉式ガス機器の例

いずれにしても、**ガス燃焼機器**を設定するに当たっては、**建物構造・設置場所・設置方法**などを考慮し、**適切な排気方式**の**ガス燃焼機器**を選定することが重要である。

> 【知っておきたい豆知識】
>
> **ガス機器の燃焼状態**
>   **炎口**から**ガスの噴出速度**と**燃焼速度**がつり合っている場合には、安定した燃焼が得られる。しかし、このバランスが崩れると、①イエローチップ、②フラッシュバック、③リフティング、④不完全燃焼などの現象が発生する。

11・7 ガスの安全対策設備

ガスによる事故にも、いろいろな種類があるが、筆者がいの一番に思い出すのは、**ガス爆発事故（gas explosion accident）** の恐ろしさである。

というのは、我々が扱う**空調・換気・排煙ダクト工事**などでは、多少の空気漏洩が許されるが、**ガス設備**では安全上いささかの**ガス漏洩（gas leakage）** も許されないからである。ここでは、**ガス設備**の掉尾を飾る話題として、**ガスの安全対策設備**について触れてみることにしたい。

（1）ガスによる事故の原因と対策

ガスに起因する事故としては、まず**ガス爆発・ガス火災・ガス中毒**が考えられる。**ガス中毒事故**については、**都市ガス**が**一酸化炭素（CO）** を含まない**天然ガス**に急激に転換した結果、**中毒事故**の大半は、ガス機器の**不完全燃焼（CO中毒）** によるものとなっている。

したがって、**ガス事故防止対策**は、**ガス爆発防止対策・ガス火災の原因**となる**ガス漏洩対策**および**CO中毒防止対策**が**安全対策**の中心であり、そのガス事故防止の**主な安全設備**を一覧化したものが、表11・8である。

ガス漏れ対策としては、まずガスを漏らさないことが最も重要であり、万一ガスが漏れた場合は、**ガス漏れ**を速やかに検知し、**ガス供給を停止**することが必要になる。ガスを漏らさない対策としては、**ガス配管材**として、地震に強くかつ腐食しない**ポリエチレン管・ステンレスフレキシブル管**を採用し、また**ゴム管**が外れた場合にガス供給を自動的に止める**ヒューズガス栓**の設置、炎が消えたらガス供給を停止する**立消え安全装置**の設置などの対策・措置が行われている。

第11話　ガス設備工事

表11・8　ガス事故防止の主な安全設備

安全設備	設置場所	対策内容
マイコンメータ	配管	地震、配管、接続具・ガス機器からの漏えい、ガス機器消し忘れ
緊急ガス遮断装置	配管	地震、漏えい、火災など
引込み管ガス遮断装置	配管	地震、漏えい、火災など
業務用自動ガス遮断装置	配管	地震、漏えい、火災など
ヒューズガス栓	ガス栓	ガス栓の誤開放、ゴム管・ガスコードの外れ
立ち消え安全装置	ガス機器	煮こぼれなどによるガス機器の立消え検知・停止
不完全燃焼防止装置	ガス機器	ガス機器の不完全燃焼の検知、停止
ガス漏れ警報器	建物内	ガス漏れの検知・警報、連動遮断
CO警報器	建物内	COの検知・警報、連動遮断（ガス漏れ警報器との一体化が多い）
ポリエチレン管	配管	腐食、地震、不等沈下、折損防止

【技術用語解説】

金属ガス配管の土壌腐食
　既述のように**ガス導管**といえば、かつては**黒ガス管・白ガス管**などの**土中埋設配管**であった。当然これらの**金属配管**は金属配管の宿命として**自然腐食**と**電界腐食**の障害を免れることはできない。**自然腐食**とは、**土壌自体の腐食性**が関与するもので、**電界腐食**は、**マクロセル腐食・迷走電流腐食**が介在する腐食で、急激な腐食を発生する場合もある。

　ガス漏れを検知できるものとしては、**ガス漏れ警報器・業務用自動ガス遮断装置**および**マイコンメータ**がある。**ガス漏れ警報器**は**マイコンメータ**などの**自動遮断装置**への**遮断信号**としても利用できる。
　なお、**マイコンメータ**については、**ガス漏れ検知**と**ガス供給遮断**の二つの機能があり、現在、大半の**都市ガス需要家・LPG需要家**に設置されている。
　ところで、**CO中毒**は、ガス機器の**不完全燃焼**および**排気ガス**の室内への流入で発生する。その防止対策としては、**不完全燃焼防止装置**のガス燃焼機器への取り付け、および**CO検知器**の設置、**排気筒の腐食防止・排気筒の抜け防止・排気筒出口の保護**などの対策が取られている。実は、これらの対策を実施した結果かも知れないが、近年ガス事故の件数は、著しく減少してきているという。

(2) ガスの安全設備の概要

ここでは、ガス設備のさまざまな**安全設備**の概要について紹介することにする。

① **マイコンメータ（microcomputer gas meter）**：**感震器・圧力センサ・マイクロチップ**が組込まれた**ガスメータ**で常時ガスの使用状態を監視し、**地震発生時（約250gal以上・震度5強以上）・ガス漏洩・ガス機器消し忘れ**などの異常を感知し、自動的にガスを遮断する**保安機能**を持ったガスメータである。**ガス漏れ警報器**や**CO警報器**との連動、また、**自動検針・自動通報**なども可能である。

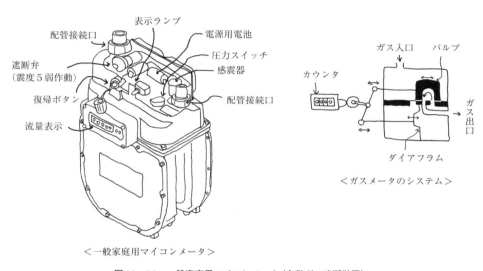

図11・11　一般家庭用マイコンメータ（自動ガス遮断装置）

② **緊急ガス遮断装置（ESV）**：緊急時に**遠隔操作**または**自動的**にガスを遮断する装置で、法令で**大規模な地下街・超高層建物・中圧ガス設備のある需要家**などにその設置を義務付けられており、通常**屋外**に設置される。

③ **引込み管ガス遮断装置**：建物への**ガス引込み管**に設置され、緊急時に地上からの操作により**ガス供給**を遮断する。**ガス引込み配管口径**の大きい**集合住宅（マンション）・ビル**などに設置される。

④ **ガス漏れ警報器**：**ガス漏れ**を検知し警報を発するもので、**ガスの性状**により、警報

器の**種類**や**設置場所**が異なる。空気より軽い**都市ガス**の場合は**天井付近**に、LPGの場合は**床付近**に設置される。

【技術用語解説】

ガス漏れ警報器（gas leakage detector）
　都市ガス・LPG用として**半導体式**と触媒を利用した**接触燃焼式**とが広く使われている。ちなみに、**都市ガス用**の中には**CO検知**ができるものもある。

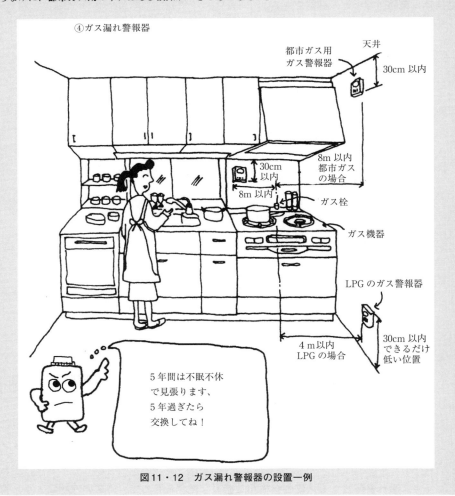

図11・12　ガス漏れ警報器の設置一例

⑤ **ヒューズガス栓**：**ゴム管**や**ガスコード**が、万一外れたりして**過大なガス**が流れると、**ガス栓内部**の**ナイロンボール**が浮き上がり、自動的にガスの流れを停止させるガス栓である。
　ただし、**取付け場所**や**ガス機器**に合わせて選定する必要がある。

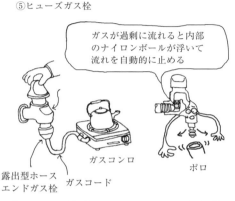

図11・13　露出型ホースエンド・ヒューズガス栓

　ちなみに、図11・14は、今まで述べてきた**ガス安全設備**の例として、**超高層ビルのガス安全設備**の一例を示したものである。

(3) ガス内管工事：資格制度

　2006年～2007年（平成18年～平成19年）初頭にかけて、**ガス湯沸し器**などの**不完全燃焼**に起因する**窒息事故問題**が、連日のようにTVや新聞紙上を賑わしたことがある。その結果、2007年（平成19年）2月3日付けで、**経済産業省**は**ガス機器等燃焼器による一酸化中毒事故の防止策について**という通達を出すに至った。

　ところで、これを受けて**日本ガス協会**では、**ガス内管工事**に資格制度を創設し運用を開始した。**ガス内管工事**とは、建物内に設置される**ガス管工事**のことで、この目的は**ガス配管施工者の施工技術の標準化を図り、全国一律の工事品質および施工技術を確保するため**であり、資格制度の運営は**日本ガス機器選定協会**が担当するものである。

　ガス内管工事の施工技術に関しては、これまで**フレキ管**や**ポリエチレン管**などの一部業界指針などが制定されていたが、この基準を具現化するためには、施工者の**施工技術レベ**

第11話　ガス設備工事

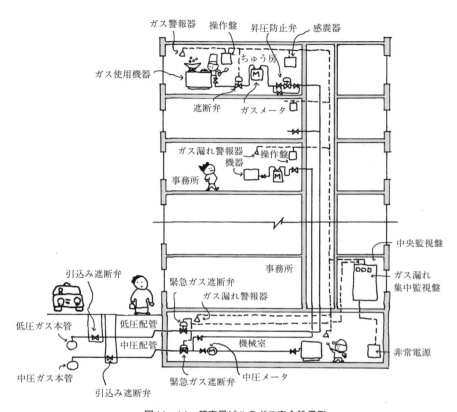

図11・14　超高層ビルのガス安全設備例

ルについて全国的に統一された指標となる**資格制度**が不可欠となったのである。

なお、同資格制度の施工範囲は、都市ガスの**内管工事（内管新設工事・増設工事・変更工事・撤去工事）**およびそれらに伴うガスメータの**取付け・取外し**および**可とう管**による**ガス栓**と**燃焼機器**の接続工事となっている。資格の名称は、**内管工事士**とし、資格を保有する工事人は、すぐに**現場の作業責任者**として活躍できる**エキスパート（専門職）**と位置付けられている。

資格は、全国一律の試験を実施し、施工技術が一定水準以上であることを確認できた者に対して付与される。資格の有効期限は3年とし、3年ごとの講習を受講し、常に新しい**技術**や**施工方法・関連法規**の**改定内容**等を習得することにより、**品質の高いガス工事**を維

持していく制度である。ちなみに、**内管工事士**には、以下の四つの**基本資格**と3つの**付加資格**がある。

　◇基本資格
　①第三種内管工事士・②第二種内管工事士・③第一種内管工事士・④内管溶接管理士
　◇付加資格
　①ネジ工事：燃焼機器の取り換え等に伴う**ネジ配管**による軽微な増設・変更工事
　　　　　　　（第三種内管工事士の付加資格）
　②活管工事：（第二種内管工事士・第三種内管工事士・内管溶接管理士の付加資格）
　③低圧溶接：（第一種内管溶接士の付加資格）

第12話　ごみ処理設備工事

人間が近代的で文化的な生活する上で、発生させる**ごみの量（quantity of refuse）**は看過できないほど膨大な量になってきている。したがって、第12話では**建築設備**が担うべき**ごみ処理設備**について言及することにしたい。

12・1　ごみ処理設備工事とは？

建築設備でいう**ごみ処理設備（refuge disposal facilities）**とは、**廃棄物清掃法**でいう**廃棄物**のうち、**一般廃棄物**をできるだけ**再生利用**を行った後、**衛生的な状態**で**処理・処分**するために要する建物内外での**収集・保管・運搬・積載**などに必要な設備のことである。

さらに、中間処理としての**焼却・破砕・圧縮・固化・分別・堆肥化施設**ならびに**最終的な処分**に到るまでの諸設備を包含する設備の総称である。これらの**ごみ処理設備**を設置することを、通常**ごみ処理設備工事**と呼んでいる。

12・2　廃棄物処理法の目的とその実務知識

本話では、以降で**家庭ごみ**と**ビルごみ**に限定して、解説する予定であるが、その前にその前工程に該当する、**廃棄物処理法**について少しだけ紹介しておきたい。

（1）廃棄物処理法の目的

廃棄物処理法とは、正式には**廃棄物の処理及び清掃に関する法律**と呼ばれるが、この法律の目的は、廃棄物処理法第1条で以下のように定義されている。

"この法律は、廃棄物の排出を抑制し、及び廃棄物の適正な分別、保管、収集、運搬、再生、処分等の処理をし、並びに生活環境の保護及び公衆衛生の向上を図ることを目的とする。"

（2）廃棄物処理法に関する実務知識

廃棄物処理法の知識は、建設現場で建築の施工や建築設備の施工を担当する技術者にとって**不可欠な知識**なので、ここではその要点だけを解説しておく。

1）廃棄物の法的分類（廃棄物処理法第2条）

廃棄物は、図12・1に示すように、まず**一般廃棄物**と**産業廃棄物**に大別され、**一般廃棄物**の中には**特別一般廃棄物**、また**産業廃棄物**の中には**特別産業廃棄物**がある。例えば、建築物における**石綿処理事業**で発生した飛散する**石綿保温材**は、**特別管理産業廃棄物**として廃棄しなければならない。

【技術用語解説】

石綿（asbestos・アスベスト）
　蛇紋岩および**角閃石系**に属する繊維状の**無機ケイ酸塩鉱物**。**不燃性・耐熱性・耐薬品性・耐摩耗性**などに優れ、従来**補強繊維・耐火材料**として使用されてきた。近年、石綿が人体に及ぼす影響が問題視され、その使用（吹付け施工・ガスケット材としての使用など）は、禁止となっている。

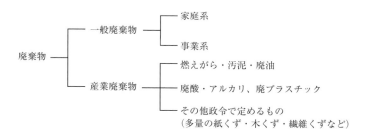

図12・1　廃棄物の分類

2）産業廃棄物の種類（廃棄物処理法施行令第2条）

紙くず・木くず・金属くず・ガラスくずおよび陶磁器くずなど、13種類の**廃棄物**が定められている。これら13種類のうち、**紙くず・木くず・繊維くず**など6種類のものについては、**特定の事業活動**から発生するものに限って、**産業廃棄物**とされている。

3）塩化ビニル管のくず（廃棄物処理法第2条第4項第1項）

建築物の新築工事で生じた**塩化ビニル管**のくずは、**プラスチック類**であるので**産業廃棄物**である。

4）運搬と処分（廃棄物処理法第12条）

事業者は、工事について発生した**産業廃棄物**について、**運搬**は、**産業廃棄物収集運搬業**

者その他環境省令で定める者、**処分**は**産業廃棄物処分業者**その他環境省令で定める者にそれぞれ委託する。

換言すると、**産業廃棄物**の**処分**と**運搬**を一括して委託することはできない。

5）産業廃棄物管理票の交付不要の特例（廃棄物処理法規則第8条の19）

再生利用する**産業廃棄物**のみの運搬を業として行う者に**当該産業廃棄物**の**運搬**を委託する場合には、**産業廃棄物管理票（マニフェスト）**を交付する必要はない。

【ちょっとお耳を拝借！】

マニフェスト制度（manifest system）
　産業廃棄物の**排出事業者**が、産業廃棄物の**運搬・処分**を委託する場合には、受託者ごとに**マニフェスト（産業廃棄物処理票）**を発行し、**中間処分・最終処分**など、それぞれ受託者が**処分完了後**に**マニフェスト**の写しを**排出事業者**まで返送する制度のこと（第12・2）。

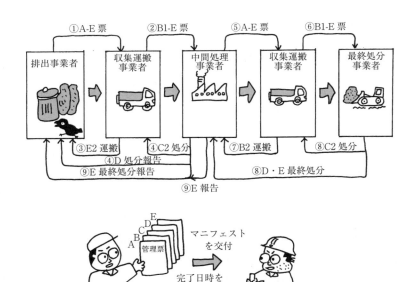

図12・2　マニフェスト帳票の流れ

この制度の目的は、産業廃棄物の**不法投棄**を防止し、廃棄物が適正に運搬され処分されたことが、容易に確認できるようにする**仕組み**である。
　ちなみに、英語の"manifest"の原義は、**積み荷目録（送り状）・乗客名簿**の意であるが、紛らわしいのは、最近政党・政治家などが公表する"manifesto"となると、政党・政府などの**声明文**となるので注意のこと！

　その他、**廃棄物処理法**の実務知識に関する項目としては、①産業廃棄物処理表、②産業廃棄物処理業、③産業廃棄物処理事業者の処理、④産業廃棄物の運搬・処分の委託契約などがあるが、ここでは割愛する。

12・3　家庭発生ごみとビル発生ごみ
（1）ごみおよびごみのリサイクル
　人の**日常生活**や**事業生活**からは、不要なものが多量に発生し、これらを**ごみ・廃棄物**などと呼んでいる。ごみは、**廃棄物処理法（廃棄物の処理及び営巣に関する法律）**をもとに分類すると、既述のように**一般廃棄物**である。
　廃棄物は、かつては**使用済のもの・不要となったもの**であったが、**生産（production）・消費（consumption）・廃棄（disposal）**まで莫大な量の社会となり、今日では資源の**採取段階**から**廃棄段階**まで**環境**に大きな負荷を与えている。

【技術用語解説】

ごみの排出量
　2014年（平成26年）における**ごみの排出量**は、ごみ総排出量は**4,432万トン**で、前年度より**4,487減（1.2％減）**となっている。
　また、2014年（平成26年）の1人1日当たりの**ごみ排出量**は、**947グラム**で、前年度実績：**958グラム**より1.1％減となっている。

　廃棄物の発生量を抑制する方策としては、**使い捨て商品**の製造・使用の自粛や**過剰梱包・包装**の自粛などに対する**事業者**や**消費者**の取り組みや意識改革の他**廃棄物のリサイクル**や**ごみの有料化**などがある。

第12話　ごみ処理設備工事

> 【技術用語解説】
>
> **ごみのコンポスト化**
> 　有機成分の多い**ごみ・汚泥**などを好気的に**発酵（fermentation）**させ、**堆肥（compost）**を作ることをいい、できた**堆肥**を**コンポスト**と呼んでいる。**下水道処理場**の**汚泥コンポスト化**はかなり以前から行われている。

　ちなみに、廃棄物を**再生資源**としてリサイクルするとともに、**廃棄物の発生抑制**および**環境の保全**を確保するために、1991年（平成3年）に**再生資源の利用の促進に関する法律**が制定され、**事業者**のみならず**消費者**も協力することが求められている。なお、廃棄物の**リサイクル**を促進するためには、ごみの**分別収集**が不可欠である。

　さらに、**再生資源**となり得る**びん・プラスチック容器**などは、**一般廃棄物**のうちの**容積比**で約60%、**重量比**で約25%を占め、これらの**容器包装廃棄物**のリサイクルを促進するために、1995年（平成7年）に**容器包装に係る分別取集および再商品化の促進等の法律**が制定された。

　なお、1997年（平成9年）4月から**アルミ缶・スチール缶・びん（色選別必要）・紙パック・段ボール・その他の紙・ペットボトル・その他のプラスチック**などの容器包装の**分別収集**および**再生品化**が開始されたのである。

> 【ちょっと一息！】
>
> **ペット（PET）ボトル**
> 　ペットボトルは英語では"plastic bottle"というが、実はペットボトルの"PET"とは、すっかり日本語として帰化してしまっている。**愛玩動物のペット（pet）**をつい連想しがちであるが、**ポリエチレン・テレフタレート（plyethylene terephthalate）**の略号で、**熱可塑性の樹脂製品**である。ペットボトルは、現在**清涼飲料水・ミネラルウォータ・醤油・ソース・洗剤・シャンプー**などの容器として多用されている。

（2）家庭ごみとビルごみ

　◇**家庭ごみ（domestic refuse）**：居住地域や生活様式（ライフスタイル）などによって、家庭から出される**ごみの量**および**ごみの組成**は異なるが、平均的な**家庭ごみの量**は、**0.8〜1.2kg/（人・日）**程度であり、かつ**平均的組成**は、おおむね図12・3(a)に示すように、

第12話　ごみ処理設備工事

生ごみ（厨芥：ちゅうかい）が多く、次いで紙類が多い。

◇ビルごみ（building refuse）：ビルから排出されるごみの量およびごみの組成は、建物の用途によって大きく異なるが、事業系ごみを平均したごみの組成は、おおむね図12・3(b)のようなものになる。

ちなみに、建物業種別に見た場合のごみの発生量とごみの性状を一覧化したものが、表12・1である。

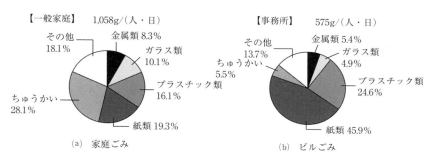

図12・3　家庭ごみとビルごみの組成例

表12・1　ビルの業態別標準ごみ排出量

業態	重量	水分〔%〕	不燃物〔%〕	ごみの状態
事務所ビル	1.0kg/（従業員数・日）	10～15	5～10	一般雑かい
銀行・証券	0.25kg/（人・日） 0.015kg/（㎡・日）	10～15	5～10	一般雑かい
都市ホテル	4.0kg/（宿泊客・日） 0.08～0.1kg/（㎡・日）	40～75	5～15	混合雑かい ちゅうかい
ビジネスホテル	0.8kg/（収容人員・日） 0.02kg/（㎡・日）	30～60	5～10	混合雑かい
旅館	1.2kg/（収容人員・日）	40～75	5～10	ちゅうかい
病院	1.1kg/（ベッド数・日）	10～20	5～10	混合雑ちゅうかい
デパート	1.0kg/（従業員数・日） 0.06～0.1kg/（㎡・日）	10～15	5～10	一般雑かい
スーパーマーケット	0.15～0.3kg/（㎡・日）	20～50	5～10	雑かい
小～高等学校	0.2～0.3kg/（生徒数・日）	10～25	10～15	雑かい
遊園地	0.5～0.8kg/（入場者数・日）	10～25	10～15	雑かい
駅	0.005から0.01kg/（乗降者数・日）	15	10～20	雑かい

（3）ごみの有料化

　ごみの有料化を実施している**自治体**は、1982年（昭和57年）7月に有料化を導入した**滋賀県守山市**をはじめとして、**北海道伊達市・岐阜県高山市・島根県出雲市**などが挙げられるが、1998年（平成10年）時点で約950の市町村があり、現在では**ごみの有料化**を導入していない**自治体**はないということができる。

　実は、興味あることに、この**ごみの有料化**の副次効果として**有料化**を開始した時点から、ごみの排出量は**20％以上**も減少してしまったそうである。

　なお、東京都においても、1996年（平成8年）12月から、従来無料で徴収していた、**1日平均排出量：10kg以下**の**事業系ごみ**についても、排出量に応じた**手数料**を徴収することになり、**事業系ごみ取集**の全面有料化を導入している。

【ちょっと一息！】

　このことに関連して筆者が思い出すのが、筆者が今から40年前に**シンガポール**に赴任した当時の思い出である。シンガポールの町中至る所に "No litter！ Fine：＄500。（ゴミ捨て厳禁！罰金：500シンガポールドル）" という掲示が目についた。

　聞くところによると、当時のシンガポール首相**リー・クアン・ユー**が、1964年（昭和39年）に開催された**東京国際オリンピック**の事前視察で、東京を訪れた際、ごみ一つ落ちていない東京の街の美しさに感激したそうである。帰国後、早速シンガポールの町中に既述の掲示を出して、**ごみ捨て防止運動**を展開して、その結果、町中にごみ一つない世界一美しい**シンガポール**が誕生したそうである。**罰金（Fine）**でも取らない限り、ごみを平気で路上に捨てる習慣が治らないからであったという由。

　筆者は**MLB（米大リーグ野球）**のファンである。毎日のように、TVで**MLBテレビ中継**を観させていただいているが、彼らの**ベンチ内**はゴミだらけ、口から**食べかす**や**ツバ**をベンチ内に無神経にはきだすやら、日本人の**公衆道徳感覚**からは、不快感がつのり到底理解できない。どうにかならないものか…？

図12・4　MLBのベンチ内

12・4　生ごみとディスポーザ排水処理

ここでは、**生ごみとディスポーザ排水処理**の問題について紹介するが、このテーマこそ第12話の主要テーマであると筆者は考えている。

(1) 生ごみの量と質

家庭から排出される**家庭ごみ（domestic refuge）**のうち、**生ごみ（厨芥：garbage）**の占める割合が最も多く、地域によっても異なるが、**湿重量比**で30～50%を占めているといわれている（図12・5）。また**生ごみ**は、**飲食店**や**給食工場**などからも多量に排出されている。ちなみに、家庭から排出される**ごみの量**は、1人1日当たり、**180～260g**とも言われている。さらに、家庭から排出される**ごみの質**は、湿重量比で**野菜：37%・果実類：30%・魚介類：16%・米飯：7%・茶殻：4%・その他：6%**程度、そのうちで**水分**が**65～75%**で残りが**固形物質**である。

住宅では、**生ごみ**は非衛生（悪臭を発するなど）になりやすく、**集合住宅（アパート・マンションなど）**では、搬出上の厄介さもあり、また**ごみ集積所**においては、カラスなどが**ごみ袋**を破って**生ごみ**を食い散らし、非衛生的な状態を作っているとともに、美観を損ねているのが現状である。

【知っておきたい豆知識】

　徳島上勝町の**ゼロ・ウエイスト運動**
徳島県徳島市内から、南西へ車で約1時間ほど行くと、徳島県勝浦郡に位置する勝浦川上流域に**上勝町**という町がある。町の総面積の85.4%は**山林**で**平地**は少なく、標高：100m～800mの間に点在する大小55の集落に、約800世帯1500人が暮らす過疎の町である。この町は、**再生資源**を原料として製品をつくる**リサイクル業者**を見つけ、最初は**9品目の分別回収**からスタートし、その後**取引先の業者**が見つかるたびに**分別品目**に加え、現在なんと**45品目の分別回収**を行って、**ごみステーション**（図12・6）まで運搬することにより、**リサイクル率：81%**を達成しているという。まさに、上勝町全体で、"**混ぜればゴミ、分ければ資源！**"なる活動を強力に実践しているのである。この町は、65歳以上の高齢者が50%を超え**限界集落**と呼ばれている。これらの高齢者は、現在日本料理に彩りを添える**葉っぱ**を摘み取る仕事に従事しており、適度な労働が彼らの体力を高めるとともに収入源ともなり、**町の介護費用の低減**にもつながっている由。

第12話　ごみ処理設備工事

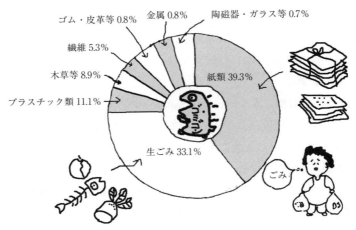

図12・5　家庭から排出されるごみの内訳

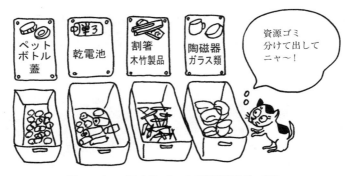

図12・6　ごみステーションの資源分別ボックス

（2）台所器具：ディスポーザ

　台所から出る**生ごみ（garbage）**を処理するのに非常に便利な道具として、図12・6に示すような、**台所流し（kitchen sink）**に直接取り付ける**ディスポーザ（生ごみ破砕機・disposer）**がある。最近では、日本のマンション設備の**三種の神器**とも呼ばれるようになり、日本の家庭でも次第に採用されるようになってきている。**ディスポーザ**は、水を流しながら**生ごみ**を破砕し、その破砕した**生ごみ**を排水とともに**排水管**に排除する器具である。

　実は歴史的にみると、**ディスポーザ**は、家庭用ものがアメリカの**ジェネラル・エレクト**

第12話　ごみ処理設備工事

リック社において、1927年（昭和2年）年に**開発プロジェクト**として取り上げられ、1950年（昭和25年）頃から**一般家庭**で使われだし、今では**台所器具**として定着している。日本では、1955年（昭和30年）頃からアメリカからの**輸入品**が出回り、**国産品**も販売されていたが、**排水管**や**下水道**への悪影響や、**下水道**がない地域で破砕された**生ごみ**がそのまま河川に放流されるなど、**環境破壊**が問題となり、多くの地域で**設置禁止**や**使用自粛**を求めるようになって、しばらくの間、各社がその**生産・販売**を中止していた。

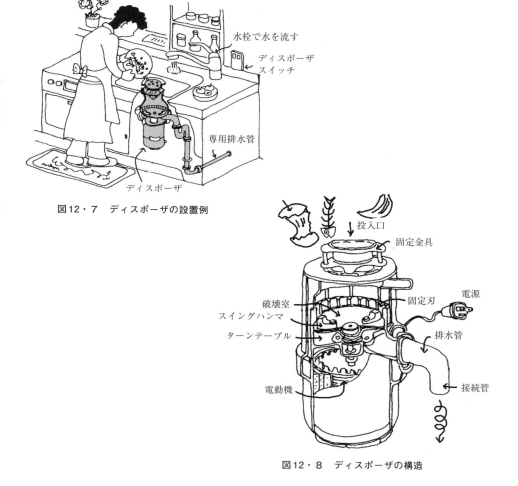

図12・7　ディスポーザの設置例

図12・8　ディスポーザの構造

（3）ディスポーザの復活

それでは、その**悪役ディスポーザ**が、なぜ再び使用されるようになったのであろうか？実は、1994年（平成6年）～1996年（平成8年）にわたって、旧建設省による**ディスポーザによる生ごみリサイクルシステムの開発**が行われたのである。

この開発により、次項で述べる**ディスポーザ排水処理システム**が誕生した。それは**ディスポーザ**と**排水処理槽**を組み合わせて、破砕された生ごみを含む**台所排水**を**下水道**や**排水放流先**に悪影響を与えない程度に**浄化 (purification)** して流すシステムである。

最近では、年々設置戸数が増えており、2013年（平成25年）3月時点での調査によると、集合住宅（マンション）では、24万戸近くの住戸に設置されているという。

（4）ディスポーザ排水処理システム

このシステムは、**ディスポーザ・専用排水管・排水処理槽**の3つで構成されており、**下水道**に放流するシステムと**下水道**がない地域に設置するシステムがあり、また用途別には**集合住宅用・戸建住宅用・業務用**の3種類がある。

注意して欲しいことは、まず建物内の排水を**台所流しの排水**とその他の**トイレ**や**洗面所・浴室**などの排水と分けて設ける必要があることである。

つまり、**台所流し専用**の排水管を布設することになる。そして、**ディスポーザ**を取り付けた**台所流し専用排水管**をディスポーザ排水処理槽（浄化槽）につないで、決められた**汚濁濃度**以下に浄化してから放流する。

このように、このシステムは、**ディスポーザ**を使うことにより、環境に今まで以上の**汚れた水**を流さないことを主目的としているので、その性能をテストして認められた**認定品**だけを使用することになっている。

システムの性能は、**日本下水道協会**が定めた**下水道のためのディスポーザ排水処理システム性能基準案**に基づいて、**同協会**が認定した**第三者評価機関**がテストして認定した製品、あるいは**旧建設大臣認定品**しか設置できない。

なお、東京都では、2005年（平成17年）4月に条例を改正して、**処理槽**を設けないで、**ディスポーザ**だけを使用することを禁止した。つまり、**ディスポーザ**は、上述の**ディスポーザ排水処理システム**を具備していないと使用できないことになり、この動きは日本全国に広まると思われる。

第12話　ごみ処理設備工事

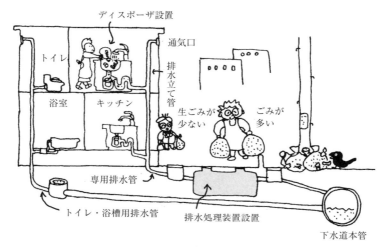

図12・9　ディスポーザ排水処理システム

（5）ディスポーザによる環境破壊

　排水の**汚れ具合（濃度）**を測る数値としては、**BOD（mg/リットル）**なる指標が使われる。ちなみに、ディスポーザ出口の排水の濃度は、おおよそ**BOD：5500mg/リットル**の非常に汚れた排水である。

　したがって、このまま河川などに流れた場合には、環境に与える悪影響は、非常に大きなものになる。**ディスポーザ未設置**の台所流しからの排水は、**BOD：600mg/リットル**であるが、**ディスポーザ排水処理システム**では、放流水を**BOD：300mg/リットル**以下まで浄化するので、**ディスポーザ**を使用しない時よりも、はるかにきれいな排水を流せることになる。

　しかしながら、**ディスポーザ排水処理システム**は、設置後の排水管の**定期的な清掃**や**処理槽の維持管理**が最も重要で、**第三者認定機関**で認定される条件として、**ディスポーザ設備**の**設置工事業者**および**メーカ**が責任をもって行うように定めている。

　したがって、**ディスポーザ設備設置後**は、**ディスポーザメーカ**が指定する**専門業者**、および**ディスポーザ生ごみ処理システム協会**が認定した**維持管理業者**が管理業務を行うことが望ましいとしている。

287

第12話　ごみ処理設備工事

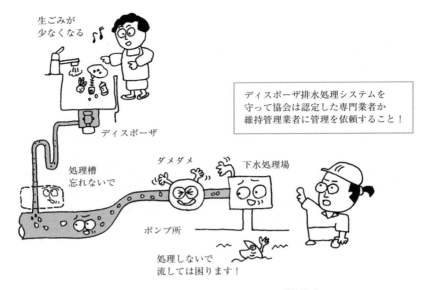

図12・10　ディスポーザ排水処理システムの維持管理

【ちょっとお耳を拝借！】

第三者評価機関とは？
　日本下水道協会が認可した**ディスポーザ排水処理システム**の性能を**テスト・評価・認証**する機関である。なお、**テスト・評価**は、同協会が定めた**ディスポーザ排水処理システム性能基準（案）**に基づいて実施される。ちなみに、2015年（平成27年）現在、**茨木県薬剤師会公衆衛生検査センター・関西環境管理技術センター**がある。

第13話 特殊衛生設備工事

　第13話では、今までに詳しく触れることのできなかった**衛生設備工事**に属する設備の中でも**特殊な用途別工事**について、そのいくつかピックアップして、その概要と要点を以降で紹介してみたい。

13・1　プール設備工事

　プール（pool）といえば、誰でもすぐに**遊泳プール（swimming pool）**を連想するのではないだろうか？実は、英語の**pool**の原義は、本来**水たまり**や**小池**を意味する用語である。ところで、一口に**プール**といっても、最近では**競泳用プール**から**レジャープール**まで数多くの種類のプールがある。

　したがって、ここではまず最初に**プール設備**の概要について触れてみたい。

（1）プールの種類

　世界最古のプール（pool）は、紀元前3000年にインドで、長さ：13m×幅：7.5m×深さ：2.5mの水槽が作られたのがその嚆矢と言われている。この水槽は、**れんが**と**石膏モルタル**の厚さ：1mの壁からなり、**れきせい（アスファルト）**で包まれ、外側は**薄いれんが**で保護されていたそうである。

　ちなみに、日本での最初のプールは、1915年（大正4年）に**御大典記念事業**としてつくられた**旧大阪府立茨城中学校**のプールだそうで、このことにより当時は同校より多くの著名水泳選手が水泳界に送られ"水泳日本"の基礎がつくられた由。

　これ以降日本では、**水泳人（swimmer）**のための**競泳用プール**が数多く建設されるようになった。このような歴史的背景上、日本では**プール**といえば、**競泳用プール**または**学校用プール**を意味していた。

　しかしながら、最近ではプールに対する考え方も、以下に示すようにそのニーズは、極めて**多様化**しており、特に**レジャー重視・健康重視**の観点から、この傾向に拍車が掛かっている。

◇**競泳用・学校用プール**：水泳の練習・競泳などに使用されるプールである。
　通称長さ：25mプール（短水路プール）と長さ：50mプール（長水路プール）があり、オリンピック水泳競技などの**公式競技**では、50mプールが採用されている。

◇**造波プール**：自然の海での波を再現し、**遊泳者**に波打ち際での**臨場感（感覚）**や波によって上下する感覚を楽しんでもらうプールである。

◇**流水プール**：**流路幅**が約5m程度のプールで、周囲を循環する**循環型**のものである。**流水プール**の両壁からは**水流**が吹き出し、この水流により**流水プール**には約0.7m/s程度の**回流水流**が常時発生している。

【ちょっとお耳を拝借！】

流水プールでの落語一席！
　筆者の高校の大分後輩に当たるが、40歳を過ぎてから**サラリーマン**から落語家に転じた、**立川寸志**という噺家がいる。彼の話によると、**噺家の高座**は**座布団一枚**あればOKだそうで、いままでさまざまな高座で一席ぶってきたそうである。
　ところで、ある時**流水プール**の経営者に招かれて、**流水プール**に**ゴムボート**を浮かべて一席落語をぶたされたそうである。この時には、**景色**はぐるぐると変わるし、**聞き客**は同様に変わるので、さすがに大変往生したとか・・・。

図13・1・1　流水プールでの落語一席！

◇**スライダー**：**半割（ハーフパイプ）状**、あるいは**密閉円形型状**の傾斜のついた流路に水を流し、この水の流れと一緒に**遊泳者**が流れ下りて、最下部の**着水プール**まで下りてくるものである。**遊泳者**は、この**水の滑り台**とも形容できる流路を流れ下るときの**スピード**と**スリル**を楽しむものである。

◇**ロディオマウンテン**：起伏のある**傾斜面**を柔らかい材質の**パッド(pad)**で覆い、人工的に**滑滝**を作り、この上から水の流れと一緒に**遊泳者**が下りてくるもので、最近急速に普及している。

　これらの他の、**健康志向ブーム**を受けて、**スパ（Spa：温浴施設）**的なものを、**プール**に併設する施設の例も増えてきている。

< 造波プール >　　　　< スライダープール >　　　< ロデオマウンテンプール >

図13・1・2　造波プール・スライダー・ロディオマウンテン

（2）遊泳プールの設備

　後述する日本の**温泉（hot spring）**では、**かけ流し式温泉（one-way flow system）**と**再循環式温泉（recirculating flow system）**とが存在するが、温泉客には**かけ流し温泉**が、圧倒的な人気を博している。一方、他の種類プール同様に、**遊泳プール**においては、**水資源節約**上ほとんどの**使用するプール水**を**再循環ポンプ**で再循環して再使用しているのが一般的である。

　最近では、**水面の波立ち**を抑える効果や**水面近くに漂う汚れ**を排除しやすいように、図13・1・3に示すような**オーバーフロー回収方式**やプール底面から吐水して**オーバーフロー水**を回収する**スキマ回収方式**が使われる場合がある。

　また、かつては**バランシングタンク回収方式（図13・1・4参照）**も使われていたが、最近ではあまり使用されていないようである。

第13話　特殊衛生設備工事

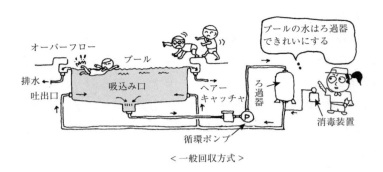

＜一般回収方式＞

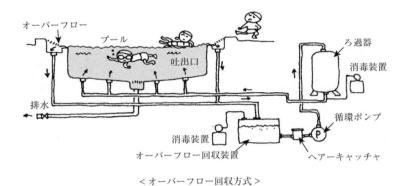

＜オーバーフロー回収方式＞

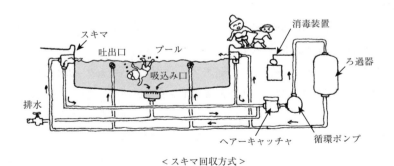

＜スキマ回収方式＞

図13・1・3　3種類のプール水循環システム

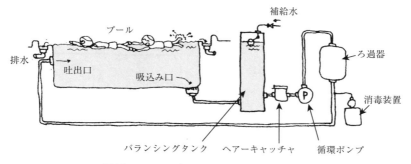

図13・1・4　バランシングタンク回収方式

　ちなみに、**プール設備工事**において、建築設備が担当すべき**主要な役割**は、プール再循環水の**ろ過設備（filtration system）・消毒設備（sterilization system）・水温制御設備（water tenmp control system）**の3設備である。

◇**ろ過設備**：ろ過材料としては**砂・珪藻土（diatomite）**が使われており、**小規模のプール**では**カートリッジ式**も使われている。

　なお、**砂式ろ過**では、水の**濁り・着色**の原因である微粒子を**凝固させる薬品（凝集剤：flocculant）**を添加して、ろ過槽の表面に被膜を作り、水の濁りを除き易いようにしている。

◇**消毒設備**：プール水の消毒には、**塩素剤（次亜塩素酸ナトリウム溶液など）**が使われており、その他に、**二酸化塩素**や**塩水**を電気分解して**次亜塩素酸**を発生させたりする方法も使われるようになっている。

　ちなみに、最近ではプール特有の**塩素臭**を極力抑える観点から、**オゾン殺菌・紫外線殺菌装置**などの、新しい殺菌装置が開発・実用化されている。

◇**水温制御設備**：遊泳プールの水温は、原則として**22℃以上**としている。

　ただし、**温水プール**では、**熱交換器**を使って水温を一定に保っており、浴槽と同じく**塩素消毒**をするので、**金属類**を腐食させやすく、**ボイラ**などで**直接加熱**することはほとんど行われていない。

第13話　特殊衛生設備工事

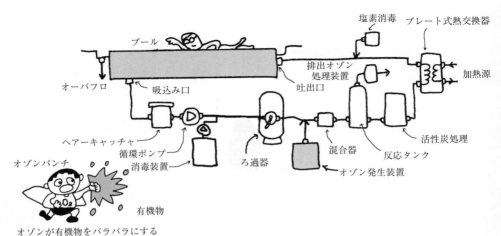

図13・1・5　オゾン殺菌消毒方式

【技術用語解説】

バイオフィルム (bio-film)
　水中の多糖類や有機物が配管などの内部に付着した場合、そこに**細菌**や**かび**などの**微生物**が入り込んで**増殖 (propagate)** して、ネバネバした**分泌物 (secretion)** を出して付着し、さらに分泌物を利用する別の微生物が付着・増殖して**微生物の複合体**となったものを**バイオフィルム**と呼んでいる。
　このバイオフィルムの中には複数の微生物が、**強固な共生体**として存在しており、**レジオネラ属菌**などの病原菌の巣窟となっている。

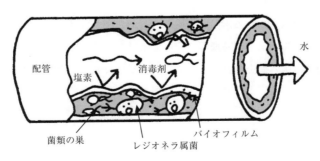

図13・1・6　配管中のバイオフォルム

294

(3) ウォータパーク（屋内通年型プール）

　昨今の**レジャー指向**を受けて、**ウォータパーク（屋内通年型プール）**が国内各地に建設されている。また、**地方自治体**が建設している**塵芥焼却施設**には、そこの**焼却排熱**を利用した**屋内温水プール**が併設されるケースが多い。

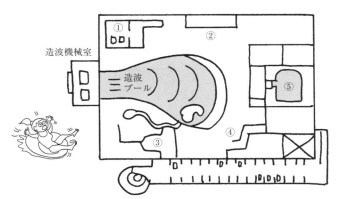

①流水プール機械室　②ワールプール　③ダイニングエリア
④ジュースバー　⑤屋外プール

図13・1・7　ウォータパーク：大空間プールの例

(4) 屋内温水プールの環境制御

　この問題は**衛生設備分野**の問題でなく、**空調設備分野**の問題であるが、遊泳者は、水着だけで長時間プール内にとどまるため、**空間の熱環境**に不快感のないように計画していく必要がある。また、**温かい空気**は密度が軽いため上昇し、屋内プール大空間の上層にたまり、下層にいる遊泳者に不快な**ドラフト感**を感じさせる可能性がある。

　したがって、温風を吹き出す際には、**下降流（down-stream air）**を起こすように**吹出口（ノズルなど）**を配置計画したり、**床暖房**を敷設して歩行時の不快感をなくし、**放射熱**による遊泳者への暖房感を高めるなどの配慮が不可欠となる。

　もう一つ**屋内プール**の問題点を挙げると、屋内プールの**結露**の問題である。高温多湿雰囲気で、外気温が下がった場合には、壁・天井に**結露**が発生する可能性がある。特に天井に発生した**結露**が、落下した場合には、遊泳者に不快感を与えてしまう。さらに、**壁の結露**は、**汚れ**や**かび**の発生原因ともなる。

したがって、十分な**結露防止対策**を講じる必要がある。

図13・1・8　プール天井からの結露水の落下現象

13・2　水族館設備工事

　水族館（aquarium）は、最近では客寄せを兼ねて日本の至る所で、小規模なものから大規模なものまで、建設されるようになっている。その理由は、**アミューズメント施設**として、水族館は、子供たちに大変喜ばれるだけでなく、大人たちも楽しむことができるからである。ここでは、水族館設備工事の概要について紹介することにしたい。

（1）日本の水族館の嚆矢

　日本における最初の**水族館（aquarium）**は、その規模は小さいが、1882年（明治15年）に**上野動物園**の園内にできた**観魚室**だといわれている。

　戦後3回のブームを経て、**日本動物園水族館協会**に加盟している水族館の数は60（？）を超え、それ以外のものも加えると約100件（？）もの水族館が建設されているという。所期の水族館の展示は、いわゆる**汽車窓式**や**置水槽**による**博物館**的な展示形態であったものが、近年の水族館は、魚とのふれ合いによる**生涯学習**や海とのかかわりあいによる**環境保全**などをコンセプトに、テーマを統一した**展示計画**と**娯楽性**を配慮した個性的な演出が取られるようになった。

　また、**アクリルガラス**の技術進歩によって可能となった、**大型水槽**による**ダイナミックな展示**を採用した水族館が増えている。

第13話 特殊衛生設備工事

【技術用語解説】

アクリルガラス

　アクリルガラスは、**透明材料**として優れており、**ぜい性度**が少ない上**応力集中効果**が少なく、かつ**強度的ばらつき**が少ないなど、ガラスにない特徴を具備している。

　積層重合接着や**突合わせ重合接着**によって、従来のガラスでは、不可能な**大型水槽**の実現を可能にしている。

図13・2・1　じんべえ鮫が回遊する大阪：天保山水族館

表13・2・1　主たる水族館の大水槽の総水量・形状・アクリルガラスの厚み

水族館名	水量 [m³]	形状	アクリルの厚み [mm]
沖縄海洋博水族館	1,100	ブロック	200
葛西臨海水族園	2,200	ドーナツ	260
海遊館	5,400	ブロック	300
モントレーベイ水族館	1,271	ブロック	184

（2）水族館の設備

　水族館は、**海水（marine water）**や**淡水（fresh water）**に生息する**魚類・海鳥（ペンギン等）・海獣（ラッコ等）**が飼育されている。**魚類**は、熱帯・温帯・寒帯・北極・南極・深海に生息する海水魚など、多種多様で体長や飼育する**温度条件**もそれぞれ異なる。水族館の設備には、一般の**空調設備・衛生設備**以外に、生物を飼育するための**水処理設備（water treatment system）**が不可欠である。

　その**水処理設備**には**海水**を取水するための**取水設備**・飼育水槽の水質を維持するための

ろ過循環設備・温度調節設備・ばっ気設備・排水処理設備などが必要となる。まず、図13・2・2は、水族館における**水処理フロー**を、次に図13・2・3は、展示水槽の**ろ過循環設備**を示したものである。また、**ラッコ（sea-otter）** の場合には**水温制御**だけでなく、**空調制御**も必要とする。

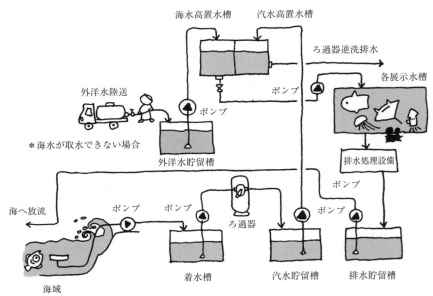

図13・2・2　水族館における水処理フロー

一方、**水処理設備**は、飼育される魚類の**生命維持**に関わる重要な設備であり、必然的に24時間365日休みなく連続稼働する必要がある。そのために水族館の設備機器は**二重化（duplication）** などの安全対策が取られている。

特に、貴重な**深海魚（deep-sea fish）** などの飼育観察などを行っている**研究機関**では、この安全対策に対する配慮が不可欠となる。

なお海水の場合には、設備機器・配管材料としては、**硬質塩化ビニル製**のパイプやバルブ、**チタン製熱交換器**などの**耐海塩腐食材料**を使用する必要がある。

ちなみに、**水族館**は**熱エネルギー消費**と**電力消費**の大きい、いわゆる**エネルギー多消費型建物**であり、その対策として**コージェネレーション・システム（CGS：Co-Generation**

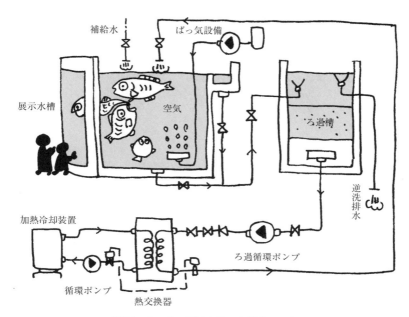

図13・2・3　展示水槽のろ過循環設備

System) などが、採用されるようになっている。

（3）水族館の水処理設備

ろ過循環設備・ばっ気設備・温度調節設備では、それぞれ以下のような**役割分担**をしている。

◇**ろ過循環 (filtration & recirculation)**：

① **アンモニアの硝化**：生物が排泄する**窒素化合物**で有害な**アンモニア（NH_3）**は、ろ過装置の**硝化バクテリア**の**硝化作用**により、**無害な硝酸**に変えている。**硝化**が進行すると、水中のpHが低下し、**硝化バクテリア**の働きがどうしても低下する。水中のpHを7以上に保持するため、ろ過装置内に**サンゴ砂（coral sand）**や**大理石（marble）**を充填してpH調整を行っている。

【技術用語解説】

アンモニアの毒性
　魚体重1kg当たり1日あたり、**アンモニア：500kg**を排泄するといわれている。**アンモニア（NH₃）**は、血液中の**ヘモグロビン**が**酸素**と結合して**炭酸ガス**を放出する働きを妨げる。そのため、**アンモニア**の含有量が増えると、水中で**えら呼吸**をする水族・魚類などは、当然生命を維持できなくなる。ちなみに、水族に対する**アンモニアの安全濃度**は、0.1mg以下といわれている。

　② **濁質のろ過**：えさの残りや水族が排泄する**浮遊物**などの**濁質**は、ろ過装置の**ろ過砂**で物理的に処理される。**透明度（degree of transparency）**を維持するためには、**濁質**の除去は、きわめて重要であり、濁度（turbidity）を少なくとも**1度前後**にする必要がある。

　　ちなみに、**海獣**などの大型水槽の**濁質**の処理には、薬剤などを使って**凝集ろ過方式**で行っている。

◇**溶存酸素の補給**：水槽内に溶存している**溶存酸素（DO）**は、水族の呼吸作用およびアンモニアの**硝化作用**によって消費される。

　　ちなみに、溶存酸素（DO）は、通常**5mmg/リットル**以上に保持されている。

◇**藻類・雑菌の除去**：**閉鎖系**の循環処理を続けていくうちに、展示水槽には**藻類（algae）**や**雑菌**が繁殖する。**藻類**は**色度成分**となって水に色が付き、展示水槽の透明度を低下させる。

　　したがって、最近の水族館では、透明度の確保および雑菌による水族の罹病を避ける目的で**オゾン殺菌・次亜塩素酸ソーダ殺菌・紫外線殺菌**などの**高度水処理**も行われている。

◇**温度調節**：魚類は**変温動物**であり**体温調節**の機能がないので、その生息する自然状態に近い**温熱環境**を確保しなければならない。

　　したがって、その水温変動幅は、ほぼ**1～2℃**以内にコントロールされている。

第13話　特殊衛生設備工事

【技術用語解説】

魚類の最適な水温

　一般に水温は、おおむね熱帯性魚類：25℃、温帯性魚類：20℃、冷水性魚類：15℃である。さらに、海藻類：10℃、深海魚類や無脊椎動物：5℃、さらに極地の魚類を飼育する場合には、低温水：0℃で飼育している場合もある。

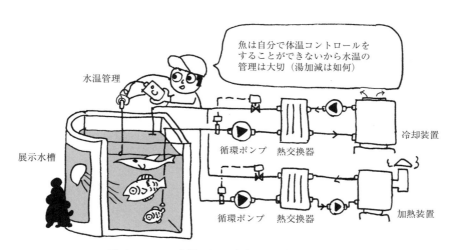

図13・2・4　魚類によって湯加減も調節しなければ！

（4）水族館設備余談

◇**水族館では、なぜ補給水（新鮮海水）が、必要なのか？**

　水槽のろ過水は、**ろ過循環**していると**硝化作用**による pH の低下、水槽からの水の蒸発による**濃縮**や洗浄時の**希釈**による**塩分濃度調整・比重調整**のため、どうしても**新海水**の補給、場合によっては**全量海水交換**を行う必要がある。

◇**内陸型水族館・都市型水族館における海水補給方法**

　水族館は、海に面した場所ばかりではなく、**海水**の補給が困難な都市の内部やビルの内部にも建設されている。それらの**水族館**では、**外洋海水**を**定期航路**の船を利用して港まで運び、その後陸送による方法で**海水**を確保している。

13・3　水景施設設備工事

　都心などを何気なく散策していて、**噴水**などの**親水空間**に遭遇すると、人間誰でもなんとなくほっとした、**くつろいだ**気分になる。ここでは、このような雰囲気を醸し出す**水景施設設備工事**について紹介してみたい。

（1）水景施設とは？

　水景施設（warer fcilities）とは、引用・参考文献の（4）空調・衛生用語辞典には、なんの解説もなく、**噴水設備（spring syetem）**を参照のこととなっている。そして、**噴水設備**の項を参照すると、以下のような解説が載っている。

　"噴水設備"とは広義には、**噴水・流水・落水**、または**溜水**によりいろいろな形態をつくり出す**鑑賞用**の設備。狭義には、水を噴水用ノズルから噴射し、特徴の異なった**噴水姿**を形成する設備。噴水設備は、一般に**噴水池・循環ポンプ・ろ過装置・噴水用ノズル**などから構成され、この他**照明設備・音響設備**が付加されることもある。噴水には多くの場合、**噴水・流水・落水・溜水**のいくつかを複合（または一体化）してデザインされ、**噴水池**も**水盤・上池・中池・下池・水路・造形物**などを伴う場合が多い。**水景施設**ともいう。

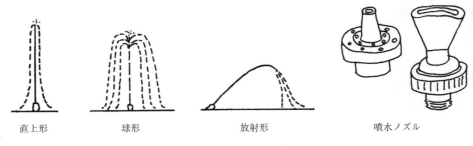

図13・3・1　噴水姿の基本形

　ところで、筆者が本話で紹介したいのは、**狭義の噴水設備**ではなく、あくまで、**広義の噴水設備**、すなわち**水景施設（修景施設）**のことである。

（2）水景施設（修景施設）の意義

　水景施設（water facilities）とは、水の織りなす**様々な演出施設**、またはこれらの水の演出を主体とした、**造形的・造園的・建築的**、あるいは**ショー**としての**空間構成（space cmponents）**をいう。

水は緑とともに、自然を想起・体感させ、我々の感性 (sensitivity) を揺り動かし、うるおい (comfort) ややすらぎ (relaxation) を感じる源泉であり、数少ない疑似自然体 (quasi-natural postures) の演出素材である。

したがって、今や水景施設は、広場・建築・造園などの環境演出において、単に環境デザインの面からだけでなく、アメニティ創出 (creation of amenity) のインフラの一つとして不可欠な存在となっている。

図13・3・2　潮風公園海景施設（東京品川臨海公園）

（3）水空間の演出

近年、都市空間スケールの大型化・多機能化やニーズの多様化およびアメニティ志向の高まりにより、水の演出もその目的・規模・表現方法が変わり、新たな機能が求められるようになった。

その一つ目には、公園・街路・公開空地・アトリウムなど都市空間で、自然を模倣あるいは凝縮した、自然の雰囲気が体感できる疑似（人工）自然のための、親水水空間の演出が求められている。

図13・3・3　人工滝：ナイアガラの滝再現

二つ目には、**河川・湖沼・港湾**などの水空間に自然との積極的な**ふれあいの場**を創出する**高射噴水**などの水の演出が、三つ目としては、**水のフォルム**や**パフォーマンス**をアート（芸術作品）として、取り込んだ**環境芸術**としての水の演出が挙げられる。

さらにもう一つとしては、**音楽噴水**や**ウォータショー**に見る、**異分野**との複合・共演による**マルチ化**があり、そこから**環境演出**やレジャー施設に新たな**水の表現ジャンル**が誕生しつつある。

【ちょっとお耳を拝借！】

ウォータショー（water show）とウォータスクリーン（water screen）
◇ウォータショー：**ショー構成**や**音響効果**を踏まえ、的確に**感情移入**された綿密な振付を**ショーコントロールシステム**に入力し、本格的な**音響効果**に合わせ**噴水**をはじめとする**水の演出**に多様な**照明効果**・**ウォータスクリーン**（後述）、**炎や花火**の演出などを複合し、**豊かな感性**と**高度な演出技法**で、表現する**水・光・音**のショーのことをいう。
◇ウォータスクリーン：**映像**や**レーザーディスプレイ**などを投映して、見せるために**水滴群**を膜状に噴き上げて形成する**水のスクリーン**のことをいう。

（4）水の演出形態と演出装置

◇**水の演出形態**：水の演出における**モチーフ**の多くは、山河・湖沼・海・空などと言った**大自然の営み**が介在する。

例えば、水しぶきを上げて砕け落ちる**滝**、岩間を滑り川底を洗うように流れる**清流**、心地よい水音を立てて穏やかに流れる**小川**、鏡のような水面の水を湛えた**湖**、寄せては返す潮の**波頭**、岩場に噴き上げる**潮吹き**などや、身近な例では、静寂の時空を感じさせる**軒先の雨だれ**や道端の**水たまり**などがある。

このような記述していると、筆者は、どうしても青森県の**十和田湖**を源流とする**奥入瀬渓流**を連想せずにはいられない。

【ちょっとお耳を拝借！】

水鏡池（mirror pond）
　建造物・背景・借景・かがり火・夜空の月・建築空間の**天井・壁面**などを映して見せるためにしつらえる池（図13・3・4）。
　視点への**反射角度・水深・池底仕上げ**が重要なポイントとなる。

図13・3・4　赤倉観光ホテルの見事な鏡池

　さらに、人間の**五感（five senses）**にせまり、感興を呼び覚ますこうした**ドラマチック**な水の表情を**デフォルメ（deformation）**して水空間を演出することができる。

【技術用語解説】

ビオトープ（独語：Biotope）
　生物共同体の**生息場所**としての最小単位のこと。日本語では、**生物空間・生物生息空間**と訳されている。**トンボ・ホタル・メダカ**などの小動物を含めた**生態系**を町の中に再生・保存するために、都市に導入することが求め始められた**小規模な緑地**のことで、**水辺**の部分が不可欠である。

　ちなみに、表13・3・1は、それらの**水の演出形態**とその**手法**を一覧化したもので、これらのいくつかが複合化され**渾然一体**となって演出される場合が多い。

表13・3・1　水の演出形態とその手法

基本形態	演出形態	動水状態	演出方法
流水	流れ	せせらぎ（浅瀬）、小川（暖流）、早瀬（急流）、曲水	自然的
	水路	カナル、チャドル（斜流）	人工的
落水	滝 水盤 壁泉 せき	多段滝、水階段、カスケード 筋落ち（条状）、布落ち（帯状）、膜落ち（面状）、すだれ落ち（綿状）、 滴り落ち（球状、）乱れ落ち、ほか 〈背壁に対し〉離れ落ち、伝え落ち、段落ち、滑り落ち、ほか	自然的 人工的
噴射	噴水 噴泉	直上、直下（単柱・列柱・円柱）放射（アーチ・水平飛）、ウォータスクリーン、霧 〈ノズル〉ジェット、エアジェット、キャンドル、噴霧、ほか	連続的 間欠的 姿変的
ため水	池堀 プール	徒歩池、水鏡、水屋根（水天弁）、超波、揺らぎ・波紋・さざ波） 起流（水流・渦流）、気泡、ほか	自然的 人工的

◇**水の演出装置**：水空間は、その舞台となる**池**や**流れ**、**滝口**や**堰**、造形物などの**構造物**と貯留する水自体を清浄に保持するための**池設備**と、多種多様な**機器・装置**を駆使した演出設備とで構成されている。**動的な演出**は、**地下水**や**河川水**を引き込み、そのまま放流する場合を除き、ポンプによる**再循環方式**が通例で、特異な例では空気圧による**間欠噴水方式**もある。

なお、循環水量・水圧・各所における**吐出配管口径・水深・勾配・流速・溢流水厚**などは、メーカの**実験データ**や**各種水理計算**により計算するが、異なる要素の組み合わせや、新しい試みの際には、**縮尺**あるいは**原寸大の模型実験**や**試作テスト**でその効果を確かめる必要がある。

【ちょっとお耳を拝借！】

水景施設の副次的役割

　シンボルロードや公園の水景施設に貯留された水は、**震災**や**火災**などの震災時には、即**消火用水**や**生活雑排水**として有効活用できることが、阪神・淡路大震災で実証された。

　今後の**水景施設**には、耐震構造の**地下水槽**や、防火樹林帯への**放水装置**などの併設により、**防災機能**を計画的に折りこむことが望まれる。また**浄水装置**を使用することにより、**飲料水**への転用も期待できる。

図13・3・5　水景施設の副次的役割の一例

（5）韓国：清渓川の親水空間の創出

　水景施設の掉尾を飾る話題として、筆者も訪ね感激したことのある、韓国ソウルの**清渓川（チョンゲチョン）**の**親水空間創出**の歴史について紹介しておきたい。

　清渓川は、ソウル市内を流れる川で**漢江（ハンガン）**に合流する河川であるが、李氏朝鮮初期以来、周辺住民の**生活排水**を放流する**下水道**代わりに利用されており、浚渫・護岸工事がたびたび行われていた由。1950年（昭和25年）代から1960年（昭和35年）代にかけて、韓国の**経済成長**および**都市開発**に伴い、さらに**水質汚濁（water pollution）**が悪化し、またこの川岸には**朝鮮戦争（1950～1953）**の避難民（refugee）などが住み付き、完全に**スラム化**していた。

　このため、**ソウル市当局**は、**清渓川**を**暗渠化**し、そこの住民を強制移住させるとともに、暗渠の上を通る**清渓高架道路**を1971年（昭和46年）に完成させた。

　その後、2000年（平成12年）代に入り市民の署名により**清渓川復元**の世論が高まったことを受け、すでに老朽化して誰も通行しなくなって問題となっていた**清渓川高架道路**を撤去する（注）とともに、全長：5.8kmにわたる**河川復元工事**が行われた。

> 注：このことで思い出すのが、日本では**お江戸日本橋**の真上をまたいでいる**高速道路**である。この**高速道路**は撤去され**地下化**されるそうであるが、本書が刊行されるまでに、実現されるかどうか……。

　河川や地下鉄駅舎等からの**地下水**などを放流して、**水質浄化対策**や**親水施設**の整備を

行った結果、ソウル市民の憩いの場に完全に**メタモルフォーゼ（変身）**したのである。これ以上、本件について詳述する積りはないが、ソウルを訪れた際には、是非**清渓川**沿いの遊歩道を散策して欲しいと思っている。

図13・3・6　現代の清渓川

13・4　大浴場・温泉施設設備工事

本話で紹介するのは、**家庭用の風呂（domestic bath）**のことではなく、日本文化を代表とする**温泉施設（spa）**などの**大浴場設備**のことである。

（1）日本における大浴場の歴史

沸かし湯をたっぷり張った**大浴槽**は、1998年（明治10年）東京の神田に温泉地の浴槽をモデルにして作られた**改良風呂**と言われるものが始まりで、今日のいわゆる**公衆浴場**の嚆矢であるといわれている。

【知っておくとお得！】

公衆浴場

　公衆浴場は、一般に**銭湯**とも呼ばれ、日本では戦後の1968年（昭和43年）が最盛期で、東京都内だけでも2,687軒あったといわれている。

　その理由は、各家庭で**家庭風呂**を所有するというような贅沢はできなかったからで、このことが日本における**銭湯**文化を生み出すことになる。

　しかしながら、1975年（昭和50年）以降毎年40～50軒が廃業しており、1990年（平成2年）には、1876軒と最盛期の70％弱に減っており、現時点ではさらにその軒数は減少していると思われる。実は、来日した中国人が、タクシーに乗っている時、煙突に**銭湯**という文字が書かれているのを目撃したそうである。そして、やおらタクシー運転手に**銭のスープってどんなスープ？**と尋ねたそうである。ちなみに、中国語では**湯＝スープ**であり、中国語では、**お湯＝・開水・熱水**という。

第13話　特殊衛生設備工事

図13・4・1　銭のスープって、どんなスープ？

　現在**リゾート地**の**旅館**や**ホテル**には、ほとんど**大浴場**があり、温泉がでないところでも、あたかも湯がこんこんと湧き出ているように作られた**大浴場**や**露天風呂**が設けられ、また市街地にも**休憩施設**や**各種の浴槽**を組み合わせた**浴場施設**がある。

　大浴場には、浴槽の底から気泡を吹き上げている**気泡風呂**、湯の中に高圧水流を吹き出す**噴流風呂**、噴流とともに泡を吹き出す**超音波風呂**、その他**打たせ湯・かぶり湯**など、さまざまな形態の設備が完備され、入浴を楽しむことができる。

（2）大浴場の設備

　温泉を豊富に浴槽にいれて**新湯**だけで浴槽の湯を清潔に保つ場合は別にして、**温泉の源泉量**が限られている場合には、一般的には、浴槽内の湯を**循環・ろ過**し、さらに湯の温度を一定に保つために、加熱して浴槽に戻している。

　最近の温泉では、**湧出量**が減り温泉を**循環・ろ過**したり、**沸かし湯**を混ぜたりしている温泉地も多くなっている。また、温泉量が豊富であっても、浴槽内の湯の温度を均一にするためや、湯質を清浄に保つ目的で**循環設備・ろ過設備・加熱設備**を設けているところも多い。

　ちなみに、図13・4・2は、湯の**循環・ろ過・加熱**の一例を示したものである。浴槽の湯は**集毛器（ヘアキャッチャ）**で毛髪や大きな異物を除去してから、**ろ過器**でろ過し、**加熱器**で適温にろ過して**殺菌**してから浴槽に戻すという**循環**を繰り返している。なお、湯を清浄に保つために、一般的には1時間に2回程度浴槽の湯が入れ替わるように循環させ

ている。

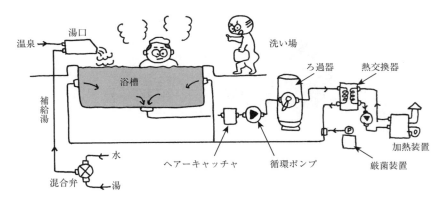

図13・4・2　大浴場の循環設備・ろ過設備・加熱設備の例

　ろ過器としては、**天然砂・人工ろ材・珪藻土・糸巻フィルタ（カートリッジ・フィルタ）** をろ材にしたものが使用されているが、一般には**天然砂・人工ろ材・カートリッジ・フィルタ**が多用されている。
　このように、**大浴場の湯は、かけ流し**ではなく、循環ろ過している場合が多いので、浴槽の**湯口**から出る湯を口に含んだりすることは**衛生上危険**であり、**湯口**から流すことを禁止しているところもあり、特に**飲用可**と明示していないかぎり、口に含むようなことは避けたほうがよい。

【技術用語解説】

カートリッジ・フィルタ
　繊維系・ポリエステル不織布製の筒状のフィルタをろ材にしたろ過器のこと。このフィルタは、操作が容易で、一般にカートリッジは、使い捨てで、**目詰まり（choking-up）**したら新品に交換する方式のものである。

（3）**特殊な浴場設備**
◇**気泡風呂**：**気泡風呂**は、**バイブラ風呂**などとも呼ばれ、浴槽の底に気泡を出す**気泡板**や**気泡管**を埋め込んで、**送風機**で空気を送り込み、**気泡**を湯のなかに吹き出すもので、浴

第13話　特殊衛生設備工事

槽内の一部に設けたり**専用の浴槽**をつくる場合もあり、**気泡**によるマッサージ感覚を楽しむためのものである。

◇**超音波風呂**：**噴射風呂（ジェット風呂ともいう）**や**超音波風呂**は、浴槽内の水面下に**噴射ノズル**を配置して、前者は**湯**だけを、後者は**湯**とともに**浴室内の空気**を湯と共に噴射し、体に当て**温浴効果**と**マッサージ効果**を併せて楽しむものである。

この他に、**薬草(herb)**をいれた**くすり湯**、微弱電流を流した**電気湯**、その他蒸し風呂・**サウナ風呂**・低温の湯を霧状にして天井から噴射する**ミストサウナ**などがある。

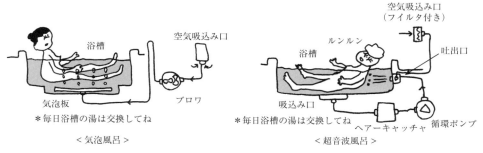

図13・4・3　気泡風呂と超音波風呂

【ちょっと一息！】

サウナ風呂

現在日本の温泉旅館の浴槽には、**一般付属設備**として設けられているが、そのルーツはフィンランドを起源とする**熱気風呂**である由。

ちなみに、1956年（昭和31年）に開催された**メルボルンオリンピック**に参加した日本人の**射撃選手**の一人がその時体験した**サウナ風呂**を東京に作ったのが、日本における**サウナ風呂**の嚆矢であるといわれている。

図13・4・4　サウナ風呂

（4）温泉とは？

　昔から日本人の**温泉好き**は、世界的にも有名であるが、最近世界中で特に注目を集めているのが、長野県の**地獄谷温泉**でみられる冬期限定の**野猿群の温泉入浴風景**である。

　ここで、原点にもどって"温泉（Hot Spa）って、一体何であろうか……？"

　温泉は、**温泉法（1948年制定・2011最終改定）**によって、"地中から湧出する**25℃以上の温水**、または**法で定める19の物質**のうちいずれか一つを含む鉱物及び水蒸気その他のガス（炭化水素を主成分とする天然ガスを除く）をいう"と定められている。つまり、日本では、井戸を掘って湧き出した水の成分に関係なく**25℃以上**を温泉と定義している。ちなみに、ドイツ・イタリア・フランスでは、**20℃以上**を温泉としているが、どうやらその国の**平均気温**を目安にしているようである。

さらに、温泉に**定期分析**を義務付け、**温泉分析表改正**の動きもある。温泉源の温度が**25℃以上**、または**リチウムイオン**など19種類の**特定成分**のうち、いずれか一つを一定以上含むものを温泉と定義。成分や**禁忌症**などを掲示するように義務付られている。なお、**不正表示問題**を受け、環境省は2005年（平成17年）法律の**温泉法施行規則**を改定し、加水・加温・循環ろ過・入浴剤などの使用の有無などの掲示も義務付られた。

【ちょっと一息！】

温泉の最適温度

　まず人間の**最適入浴水温**は、40.5℃程度と言われているが、温泉によって、**熱めの湯**とか**ぬるま湯**とか様々である。

　実は筆者が、函館の**湯の川温泉**の外湯に出かけた際、たまたま浴槽は2段に分かれており、低層部の浴槽がたまたま地元の人でほぼ満員（満席？）だったので、上段の浴槽にいきなり入ることになった。その熱いこと！熱いこと！入ってすぐにその浴槽から飛び出してしまった。すると、地元のお客から、"お客さんも変わった人だね！なぜ上段の浴槽から入るの……？"と言われてしまった。普通は下段の浴槽（湯温：約40℃）に入って、十分に体に馴染んでから上段の浴槽（湯温：約43℃）に入るもんだよ！と言われてしまったことがある。

　話は変わるが、筆者の元会社では、夏の2ヶ月間だけ、ヨーロッパからの**体験留学生**を実習教育も兼ねてあずかっていたことがある。その時期我々の課で、たまたま**伊豆熱川温泉旅行**が予定されていたので、フランス人留学生を温泉体験も兼ねて連れていった。その時、"日本人は、よくこんなに熱い温泉に長く入っていられますね？"といって、すぐに浴槽を飛び出してしまった。彼の白い肌は、赤く染まっていた。その際の大浴場の浴槽温度は、40℃程度だったのであるが、彼等にとっては**クレージーな湯温**に感じられたようであった。

　そういえば、**欧州**や**カナダ**などの温泉は、日本の**プール同様**で水着着用して、**25℃前後の水温**を楽しんでいるようである。

第13話　特殊衛生設備工事

【ちょっとお耳を拝借！】

ブータンの露天風呂・ドッツオ

　露天風呂が大好きという点では日本人が世界一だと思っているが、世界の秘境である**ブータン**にも風変わりな露天風呂がある。屋外の地面中に**木製の浴槽**を埋め込んで、これに清水を引き込み、焚火で**焼いた石**を投げ込んでお湯を沸かす。ブータンでは、"焼石に水！"ならぬ"水に焼石！"方式の露天風呂を**ドッツオ**と呼び、人気がある。もちろん、お湯がぬるくなれば**焼石**を追加して**追い焚き（？）**をすることも可能である。木が焦げるようなにおいとブータンの澄んだ空気がワイルドな雰囲気を醸しだす。

　しかしながら、ブータン人の人たちが、どのくらい程度の頻度で**ドッツオ**を楽しんでいるかは、残念ながら聞き漏らししまった。

図13・4・5　ブータンの露天風呂：ドッツオ

（5）温泉の影に潜むリスク：2例

　温泉は、**健康衛生上**や**精神衛生上**もいいところずくめと思われがちであるが、その反面**リスク面**もあるので、そのリスク例：2例をここで紹介してみたい。

◇**レジオネラ属菌と温泉**：1965年（昭和52年）に、アメリカの**在郷軍人会**がフィラデルフィアで開催され、パレードに参加した人々や通行人から、182人もの**肺炎患者**が発生し、そのうち29人が死亡する事故が発生した。

　原因を調査した結果、**レジオネラ属菌**によるもので**レジオネラ属菌**は、河川や湖沼などに**休眠状態**で生息しているが、感染源として建物屋上に設置されている**冷却塔**に繁殖していて、その飛沫を吸い込んだものと判明された。

その後、日本では1999年（平成11年）のに**感染症法**が改正され、**レジオネラ感染症**の届け出が義務付られた。実は1999年（平成11年）以降、浴場での**レジオネラ感染・死亡事故**が毎年のように発生している。

表13・4・1　浴場でのレジオネラ感染・死亡事故例

発生年	施設名	状況
1998	東京都特別養護老人ホーム	12名感染、1名死亡
2000	静岡県掛川市リゾート施設	23名感染、3名死亡
2000	茨城県石岡市市営浴場	45名感染、3名死亡
2000	名古屋大学附属病院	1名感染、1名死亡
2002	東京都板橋区公衆浴場	1名感染、1名死亡
2002	宮崎県日向市温泉入浴施設	295名感染、7名死亡
2002	鹿児島県東郷町温泉入浴施設	9名感染、1名死亡
2003	石川県山中町温泉浴場	1名感染、1名死亡
2011	群馬県水上温泉温泉旅館	1名感染、1名死亡
2014	埼玉県北本市温泉入浴施設	3名感染、1名死亡

レジオネラ属菌は、土ぼこりや人体に付着して空中を舞うこともあるので、土ぼこりや人体に付着して**浴槽**のような温かい水中に入り込み繁殖する。

つまり、どんな浴槽にも舞い込む可能性のある病原菌で、浴槽の壁面や循環配管内に定着する**生物膜（バイオフィルム：ヌルヌルした付着物）**内で繁殖する。

したがって、清掃が困難な**お湯の配管**や清掃が不完全な**浴槽**は、常に**レジオネラ属菌**の温床となる危険性がある。浴槽の水面から落としこまれているお湯は、水面でしぶきを発し、空中に**微細な水粒（エアロゾル）**をまき散らし、そのお湯が**レジオネラ属菌**に汚染されていた場合、**エアロゾル**を肺に吸い込むことで感染することになるので、特に**打たせ湯**などは極力しないようにすることが肝要である。

ちなみに、お風呂のレジオネラ属菌対策は、厚生労働省や地方自治体などで、定められているが、ここでは紙面の制約上割愛させていただきたい。

◇**硫化水素（H_2S）中毒の危険：**

北海道の道東・道北に位置する場所に、**雌阿寒岳（1,499m）**がある。この雌阿寒岳の西麓に**雌阿寒温泉**があり、**野中温泉別館**と**オンネトー温泉景福**という、2軒の温泉旅館がある。2016年（平成28年）11月頃の新聞報道によると、この**オンネトー温泉**で一人の温泉客が浴槽で死亡しているのが発見された由。死因は、どうやら**硫化水素（H_2S）**による**酸素**

欠乏中毒死であるという。

　温泉の底からブツブツと湧き出す**硫化水素（H_2S）** によって**呼吸不全**となったようであるが、温泉側の話によると、浴室に設置されていた**換気扇**が壊れており長期間そのままで放置されていた由。筆者はこの温泉に入浴する時間はなかったが、活火山である**雌阿寒岳**に登頂した時、頂上付近で**火山性ガス（H_2Sガス）** に巻き込まれた経験があり、鼻や口を手で覆いながら、大急ぎで頂上付近を通過したことがある。筆者は、**草津温泉**や**万座温泉**のような**硫黄泉**が大好きであるが、上記のような危険性が常に潜在していることを常に注意して欲しい。

図13・4・6　温泉浴槽での死亡事故例

13・5　集合住宅（マンション）設備工事

　衣・食・住という言葉があるが、**住**は人間生活にとって非常に重要な要素を担っている。ところで、最近日本では、**集合住宅**や**共同住宅**という用語は、**マンション**といった方が理解しやすいであろう。

　筆者の**独断**と偏見かもしれないが、日本における**集合住宅**のルーツは、**五軒長屋**などと呼ばれる江戸時代の平屋の**長屋**であった。

　ここでは、**集合住宅（マンション）** の設備等について紹介してみたい。

【知っておくとお得！】

マンション（condominium）
　マンションという語源は、英語の"mansion"であるが、本来は、"大邸宅・館"の意味である。英語圏の欧米人にこの用語を使用すると誤解を受けやすい。同様に日本のキャンプ地で見かける"bungalow"も誤解を受けやすい。というのは、**バンガロー**は、"大別荘"を意味する言葉だからである。英語では**マンション**は"condominium"といい、**共同統治**とか**分譲アパート**のことである。日本でも一時**アパート(apartment house)**という用語が流行したことがあるが、英国語圏のシンガポールでは、"flat"という用語が使用されている。

図13・5・1　俺は日本では、マンションに住んでいるんだ！

（1）関東大震災と同潤会アパート

　同潤会アパートは、財団法人 同潤会（どうじゅんかい）が、**大正時代末期**から**昭和時代初期**にかけて、東京・横浜の各地に建設した**鉄筋コンクリート造（RC造）**のアパート（apartment house）の総称である。

　同潤会は1923年（大正12年）に発生した**関東大震災**からの**復興支援**のために設立された経緯があり、**同潤会アパート**は**耐久性**を高める**RC造**で建設され、当時としては、先進的な設計がなされ、かつ当時としては最新の**電気・都市ガス・水道・ダストシュート・水洗式便所**の建築設備を具備していた。

　1924年（大正13年）から1933年（昭和8年）の間にかけて、東京や横浜を中心に相当数の**同潤会アパート**が建設されている。しかしながら、**1941年（昭和16年）**に戦時体制下に

住宅営団が発足すると、**同潤会**はこれに業務を引き継いで解散した由。

この中で最も有名であったのが、**同潤会青山アパート**であったが、**老朽化**の波に耐えられず、2003年（平成15年）には解体（demolish）され、その跡地は複合施設、**表参道ヒルズ**へと、すっかりメタモルフォーゼ（変身）している。

図13・5・2　在りし日の同潤会青山アパート

（2）集合住宅（マンション）と設備

集合住宅（マンション）の特徴は、複数の住戸が連結・積層された、通常**床・壁**で隣戸を接していることと、**共有施設・共有設備**を有する点にある。

また、他の**業務施設**とは24時間居住する空間である点が異なる。

このことは、住戸の**温熱・音・振動・騒音・排ガス・臭気**などの**居住環境**や各種の**省エネルギー供給**および**防災**等々、それらの特徴を加味した**計画上**の配慮が不可欠となる。

【ちょっと一言！】

二連戸住宅（semi-detached house）
　筆者がシンガポールに家族を帯同して居住していた住戸が、**セミ・デタッチド・ハウス**であった。この住戸は、隣戸との隔壁だけを共有した二連戸住宅であるが、他の設備などは一切共有していないので、**集合住宅**の範疇には入らないと思われる。

第13話　特殊衛生設備工事

図13・5・3　シンガポールにおけるセミ・デタッチド・ハウス

（3）マンションの給排水・衛生設備

◇**給水設備**：水を供給する方法としては、一旦**受水した水（通常市水）**を**高置水槽**に供給し、各戸へ供給する**重力給水方式**と、ポンプで直接給水する**ポンプ直送方式**の2種類が一般的である。その計画にあたっては、**使い勝手**と**発生騒音**に配慮した、**給水圧力**や**衛生上への留意**が必要である。

◇**排水設備**：**戸建住宅**以外の**集合住宅（マンション）**では、各戸の排水が1本の**排水立管**を通じて排水されるので、**排水落下流速**を低減する目的で**特殊排水継手**を採用することが多い。

◇**給湯設備**：**集合住宅（マンション）**の給湯方式は、**ガス給湯機**か**電気温水器**による場合が多いが、**住戸セントラル方式**や温水を熱源とした**各戸熱交換器方式**も採用されている。最近では単に**給湯**のみばかりなく、風呂の保温・加熱や暖房機能も具備した**機器**や**方式**も採用されている。

◇**調理用設備**：その他の**給排水衛生設備**としては、**調理用熱源設備**がある。

　低層の集合住宅（マンション）においては、**都市ガス**が使用される場合が多いが、ガスを使用する場合には、**換気**や**火災発生防止**に留意する必要がある。**高層集合住宅（高層ビルマンションなど）**では、**火災のリスク**を避けるため**電気（IH調理器具など）**が使用される場合が多い。

（4）高層マンションの換気・冷暖房設備

　この設備は、本来**空調設備**で取り扱うべき項目であるが、**衛生設備**とは、不可分の関係にあるので、ここで少し触れることにする。

第13話 特殊衛生設備工事

◇**換気設備**：集合住宅（マンション）は、その**住戸構成**や**工法**からも**戸建住宅**に比較して住戸の**気密性**が高い。さらに近年では、**省エネルギー**の観点より**高気密住宅・高断熱住宅**が推奨され、その建設が進んでいる。

　換気（ventilation）には、**台所・浴室・便所**などの**燃焼排ガス**や**臭気**および**水蒸気**などの**排気**と**給気**を組み合わせた**給排気方式**と居室を良好な**空気質**に保つことを目的とした**換気方式**とがある。

　適切な**給排気経路**をとらない場合、**室内環境の悪化**を招き、**ダニ・かび**の発生や窓サッシュなどの**すきま笛鳴り・扉の開閉難**などの弊害が生じる。

【技術用語解説】

24時間換気
　建築基準法が、2003年（平成15年）7月に改正され、全ての**建造物**に**24時間換気**が義務付けられた。その理由は**シックシンドローム症候群（SBS）**を予防するためである。

　集合住宅（マンション）では、**防火区画**と**平面計画**上から、**立てダクト方式**を極力使用各戸の**水平ダクト**による給排気方式が多用されている。

　最近では、住生活の**補完設備**として、浴室に**乾燥機能**を持たせた**換気乾燥機**や、**省エネルギー**と**居住性**の面から**空気式熱交換機**を組み込んだ**換気方式**の採用も増えてきている。

　その他に、**高層マンション**の必要設備としては、**浴室換気乾燥機・床暖房設備**などが考えられる。

図13・5・4　マンションの換気設備

319

第13話　特殊衛生設備工事

◇**冷暖房設備**：集合住宅（マンション）の冷暖房設備は、**方式・機器・エネルギー源**などによってその種類は多種多様である。ちなみに、その種類は、**個室・住戸・住棟**さらには**団地(地域)**などによって分類される。集合住宅（マンション）のエネルギ源は、**ガス・電気**が主体である。**暖房**と**冷房**には、各種の組み合わせがあるが、広く住宅に採用されている方式には、**ガス暖房給湯機**による**住戸セントラル方式（給湯との組み合わせ）**と**電気**による個別空調がある。さらに**換気**や**床暖房**を組み合わせた、より室内環境の**快適性向上**を目指した**複合システム**も採用され始めている。

　寒冷地などの、設置条件が不適切な地域を除けば、冷暖房両機能を具備した**セパレート型ヒートポンプ方式**は、その機種の品揃えも豊富になっており、住宅の冷暖房設備として広く普及している。

　ちなみに、この空調方式における**屋外機**の設置スペースを予め配慮した、集合住宅（マンション）の建築平面計画も多くみられるようになっている。

【技術用語解説】

　スケルトン渡しマンション：これは日本では**裸渡し**などとも呼ばれるが、建築躯体のみの状態で顧客が購入し、部屋の**レイアウト**や**水回り**の設計を一切顧客が業者をやとい完成させる方式のマンション。日本では**分譲マンション**にしろ、**賃貸マンション**にしろ、**ディベロッパー（不動産開発会社）**がレイアウトして完成したマンションを購入するケースがほとんどであるが、お隣の中国では**スケルトン渡し**のマンションもかなり多いと耳にしている。

図13・5・5　スケルトン渡しマンション

◇**厨房施設**：従来のマンションでの調理器具は、**ガス燃焼器具**が多かったが、最近の新築高層マンションなどでは、安全上の理由から、**IH（誘導加熱：Induction Heating）調理器具**の採用率も多くなってきている。

しかしながら、このIH調理器具は、東日本大震災の影響で**電力供給**の悪化にともないほとんど使用されていないと極言している方もおられるが、筆者は、これは一過性の現象に過ぎないと考えている。

IH調理器具は、**電磁調理器**とも呼ばれ、内部に配置される**コイル**に流れる電流により、**所定の種類**の金属製調理器具を自己発熱させる**加熱のための調理器具**である。電源として、200V供給が不可欠なので、マンションの各戸に予め**200V電源**を供給する必要がある。

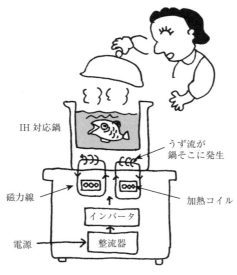

図13・5・6　各種のIH調理器具

(5) 超高層マンションビルの林立

かつては、**超高層ビル**といえば**オフィスビル**と相場は決まっていたが、最近建設中の**超高層ビル**には、**タワーマンション**とも呼ばれる**超高層マンション**が林立するようになっている。

ちなみに、1998年（平成10年）3月に竣工した**エルタワー55**（55階建て・埼玉県川口市）

を始めとして、2017年（平成24年）までででも30余棟に達している。今後10年弱の間に建築される**高層マンションビル**は、更に30棟近くもあるという。

　超高層マンションビルというと、筆者はニューヨークの**高層マンション**に居を構えるDINKS（Double Income No KidS）を想起してしまうのだが、長所ばかりではないのである。以下に**超高層マンションビル**の問題点について4点触れてみたい。

◇**長周期地震と共振問題**：**超高層ビル**の**固有振動周期**は、低層建物の**固有振動周期**に比べて長いので、最近では、**地震動周期**の長い**海溝型巨大地震**の地震動との**共振の可能性**が指摘されるようになった。日本の超高層ビルの歴史はまだ浅く、実際に**海溝型巨大地震**を経験した超高層ビルはないため、**経験的な予測**はできず、現段階では**シミュレーション**に頼るしか方法がない。

　　　注：長周期：4秒前後以上・短周期：1秒前後以下

　最近では、**制振工法**や**免震工法**で建設される**超高層マンション**は少なくないが、いずれにせよ、**海溝型巨大地震**の**長周期振動**との共振に供えて**家具類**の固定が推奨されている。

　さらに、地震で**エレベータ**が万一停止すると、上階の人が**移動手段**を失うという**高層難民**の発生も懸念されている。

<超高層マンションの揺れ>　　　　　<高層階の家具の移動被害>

図13・5・7　超高層マンションと長周期地震

◇**管理組合運営の難しさ**：**超高層マンション**は、規模が大きく**区分所有者**の人数がどうし

ても多くなる。**超高層マンション**の購入者が重視するポイントの第1番目は、**眺望の良さ**であり、**低層階**と**高層階**では**価格差**が大きく異なることが　一般的である。ちなみに、場合によっては、数倍となることもある。それによる、**区分所有者**の**所得・資産格差**の大きさが管理組合運営へ影響しやすい。

◇**健康面**：**環境**が人体に与える影響を研究する、東海大学医学部：**逢坂文夫**氏は、高層階に住む女性の**流産率**が高まり、子供が**低体温**や**アレルギー疾患**になりやすいと述べている。

◇**高齢化**：**団地**と**超高層マンション**は、完成年と形状（建築物の構造）こそ異なるが、多数の住民が短期間に増える点では共通しており、おなじ問題を抱えている。2016年（平成28年）時点で、すでに初期の**超高層マンション**では、かつての**団地**と同じく、**居住者の高齢化**が始まっている。都心の人気エリアであっても、**急激な老齢化**によって、**医療施設**や**介護施設**は足りるのかといった、**山村**における**高齢化**と同じ問題に直面しているという話も聞かれる。

（6）マンションの長期修繕計画

衆知のように**マンション**には、**賃貸マンション**と**分譲マンション**がある。**賃貸マンション**では、大問題にはならないが、**分譲マンション**では大問題になることがある。それは、**分譲マンション**では、通常更新などの**専用部分：個人住戸内工事**では、当然その所有者が工事費負担を行うが、その**共用部分**については、**住戸所有者全員**の負担にて行う。

そのため、通常長期間（20年～30年）の**共用部分**の**修繕・補修**については、事前に計画を立てて、その**工事資金**を積み立てていくのが通例である。

ちなみに、住宅の**躯体（スケルトン：構造部分）**と**非構造部分（インフィル：設備部分）**は、前者が耐用年数：100年程度に対して、後者はせいぜい耐用年数：15年程度である。一般的な**分譲マンション居住者**は、一生タダでこのマンションに住めるものだと勘違いしている人が多い。マイカーの所有者でも、**定期点検**や**車検更新**が不可欠なことは分かっている人は多いのに……。

この事態に対応するためには、**共用部分**と**専用部分**を含めた**リニューアル工事（更新工事）**が容易に実施できるような**設備システム**や**設備更新工事工法**の選択が不可欠である。さらに、**LCC：ライフサイクルコスト**の低減と資源節約の面からも、**長期居住**を可能にする**ストック価値（stock value）**の高いマンションが今後強く求められていくことになる。

現在、筆者が住んでいる**粗末なアパート(表向きはマンションと呼んでいるが……。**では、筆者を含め住民の急速な高齢化が進み、既述の**工事積立金**も払えず、何年も滞納している老人家庭が増えている。このままで行くと、日本中で**老朽化マンション**が、放置される時代が近未来に到来するように思われる。

【知っておきたい豆知識！】

高齢者・加齢者対応住宅
　高齢者が自立して暮らせるための配慮がなされた住宅。住宅内における**段差の解消・車椅子**などの通**路幅の確保**および生活行為の**補助用手すりの確保・スイッチ・コンセントの形状・位置・室温制御**など、高齢者へのきめ細かい配慮がなされた住宅のことである。

13・6　ホテル設備工事

　ホテルの設備工事は、空調工事にしろ衛生工事にしろ、次項で述べる**病院設備工事**と同様に複雑で多様多彩である。筆者の**独断**と**偏見**かも知れないが、この二つの設備工事の施工を体験して、初めて一人前の**設備技術者**となったと評価してあげてもらえると思っているくらいである。

（1）ホテル特有な設備

　ホテルは**宿泊設備**を基本とし、付帯に**飲食・宴会・結婚式場・プール**などの施設があり、それらをサポートする**フロントロビー・事務室・従業員食堂・倉庫・駐車場**などが設けられる。ちなみに**ホテル**と**旅館**の違いは、**洋風**と**和風**といった意味はあるが、建築設備の内容は大差がない。

　なお、ホテルの種類は、**ビジネス型・リゾート型・シティ型**に分類されている。**ビジネス型**は出張者を対象とした**宿泊専用**、**リゾート型**は、観光地の旅行者を対象に、**シティ型**は宴会や結婚式を主体にした**大型総合施設（コンプレックス）**で、上述の施設を具備している。

【ちょっと一息！】

シティホテルの売上げ
　一般に宿泊施設とレストラン・結婚式場・宴会場・売店の売り上げ比は、30対70程度になっており、**宿泊施設**以外の売り上げの方が大きい。

（2）ホテルの給排水設備

◇**給水設備**：水圧が安定して**給水量**の変動に対しても、適応性のある**高置水槽**による**重力給水方式**が多く使われている。給水圧は、**流水音**や**ウォータハンマ発生**を防ぐため、また使いやすさからも**30kPa**以下とする。

　　大規模なホテルでは、**客室系統・パブリック系統・厨房系統**などに、給水系統を分けることも多い。

◇**給湯設備**：ホテルは**給湯箇所**が多く、広範囲にわたるため、ほとんど**中央式給湯方式**を採用している。**研修会**などの団体客の宿泊やイベント開催時など**バスルーム**の同時使用率が高くなると、**給湯量**が不足することもあるので、ホテルの特徴を考慮して計画する必要がある。

◇**排水設備**：バスルームの排水は、**汚水**と**雑排水**の合流式配管として**特殊排水継手**を使用した**一管式排水立管**を設ける場合が多い。

　　天井内に、上階の排水管が配管される場合には、**遮音シート**を巻くなどの**防音対策**を講ずることも多い。

　　ホテルの**厨房排水処理**には、**厨房排水処理施設**の設置が必要となる。

◇**衛生器具設備**：客室の便器は、洗浄時の**給水流水音**が小さい**ロータンク式便器**が多く使われている。ボールタップの故障で水が止まらないこともあるので、メンテナンス上は、**フラッシュバルブ**が好まれることもある。

（3）ホテルの省エネルギー

　　ホテルの**エネルギー消費量**は、オフィスビルの約1.5倍と多い。ホテルの**光熱水費**は、**総売上高**の**3～4％**に該当し、**省エネルギー対策**が不可欠である。

　　また、**上下水道代**は、**光熱費**の1/3を占めるので、**厨房**などの節水が重要で、その**省エネルギー対策**としては、以下のようなものがあげられる。

① 共用部分の換気や空調の**搬送動力**の削減
② 厨房の**スポット冷房**や効率の良い**給排気バランス**
③ 不使用室の空調の停止
④ 発電効率の高いエンジンにいよる**CGS**の採用
⑤ **節電型照明（LEG照明）**による冷房負荷軽減
⑥ 客室外気処理空調機への**全熱交換器**の採用

13・7 病院設備工事

病院設備工事は、前項で紹介した**ホテル設備工事**を施工するより、さらに難しい工事である。ここではその設備工事の最難関である**病院設備**工事について紹介することにする。

（1）病院の構成

大きな病院には、**外来部門（outpatient department）**・**診察部門（medical examination department）**・**検査部門（inspection department）**・**病室部門（hospital room）**・**滅菌部門（sterilization department）**・**厨房部門（kitchen department** などのほか、**職員宿舎（staff accommodation）**や**看護師宿舎（nurse lodging）**が併設されている場合がある。これは、**患者・職員・訪問客**など利用者の**多様性（diversity）**に起因している。

【ちょっと一息！】

病院の厨房

これは**入院患者**の食事を用意する設備であるが、筆者がシンガポールに赴任していた時に得た知見である。シンガポール人は、その多くは**華僑の末裔**が占めているが、従来からのマレー人や移住してきたタミル人（南インドの一部族）やユーラシアン（それらの混血民族）が混在している。

マレー人は、日本でも**ハラル食品**が知られているように、ほとんどが回教徒（Muslim）で豚肉やラード食品は口にしない。したがって、大病院の厨房は、**中国人用**と**マレー人用**とは、別の離れた場所に設置されているのが一般的である。

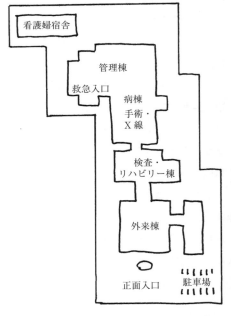

図13・7・1　一般的な総合病院の建物構成

（2）設備面から見た病院の特徴

設備計画の観点から見たとき、思いつくままに**病院施設**および**病院設備**の特徴を整理すると以下のようになる。

1）患者への快適な環境・サービスの提供

院内温湿度の調整・汚染物質（臭気・熱・湿気・粉じん・細菌・有毒ガス） などの拡散防止・適正な器具の配置などを考慮する。

2）医療技術への対処

医療機器を用いて**診療・治療・検査**などをするための**環境条件（温湿度・空気清浄度・音響・電磁波など）** の調整、さまざまな医療機器への**配管（医療ガス・医療用水・高圧蒸気・特殊排水など）**、**放射線防護**、**各種汚染（contamination）** の防止に対応しなければならない。

【技術用語解説】

医療用水の種類

日本薬局方製薬用水基準で定める**常水・精製水・滅菌精製水・注射用水**のほかに、**人工用透析水・手術用滅菌水**などがある。

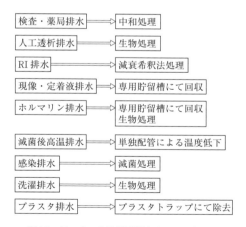

図13・7・2　病院特殊排水のフローシート

3）感染防止対策

高齢者・未熟児のような体力の弱い患者、**免疫力低下**の患者を**院内感染**から防ぐために

空調設備系統の**適正ゾーニング（空気清浄度・室内圧・使用時間）**を行い、**手洗い器・自動水栓**の設置が必要である。

4）将来増改築と変化への対応

将来への**増改築（extention works）・リニューアル（renewal works）**までをも、見据えた**設備幹線展開スペース（設備階・設備廊下・配管トレンチなど）**の設置や**配管ゾーニング**が必要である。

5）特殊設備が多く混在

一般の空調設備・給排水衛生設備の他に**バイオ・クリーンルーム・医療ガス・医療用水・滅菌・消毒・洗濯・中央集じん・ごみ処理（焼却炉を含む）**などが混在する。

【技術用語解説】

◇**バイオ・クリーンルーム（BCR：Biological Clean Room）**：クリーンルームには、**工業用クリーンルーム（ICR）**と**バイオ・クリーンルーム（BCR）**がある。後者は、正式にはバイオロジカル・クリーンルーム・生物的クリーンルームとも呼ばれ、**微生物（microbes）**を対象とした**クリーンルーム**のことである。
　　換言すれば、空気中およびその室に供給される**材料・薬品・水**などの**微生物汚染**が要求されるレベル以下に保持された室内のことのことである。

◇**ICU設備（Intensive Care Unit）**：ICUを簡単に表現すると、"重病危篤患者などを治療・看護する施設"のこと。内科系・外科系を問わず**24時間治療**を必要とし、かつ治る見込みのある患者のみを収容する部門である。
　　現在では、内科系・外科系・小児系などというふうに専門別化され、かつ**集中治療部門**と**集中観察部門**とに分かれている。

◇**医療ガス設備**：病院では様々な**医療ガス**が不可欠であるが、これらの**医療ガス設備**は、衛生設備工事会社以外の**専門業者**で施工する場合が多い。
　　ここでは、医療ガスの種類（ガス名称）だけを列挙させていただく。
　　①日本薬局方酸素、②液化酸素、③日本薬局方窒素、④液化窒素、⑤日本薬局方二酸化炭素（炭酸ガス）、⑥日本薬局方亜酸化窒素（笑気ガス）、⑦殺菌（滅菌）ガス

6）異なる使用目的・用途・使用時間帯を有する数多くの小空間への対応

各部屋の**熱負荷特性・空気清浄度のグレード・使用時間帯（24時間：病棟・ICUなど、定時：外来・検査など、随時：手術・救急・分娩など）**を考慮した空調ゾーニング、その他**機器・器具類**の配置を行う必要がある。

7）防災と安全性・信頼性

地震などによる**災害・故障**および**定期点検**などの際にも、**病院機能**が低下しないように、

エネルギー・機器類の**複数化（dupulication）・系統の細分化・水・燃料・医療ガスの備蓄**および**都市インフラ**に頼らない**設備（井戸水利用・CGSなど）**の設置を考慮する必要がある。

その他、**予防保全（PM：Protective Maintenance）**を前提とした**保守管理**を行い、**省エネルギー対策**を平行してライフ・サイクル・コスト（LCC）の低減を図ることなどが挙げられる。

【技術用語解説】

ライフ・サイクル・コスト（LCC）
　建築物が**計画・建設**され最終的に**廃棄処分**されるまでに、その建物が必要とする**生涯費用**のこと。
　最近では、**初期建設費**のみからだけのコスト評価から、**LCC**によるコスト評価法、すなわち**ライフ・サイクル法**が重要視されている。

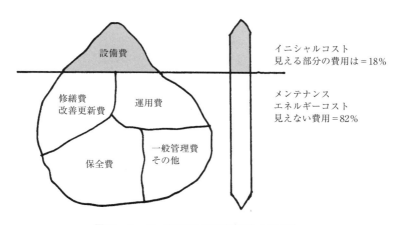

図13・7・3　兼設備と運用管理費との模式図

（3）院内感染（Hospital　Infection）

病院内で入院の原因となる**原疾患**とは関係なく、微生物により新たな**感染症**に感染することをいう。**患者**のみならず**見舞客**や**医療従事者**も対象となる。

その**原因微生物**としては、**メチシリン耐性黄色ブドウ球菌（MRSA）・緑膿菌・真菌類・B型肝炎ウイルス・C型肝炎ウイルス・エイズウイルス・結核菌**などがある。主たる**感染ルー**

第13話 特殊衛生設備工事

トとして、手指を介した**接触感染・飛沫感染・空気感染**などが考えられる。

【技術用語解説】

MRSA
　メチシリンなどの**抗生物質**(antibiotics)に対して抵抗力を持つ**黄色ブドウ球菌**による**感染症**。**高齢者**や**免疫力**(immunity)が低下している**患者**に感染すると、**肺炎**(pneumonia)や**肺血症**(septicemia)などの症状を引き起こし、死亡にいたるケースもある。

　この第13話の最後にあたって、筆者がもう少しふれておきたい話題には、①学園キャンパス設備工事、②半導体工場設備工事、③屋内降雪型スキー場設備、④原子力発電設備、⑤人工環境施設設備等々がある。
　しかしながら、紙面の制約上、残念ながらこれらの話題に関しては、割愛せざるを得ない。したがって、これらの設備にも関心をお持ちの読者には、他の参考資料を参照の上、是非学習されることをお願いしたい。

第14話　給排水衛生設備工事：トピックス10

14・1　給排水衛生設備：特有のバルブ類・栓類

(1)給排水衛生設備用バルブと空調設備用バルブ

　建築設備に採用されるバルブ類は、**給排水衛生設備用**と**空気調和設備用**に大別されるが、**バルブ**そのものがすべて別の種類のものではなく、**ゲート弁・バタフライ弁・ストレーナ**等々共用されているものも多い。

　なお、**建築設備用バルブ類全般**に関しては、−空調衛生設備技術者必携−【建築設備配管工事読本】安藤紀雄監修・安藤紀雄・小岩井隆・瀬谷昌男・堀尾佐喜夫・水上邦夫共著・日本工業出版・平成29年1月発行：【第10話 建築設備用バルブ類の基礎知識】のP276〜P321に詳述されているのでご参照ください。

　ちなみに、**配管材料**と同様、どちらかというと**衛生設備用バルブ類**の方が複雑多岐にわたっていると思われる。筆者は、"赤・白・抹茶・コーヒー・ゆず・桜"といえば、すぐに**名古屋名物：ういろう**のことを連想してしまうが、建築設備においては、"赤・白・青・黒"といえば、**水系流体のトラブル(水の着色)** のことを意味する。

　具体的にいうと、赤色の水＝鋼管（SGP）からの**鉄さび：酸化第二鉄**、白色の水＝亜鉛めっき鋼管（SGP）からの**亜鉛**、青色の水＝銅管の腐食**緑青**、黒色の水＝ゴムシール材料からの**黒鉛の遊離浸出**が放出されるものであって、とりわけ**給水系統配管**や**給湯設備配管**にあっては、あってはならない（must-not）**トラブル**である。上述の水の着色問題は、必ずしも**バルブ類**が絡んでいるとは限らないが、衛生設備配管の**品質問題**として、**衛生設備工事技術者**ならぜひ知悉しておいて欲しい事項である。

　ここでは以降で、**給排水衛生設備：特有のバルブ類・栓類**の話題について、いくつか思いつくままに紹介していく

図14・1・1　色とりどりの水には、十分ご用心！

ことにしたい。

（2）鉛フリーバルブとは？

　給排水衛生設備に**特有な弁類**として、まず第一に取り上げてみたいのが、実は"鉛フリーバルブ"である。ちなみに、"鉛フリーバルブ（valves of lead-free copper alloy）"とは、**人体に有害な鉛を含まない銅合金**を使用して、飲用水配管用として、特別に製造した弁類のことである。

【知っておきたい豆知識】

鉛はなぜ人体に有害か？
　これは、幼少期に鉛分を多く含む飲料水を飲用すると、幼児の**IQ（知能指数）**の発達に悪影響を及ぼすことだと言われている。

　日本国内では、1992年（平成4年）の**水道水質基準**の大幅な改正により、鉛の溶出基準値が概ね10年後の**長期目標値を0.01mmg/L**とし暫定的に**0.1mg/L**に、その後**0.05mg/L**としていた。

表14・1・1　鉛フリーバルブの鉛溶出基準値

材料＼成分(%)	銅 Cu	錫 Sn	亜鉛 Zn	ビスマス Bi	セレン Se	鉛 Pb
代表的な鍛造品の分析値	86.1	4.3	7.7	1.6	0.16	0.1
一般的な鉛フリー銅合金材料 (JIS H 5120 CAC911＜LFBC＞)	残部	3.5～6.0	4.0～9.0	0.8～2.5	0.1～0.5	0.25以下
代表的な青銅品（鉛あり） JIS H 5120 CAC406（BC6）	83.0～87.0	4.0～6.0	4.0～6.0	—	—	4.0～6.0

しかしながら、2002年（平成14年）日本でもその鉛溶出基準値は**0.01mmg/L**へと強化された。その結果、**給水設備**に大量に利用されていた**バルブ・水道メータ・水栓**などの多くの給水装置として使用されている**青銅製機器類**についてこの基準値が適用されることになり、現在では"**鉛フリー青銅製バルブ**"が開発され販売されるようになった。

ここで、特に注意しておいて欲しいことは、従来の"鉛フリーでない青銅製バルブ"も市場に出回っている現状である。したがって、現場施工担当者として、**飲料水系配管用**のバルブには"**鉛フリーバルブ**"を必ず採用することを是非忘れないで欲しい。

実は、水道水の**配水管**として、かつては**鉛配管**が大量に使用されていたが、**鉛以外の配水管材料**に更新する工事がまだ手付かずの場所が多いとか・・・。

【知っておきたい豆知識】

バルブと水栓とは、"鉛フリー"のグレードがなぜ異なる？

バルブと水栓・湯栓類は、配管上で設置する場所が異なるので、**鉛成分の溶出基準**が異なる。バルブは一般に**配管途中**に設置されるため、実際に**飲料水**を利用する出口（水栓）から離れているので、**鉛溶出基準値**はバルブのそれに比べて比較的緩やかとなっている。

一方、水栓は飲料水の出口そのものであるので、**鉛溶出基準値**も一層厳しく管理されているのである。具体的にいうと、バルブの鉛溶出基準値：0.01mg/Lに対し、水栓類はその1/10である0.001mg/Lとなっている。

ただし、**水栓類（蛇口）**は、元々鉛含有量の少ない**黄銅（真鍮）製**がほとんどであるので、それほど問題とはなっていない。

（3）バルブの脱亜鉛現象とは？

青銅製バルブに発生する**脱亜鉛腐食（dezincification corrosion）**とは、"選択腐食"の一種で**黄銅材料**の合金組織から亜鉛だけが**析出流出**して、部品強度が極端に低下する腐食現象のことである。

もうすこし詳しくいうと、給水・給湯系統などの**水ライン**に**青銅弁**を設けたとき、青銅弁の要部部品の**ステム（弁棒）**の材料として**黄銅**を用いる場合、**亜鉛の含有率**が高い温水を媒体として**腐食電池**を構成して、**イオン化傾向の高い卑な金属である亜鉛**が黄銅組織から**陽極析出**してしまうトラブル現象のことである。

人間の病気に例えると、あたかも"**骨粗しょう症**"の状態となり、弁の強度が低下して**ね**

じの欠落や折損に至るトラブルとなる。

電気化学的腐食であるため、**流体の性状**に大きく依存することになり、特に給湯配管系では**残留塩素×溶存酸素×高温（化学反応の活性化大）**という"トリプルアタック"が存在すると、腐食の進行現象は顕著となる。

ちなみに、最近では**耐脱亜鉛対策黄銅材料**の研究開発が進んで、新しい**耐脱亜鉛対策黄銅棒**が相次いで市場販売されているため、よほどの悪条件が重ならない限り、この問題はすでに解決されていると筆者は考えている。

なお、流体の**腐食条件**がある程度厳しいけれども、配管材料のコスト面で**ステンレス鋼バルブ**の採用までは踏み切りたくない場合、青銅弁で弁棒材料を**連続鋳造青銅棒：CAC406C** に置き換えると、それほど大幅なコストアップなく、**脱亜鉛トラブル**を解消できることもある。

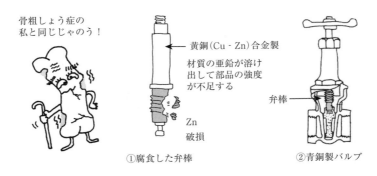

図14・1・2　青銅製仕切弁：黄銅製弁棒の脱亜鉛腐食

（4）水道メータユニットとは？

水道メータ（計量器）は、事務所ビルやテナントビルの**テナント**や各住戸（戸建て住宅・マンション等）の居住者に**使用水道料金**を請求するために、**水道局**が貸与する水道量を計量する**量水器**である。**水道メータ**機器の周辺では、**止め弁・個別給水用減圧弁・逆止め弁**およびそれらの**連絡接続配管**が重なり合って錯綜した状態となる。

この場所に設置される量水器には**鋼製管継手**や**鋼管短管**が多用されており**異種金属腐食**の要因となりやすい。2006年（平成18年）東京都がこれらの**水道メータ周り**に配される部材（止め弁・逆止め弁・戸別給水減圧弁など）を**標準化・ユニット化**してコンパクトに

まとめ、**水道メータ**として採用した。加えて、全国の水道事業体も追従して**水道メータユニット**の採用に踏み切るところが増加した。

その結果、事業体の**水道メータ**が容易に交換することができるようになり、**省人・省力化**の効果とともに、**配管寿命**も大幅に伸びるものと期待されている。

ちなみに、**水道メータ**の法的交換期限は8年であるので、初期に導入された**水道メータユニット**から**新しい水道メータユニット**への更新が進んでいる。

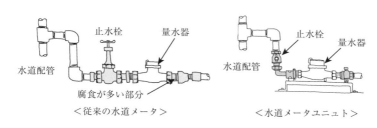

図14・1・3　従来のメータ設置工法と水道メータユニット

（5）バタフライ弁のゴム劣化トラブルとは？

　建築設備においては、**気密性**や**水密性**を保つために**ゴム製シール材**が多用されている。例えば、水用一般バルブとして**ゴムシート中心形バタフライ弁**が数多く採用されるようになっているが、1990年（平成2年）代は、バタフライバルブ本体材料がそれまでの**鋳鉄**に加えて**アルミニウム合金製**のものが発売された。

　この**アルミニウム合金製ゴムシート中心形バタフライ弁**は、極めて軽量でコンパクトであるため、配管工事現場への**ロジスティックス（移送性）**に優れているばかりでなく、冷温水仕様として**保温用ロングネックバルブ**のように結露防止機構を具備しており、**建築設備配管用バルブ**としても多用されるようになってきた。

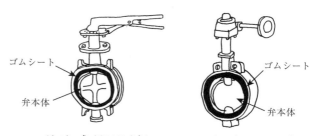

図14・1・4　本体アルミ合金製ゴムシート中心形バタフライ弁

このバタフライ弁には、**ゴム（rubber）**がバタフライ弁の**シート**やグランド部の**Oリングシール**などに**優れたシール材**として採用されている。

適度に軟らかいので**シール性**が良好で、多少の異物を嚙み込んでも**シール性**が落ちないなど、現在バルブには**不可欠なシール材料**となっている。

しかしながら、**耐温度性・耐食性**などで"流体を運ぶ"という制約条件から、その**相性**には十分注意を払わなくてはならない。

特に既述の**ゴムシート中心形バタフライ弁**は、**ゴムシート材料**がバルブの**耐シール性・耐久性**を左右するため、流体に最適なゴムシール材を選定する必要がある。一般に**バルブシール**に用いられる**主なゴム材料**は、**EPDM・FKM・NBR**の以上3種である。ちなみに**燃料油**などのような油類には、EPDMは膨潤してトラブルになるため、NBRを採用するように選定したいものである。

表14・1・2　ゴムシール材の流体別適応可否例

用途、流体	（○）使用可材料	（×）使用不可材料	備考
一般の給水や空調・消防用水など	EPDM		NBR、FKMも可
給湯及び高濃度塩素水（プール）など	FKM	EPDM、NBR	
給湯機出口、貯湯槽（高温水）	PTFE（テフロン®）	EPDM、NBR	条件によりFPMでも可
燃料油・油 油分を含む空気・窒素ガス（常温）	NBR	EPDM	油分を含まない空気はEPDMでも可

（6）節水こま装着水栓とは？

石油資源などと同様、**水資源**も決して無限ではない。そのために**節水**は人類にとって不可欠な課題である。給水設備においては、**水栓での水圧**を適正に保つことが基本である。**節水便器**もその一つであるが、その目的で導入されているのが、節水効果の大きい**節水こま**を水栓中に装着することである。

節水こま（water saving loose disk）とは、普通に水栓を使用するとき**ハンドル**を90～180度回すことが多いので、この範囲で必要以上に水が流れないような形状をした**こま**のことである。一般には、90～180度の範囲では、**普通のこま**使用の場合の**50％程度**の流量しか流れないようになっている。

なお、**節水こまはホームセンター**などで、簡単に購入することができるが、水道局で

無償配布している地域もある。現在使用している水栓にも容易に装着できるので、是非試してみてはいかがでしょうか・・・。

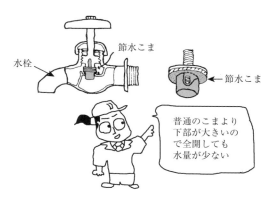

図14・1・5　節水こま

（7）節湯水栓とは？

住宅・建築物の**省エネルギー基準**では、**節湯栓・節水栓**で使用湯水量を低減して住宅・建築物における**エネルギー消費量**の多くを占める**給湯エネルギー削減**のため、**節湯水栓**を以下のように定義している。

手元止水操作があるものを節湯：A、最適流量であるものを節湯：Bとし、台所水栓やシャワーに両方の基準を満足するものを節湯：ABとして指定されている。

シングルレバー水栓は、レバーを中央の位置にしておくと、常に水と湯が混合された状態になるため、**レバー中央位置**では水だけ出て、湯側の左にレバーを回さないと湯が出ない**節湯機構**を具備した**シングルレバー水栓**も使用されている。

台所水栓節湯：ABは、最適流量が5L/分以下で、手元で**止水操作**ができる

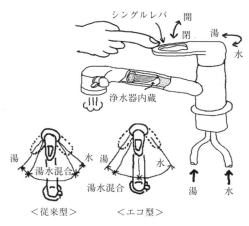

図14・1・6　節湯水栓

もの、**浴室水栓節湯：AB**は、最適流量：8.5L/分以下で、手元で**クリック止水操作**ができるもので、**節水**とともにお湯の**加熱エネルギー**の削減に役立つものである。

（8）洗浄弁（フラッシュバルブ）とは？

大便器や小便器の**汚物**や**汚水**を洗浄（flush）するために使われる、給排水衛生設備に特有な弁である。ハンドルなどを操作すると、一定時間に一定量の水量を流して自動的にするバルブで、水量調節・水勢調節が可能である。なお、このバルブは日本では**フラッシュバルブ**と呼ばれているが、これはあくまで**和製英語**である。

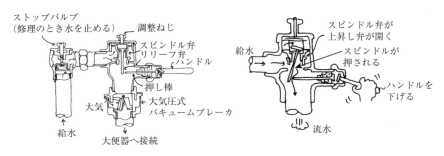

図14・1・7　フラシュバルブの構造と作動

（9）バキュームブレーカとは？

吐水口空間は、最も基本的で確実な**逆流防止方法**であるが、**バキュームブレーカ**を取り付ける方法がある。**バキュームブレーカ**は、設置位置の**上流側**の配管が**負圧**になると**バキュームブレーカ**から空気を吸い込んで、**下流側**から水を吸い込まないようにする機器である。

その代表的なものに、大便器の**洗浄弁（フラッシュ弁）** に取り付けるもの、および**ゴムホース**を繋ぐことが多い散水用の**逆流防止付水栓**がある。

また、**バスタブ**に浸かる可能性のある**ハンドシャワー**には、ホース基部に**逆流防止付の金具**を使うこともある。これらは、器具を使うとき以外は**水圧**がかからないので、**大気圧式逆流防止器**と呼んでいる。これに対して、常時**水圧**がかっている配管の途中に使用するものが**圧力式逆流防止器**で、**逆止め弁**と負圧時に自動的に空気を吸引する**空気弁**を具備した構造となっている。

第14話　給排水衛生設備工事：トピックス10

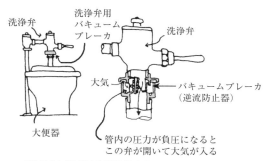

<洗浄弁に取付けた逆流防止弁>

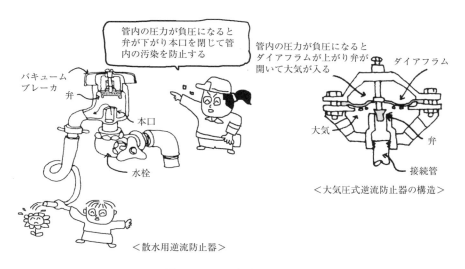

図14・1・8　各種の逆流防止器

(10) 減圧式給水逆流防止器とは？

　最近、4階以上の建物に給水する給水方式に**直結増圧給水方式（横浜市水道局）・増圧直結給水方式（東京都水道局）**が採用されるようになってきている。

　この給水方式は、万一停電時に**建物内の水**が逆流などで汚染された場合、**配水管**まで汚染が拡大して深刻な事態となるため、**水道事業者**が認定した**減圧式給水逆流防止装置（逆流防止弁）**を装備した**増圧ポンプ（水道直結加圧形ポンプユニット）**を使用するよう義務付けられている。

減圧式給水逆流防止器は、2つの逆止弁の間に**ダイアフラム**により作動する**逃し弁**を備えた**中間室**が設けられ、**逆流**および**逆サイホン作用**に対して、**中間室**の水を**逃し弁**から排水して**空間**を作ることにより管路を遮断するため、現在**吐水口空間**に匹敵するほど、信頼性の高い**逆流防止装置**である。

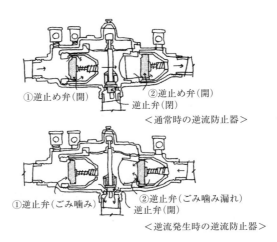

図14・1・9　減圧式給水逆流防止弁

(11) 緊急遮断弁とは？

非常時（地震時・火災時）に管路を**緊急遮断**する弁で、**ガス用緊急遮断弁**と**水用緊急遮断弁**とがある。

1) ガス用緊急遮断弁

緊急時に**遠隔操作**あるいは**自動的**に建物に供給されているガスを遮断する弁で、大規模地下街や中圧ガスを使う建物・超高層建物など、**ガス事業法**で定めた建物に設置することが義務付けられている。

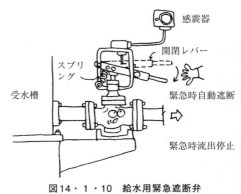

図14・1・10　給水用緊急遮断弁

第14話　給排水衛生設備工事：トピックス10

2）水用緊急遮断弁

緊急時（地震時）に高架タンク・高置水槽・受水槽などに、貯留されている貴重な水が流水しないように、**感震器**の信号などで、**給水管路**を**シャット・ダウン**する弁のことである。

(12) ホースエンドガス栓とは？

ガスを安全に使用するには、**ガス栓**の構造や**設置位置**についても注意が必要である。**ガス栓**は、バルコニーや漏れたガスが滞留しない場所に設置する場合を除いて、①**金属管**や**金属可とう管・金属入り**の**強化ガスホース**で**燃焼器**とねじ接合できるもの、②**過剰流出安全弁**（通称：ヒューズコック）、あるいはガスが過剰に流出した場合に、**自動的**にガス供給を止めることができる機能をもった構造とすることと規定されている。

なお、室内の**ガスコック**から万一ガスが過剰に流出した場合、自動的に**親コック**を閉じる構造のものも開発されている。

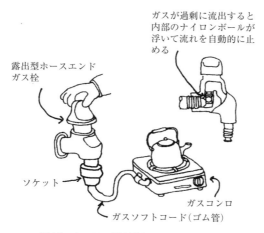

図14・1・11　露出型ホースエンドガス栓

(13) ナイフゲートバルブとは？

ナイフゲートバルブ（knife-gate valve）とは**雨水配管**の途中に設置するバルブである。その機能は、ルーフドレンからの**細粒**などが混じった雨水排水を**下水道**に流すか、それとも建物内の**排水槽**へ流すかの選択をする弁である。

第14話　給排水衛生設備工事：トピックス10

その名の通り、鋭いナイフ状の**エッジ（刃）**を持つ**ゲートバルブ**のことで、普通の**ゲートバルブ**では処理できない**スラリー・粉粒体・泥状／固形状の物質が混ざった流体**を処理するのに適している**特殊なバルブ**である。

したがって、別名**雨水制御弁**とも呼ばれている。

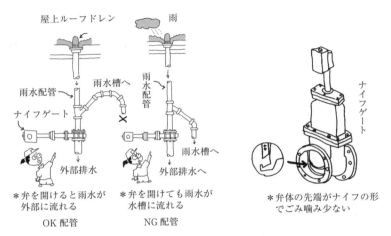

図14・1・12　ナイフゲート弁の施工例

14・2　給排水衛生設備と自動制御

自動制御（automatic control）の対象といえば、**空調設備**の自動制御を連想するが、**給排水衛生設備**にも独特の**自動制御**が存在する。

ここでは、その給排水衛生設備独特の**自動制御**について紹介してみたい。

14・2・1　自動制御とは？

"釈迦に説法！（teaching Babe how to play baseball）"とは思われるが、まず最初に**自動制御**の役割について再復習しておきたい。自動制御とは、**検出部・計測部・操作部・調節部**から構成され、常に**計測値**と**目標値**を比較し、その差がなくなるような**作動（アクション）**をとるシステムである。

したがって、自動制御においては、その設備を構成している**検出部・計測部・操作部・調節部**をいかに抽出し選定し、いかに**制御系統**に連携させるかが一番重要なポイントにな

る。さらに、**検出部・計測部**の設置位置(location)の良し悪しが**自動制御性能(performance)**の鍵を握っていることを肝に銘じておきたい。

14・2・2　給排水衛生設備：固有の自動制御例
(1) 各種水槽廻りの自動制御

給排水衛生設備の自動制御においては、まず第一に受水槽・雨水槽・汚水／雑排水槽などの**水位監視**に関する**自動制御技術**が挙げられる。

1) 受水槽廻りの自動制御

受水槽と**揚水ポンプユニット**との連動運転における**自動制御の作動**は以下の通りである。

① 受水槽内の水位により**補給水弁**を開閉制御し**水位制御**を行う。

② 水位異常時には、警報（アラーム）を出力し水位監視を行う。

③ 感震器作動時には、**緊急遮断弁**を閉じ**ポンプユニット**を強制停止させる**緊急遮断弁制御**を行う。

④ 感震器作動時には、**緊急遮断弁**を閉じ**上水給水**を遮断する、いわゆる**緊急遮断弁制御**を行う。

⑤ 受水槽内の水位が低下した時には、**加圧給水ポンプユニット**の空転を防止する目的で、**ポンプユニット空転防止制御**を

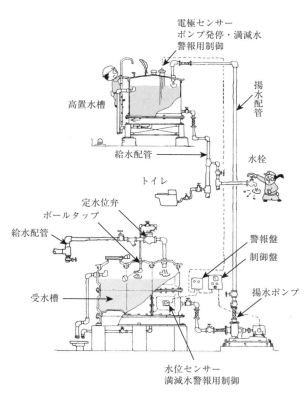

図14・2・1　受水槽廻り自動制御系統図

行う。

ちなみに、受水槽廻りの自動制御システムは、**検出部（レベルキャッチャー・感震器）・調節部（受水槽制御盤・緊急遮断弁制御盤）・操作部（定水位弁・遮断弁・緊急遮断弁・給水弁）**により構成されている。

２）雨水槽廻りの自動制御

降雨時における**雨水流入**と雨水を貯留する**雨水槽**および**排水ポンプ**との連動運転における**自動制御の作動**は以下の通りである。

① 降雨時には**雨水取入弁**を閉じ、雨水を貯留するための**雨水取入弁制御（ナイフゲート弁制御）**を行う。ただし、降雨初期時には、**雨水取入弁（ナイフゲート弁）**は開状態とし排水を行い、**規定水位**に到達した後は、**雨水取入弁（ナイフゲート弁）**は開状態とする。

② 水槽の水位異常時には、警報を出力するなどして水位監視を行う。

また、**タイマー**により警報出力の**ハンチング現象**を防止する。

③ 夜間放流の一定期間中は**運転許可**とし、槽内水位による排水ポンプの発停制御とした**排水ポンプ制御**を行う。

ただし、雨水槽の**上限警報**を検知した場合には、**夜間放流時間**に関わらず**運転許可**とし、強制的に排水を行う。また、非常時は同時運転を可能とする。

ちなみに、雨水槽廻りの自動制御システムは、**検出部（FS：フロートスイッチ）・調節部（排水ポンプ制御盤）・操作部（雨水取入弁：ナイフゲート弁）**により構成される。なお、**雨水取入弁（ナイフゲート弁）**の構造は、ごみを噛まないような構造方式のものが望ましい。

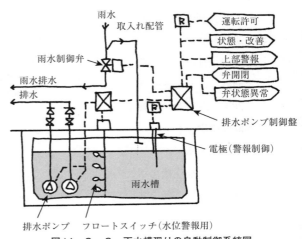

図14・2・2　雨水槽廻りの自動制御系統図

3）汚水槽／雑排水槽廻りの自動制御

汚水／雑排水がそれぞれ汚水槽・雑排水槽に流入し、夜間時に排水ポンプにより放流する連動運転システムによる**自動制御の作動**は以下の通りである。

① 槽内の水位異常時には、警報を出力し**水位監視**を行う。
② 夜間放流の一定期間中は**運転許可**とし、槽内の水位によって排水ポンプの発停制御を行う、いわゆる**排水ポンプ制御**を行う。

ただし、水槽の上限警報を検知した場合には、**夜間放流時間**に関わらず、**運転許可**とし強制的に排水を行う。また、非常時には**同時運転**をも可能とする。

ちなみに、汚水槽／雑排水槽廻の自動制御システムは、**検出部（FS：フロートスイッチ）・調節部（排水ポンプ制御盤）**により構成される。

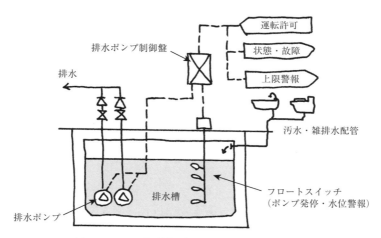

図14・2・3　汚水槽・雑排水槽廻りの自動制御系統図

（2）排水ポンプの自動交互運転

排水ポンプは通常2台設置され、常時は**交互単独運転**を採用し、増水時には**2台並列運転**を採用している。**排水ポンプ**は、排水槽内の**水位**によって、運転されるが、水位の検知は**電極棒**で行うと、電極間に異物が絡んで、**誤作動**を起こすので**フロートスイッチ（FS）**を採用する。

現在、排水ポンプは**水中ポンプ**が使用されているが、**フロートスイッチ（FS）**は、**水中**

ポンプの付属品となっている。

なお、**水中ポンプ**に付属している**フロートスイッチ（FS）**の他に、**2台並列運転用**および**満水警報用**のスイッチも必要である。

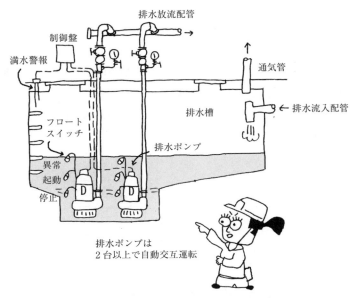

図14・2・4　排水ポンプ中の自動交互運転

（3）貯湯槽の給湯温度制御

中央式給湯設備では、加熱装置として**貯湯槽**を使用する。その場合**加熱源**となる**蒸気**や**高温水**の量は、貯湯槽内に直接挿入する**感熱筒**を用いた**自動温度調節弁（略称：温調弁）**によることが多い。

また、**アクアスタット（水用サーモスタット）**と**電動弁**による制御が行われることもある。ちなみに、**温水発生機**の場合には、あらかじめ機内に**自動制御装置**が組み込まれている。中央式給湯設備の**給湯循環ポンプ**は、連続運転する場合もあるが、**省エネルギー**の目的で、返湯管の温度を**アクアスタット**で検知して、**給湯循環ポンプのON—OFF制御**を行うべきである。

第14話　給排水衛生設備工事：トピックス10

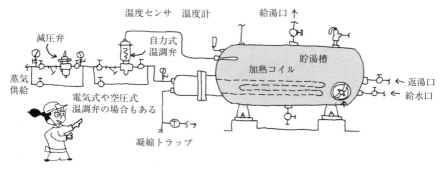

図14・2・5　貯湯槽の温度制御

14・2・3　給排水衛生設備における自動制御の今後

筆者の**独断**と**偏見**かもしれないが、ここでは給排水衛生設備分野の今後の課題と未来像について述べてみたい。給排水衛生設備分野に長年携わり、**蓄積した技術（ノウハウ）**を保有していた熟練技術者達がこの業界から卒業・引退し、その伝承技術の**伝承断絶・伝承不足**が懸念されている昨今の現状である。

さらに、現今では給排水衛生設備の**省力・省エネルギー化**への対応も求められている。この課題の解決策として、ITによる**給排水衛生設備**に関わる**自動制御技術**の開発・利用・応用があり、**自動制御技術**が**更なる省エネルギー化**へ貢献を果たすべきものと考える。

以降では、給排水衛生設備のあるべき姿：今後の課題などについて触れてみたい。

【知っておきたい豆知識】

シンギュラリティ（singularity）

聞きなれない英語であるが、この語の原義には、**たぐいまれなこと・非凡・風変り・特異性**等々の意味がある。ここでは、とりあえず**技術特異点**と訳しておくが、2045年に**人工知能（AI）**が人間の知性を上回るという話題がある。2045年の**シンギュラリティ**時代の到来による**豊潤社会**の出現である。

一方、AI（人工知能）は、人類に悲劇をもたらす懸念があるという**脅威論**が巷にある。給排水衛生設備の分野では、2045年時点はまだ**シンギュラリティ**は問題とならないであろう。筆者には、むしろその先の20??年に**シンギュラリティ**が待ち受けているように思われる。

347

第14話　給排水衛生設備工事：トピックス10

（1）自動制御製品の開発・利用・応用
センサ本体とその**周辺機能**を具備したセンサの開発が期待されている。まずは、検出部・計測部・操作部・調節部の**高精度機能**の技術開発が求められる。

センサ機能と**リモコン技能**を併せ持つ**リモートユニット用デジタル設定器**や**加速度センサ**と**演算部**を一体化した**SI値加速度**の計測・出力と**遠隔監視・制御装置**に対応可能な**地震センサ**が新しく開発され、現段階でその運用が開始されだしている。今後は**検出部・計測部**だけではなく、これら複合部を一つの**自動制御製品**として開発された製品の出現が待たれるところである。

ところで、まったく新しい概念による**システムセンサ応用技術**がある。この新開発製品の**画像センサ**は、**省エネルギー化**に著しい効果があることが一部で報告されている。この**画像センサ**は、他への**システム制御技術**の展開を図る上で重要な**応用制御技術**になるであろう。

（2）診断技術の開発・利用・応用
米粒のような小さなセンサが、配管の中を自由自在に動きまわり、配管内部の**腐食個所**をピンポイントで発見・分析し、リアルタイムで判読できる**配管画像分析システム**の開発は、**腐食診断（pinping corrosion diagnosis）**の業務の短期化・省人化・省力化・低コスト化の実現に大きく寄与するものと思われる。

（3）計測／検診技術の開発・利用・応用
ここで述べるのは、測定箇所での**検診作業**において、もっぱら人手に依存している計測・検診作業における**自動制御技術**の開発・利用・応用についてである。

例えば、**浄化槽**の保守・点検は、通常数か月に1回の程度で行われているため、リアルタイムでの点検・調整に不可欠な情報の不足と異常発生時における対応遅れをいかに解消するかが長年の課題になっていた。

濁度センサやそのデータの**評価システム**を開発・駆使することにより、計測データの遠隔管理による活用が実現しているとの報告ももたらされている。

計測／検診におけるセンサとそのデータの**評価システム**の開発が求められ、その結果は**省人化・省力化**および**省エネルギー化**に大いに寄与するであろう。

（4）自動制御とIoTとの関連性
実は**IoT（Internet of Things）**は、**計測制御技術システム・情報通信システム・デー**

タベースなどの**従来基盤**の上に成り立っている。

　給排水衛生設備の自動制御技術に携わる技術者にとっては、高度な可能性を秘めているIotの発展性・展開性に今後大いに寄与すべきである。

　また、IoTとの更なる**情報管理技術**に取り組むことにより、経済性・安全性の確保や有用な人的資源の活用および高度な社会環境を構築し、素晴らしい実りある社会の実現の一翼を担ってもらうことを筆者は切望するものである。

【技術用語解説】

◇ **AI（Artificial Intelligence）**
　IT用語辞典バイナリによると、"人間の知的営みを**コンピュータ**に行わせるための技術のこと、または人間の知的営みを行うことができる**コンピュータプログラムのこと。**"と解説されている。一般には**人工知能**と和訳されている。**AIの活用**の例としては、緊急異常状態に陥った**誰でもトイレ内の状況**をAIがリアルタイムにて推定したプログラムに則り、自動で**アラーム**を鳴らすシステムの実現や環境を平常の状況に復帰する**AIによるシステム化**の実現が考えられる。

◇ **Iot（Internet of Things）**
　日本語ではアイ・オー・ティーと呼ばれているが、**モノのインターネット**という意味である。換言すると、"通信機能を有する**モノ（センサ等を組み込まれたモノを含む）**"がインターネットで繋がることで、利便性を高めた使い方ができることをIoTと言っている。ちなみに、IoTの構成技術は、**ネットワーク**を核として、**AI（人工知能）・ビッグデータ・クラウド・画像処理・音声認識・セキュリティー**などの技術で構成されている。

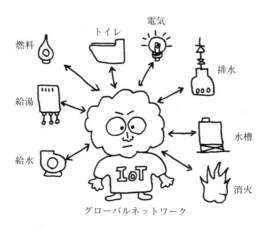

図14・2・6　Iotと給排水衛生設備との関係

14・3　給排水衛生設備とその耐震対策

　この原稿を執筆中の2018年（平成30年）9月に**北海道胆振東部地震**がたまたま発生し、その結果、全道停電（ブラックアウト）という前代未聞の被害を及ぼし、給水設備を含む他の**インフラ停止**をも含め、多くの人々の**日常生活**を脅かしたことは記憶に新しい。その後9月28日には、インドネシア中部：スラウェシ島では、M：7.4の**インドネシア地震発生**の報も舞い込んできて、世界中のどこにいても**地震災害**から逃避することができないようである。

　ここでは地震に関連する話題として、**給排水衛生設備とその耐震対策**について、筆者の経験と知見よりその要点の一部を披露してみたい。

（1）給排水衛生設備の耐震

　地震時に発生する"水断"は、"停電"とともに、住民にとって深刻な問題である。

　したがって、たとえ地震時でも、まず如何にして水を確保するか、その対策について述べてみたい。

1）衛生設備用水槽類の耐震

　給排水衛生設備機器（水槽類）の設置されている建物の**構造・高さ・設置階での設置方法**で、**機器の揺れ**は大きく変わってくる。ちなみに、衛生設備用水槽類とは、受水槽・高置水槽・貯湯槽などのことである。

　そのためには、**機器基礎**と**機器固定用アンカーボルト**の強度が必要で、確実な機器据付けによって、初めて機器の機能を維持することが可能となる。

　例えば、**FRP製パネル水槽**などは、従来はメンテナンス時の**静荷重（人体荷重）**程度しか想定されておらず、**スロッシング現象（sloshing）**や**バルジング現象**に対する配慮がなされていなかった。

【ちょっと一言！】

パネル型水槽の問題点
　これは筆者の独断と偏見かもしれないが、筆者の地震被害調査結果によると、**パネル水槽**は**スロッシング現象**や**バルジング現象**による被害が大きく、特に**FPR製パネル水槽**は、**耐用年数**を超えて使用している水槽が多いことも、その一因と思われる。

第14話　給排水衛生設備工事：トピックス10

【知っておきたい豆知識】

FRP製タンクの寿命
　法定耐用年数は15年となっているが、**BELCA**によると、20年となっている。しかしながら最近の大地震での水槽類の被害状況を踏まえて、**強度に優れたパネル型水槽**も開発・設置されるようになってきてはいるが、水槽損傷などの被害はいっこうになくなっていないのが現状のようである。

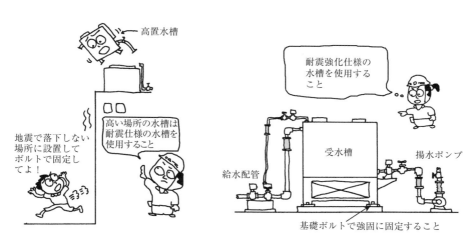

図14・3・1　衛生用水槽類の据付け方法

【技術用語解説】

◇**スロッシング現象（sloshing）**
　日本語では**液面揺動**とも呼ばれるが、水槽などの容器内の液体が**容器の振動**に伴い揺れ動く現象。
◇**バルジング現象（bulging）**
　バルジングとは、本来**連続鋳造**の分野などにおいて活用されるキーワードであるが、ここでは**ふくらみ／へこみ現象**のことである。建築設備業界には、バルジ加工（bulging process）という用語が健在であるが、これは配管材料継手（T継手・エルボベンドなど）を直管に高い圧力をかけて加工するプロセスのことである。

351

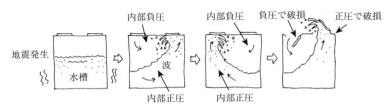

図14・3・2　水槽のスロッシング現象

2）衛生設備用配管類の耐震

設備配管の**揺れ**は、配管の重量と配管の剛性（rigidity）によって、**固有振動数（natural fequency）**が決まる。この**固有振動数**によって**揺れ**が大きくなり、**配管支持金具**などが脱落する事故などが発生する。

このような事故を防止するには、適正な支持間隔に**耐震支持部材**を配置して、配管本体の**許容応力・許容変形**以下に保持する必要がある。また、建物エクスパンションジョイント部の、いわゆる**渡り配管**は想定した建物変位に見合った**変位吸収（管）継手**を設置する必要がある。設備配管の耐震対策の要点は、**支持金物・振れ止め**によって、配管に十分な強度を持たせ、堅固に取りつけることである。

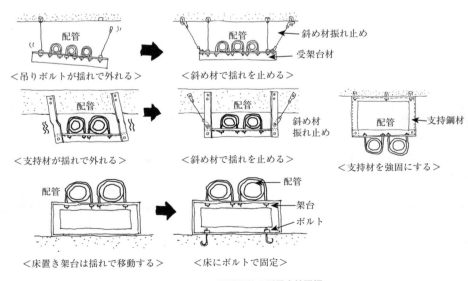

図14・3・3　設備配管の耐震支持要領

3）建物導入部への耐震

設備配管が建物に導入される部分、あるいは建物外部に出る部分では、地震力による**地盤**（ground）と建物との**変位**（displacement）が異なるので、設備配管系に無理な変形や応力が加わらないように配慮する必要がある。

特に、**液状化現象**（liquefaction）による**地盤沈下**（subsidence of ground settlement）の場合には、**導入部**が大きく変化するので、この部分で設備配管が破断する恐れがある。

【技術用語解説】

液状化現象（lique faction）
砂質土などで、地震動の作用により土中に**過剰間隙水圧**が発生して**初期有効応力**と等しくなるため、**せん断抵抗**を失う現象。

図14・3・4　地盤の液状化現象

（2）地震時の対応策

地震発生時には、まず自ら地震被害から**ライフライン**を守る必要がある。

したがって**水断**から日常生活を守るために**水槽の水**を確保する必要があり、そのために日常から心掛けておくべき要点を以下に列挙させていただきたい。

1）耐震性に優れた、耐震強度のある水槽の採用

水槽には必要な**耐震仕様**があり、通常地表面や建物の1階に設置される**受水槽類**の場合は耐震グレード：1.0G、屋上に設置される**高置水槽**の場合には耐震グレード：1.5Gが一般的である。

2）緊急遮断弁制御システムの採用

緊急遮断弁というと**ガス用緊急遮断弁**が有名であるが、これは地震時に**配管破断**などによる、水槽からの水流失を防止するため、**地震の加速度**を感知すると水槽の給水弁を閉じ、水槽内の水を確保する目的の弁である。

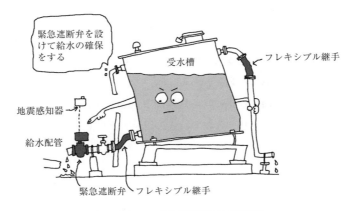

図14・3・5　緊急遮断弁取り付け状況

3）水槽波消し装置の採用

水槽波けし装置とは、**受水槽や高置水槽**の中に、**浮体式波動抑制装置（タンクセーバー）** を組み込み、地震時に発生する**スロッシング現象（液面揺動）** を抑制し、**波の衝撃から水槽を守る装置**である。

図14・3・6　タンクセーバー組み込み状況

4）給水車対応型水槽の採用

地震時に**給水車**から給水を受ける時に、その水槽が大きいと水位がなかなか上がらず取水が難しいため、水槽内部に**隔壁（水位調整用）** を設け水位が早く上昇するような工夫をした水槽のことである。

第14話　給排水衛生設備工事：トピックス10

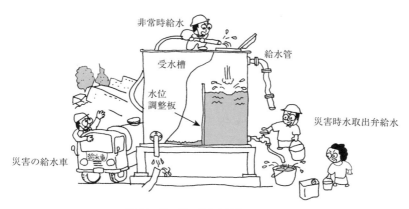

図14・3・7　給水車対応型受水槽

5) 受水槽用緊急時取水装置の採用

受水槽に水が十分貯留されているのに、取り出せない場合に**ホース**と**サイフォン作用**を発生させる**特殊ポンプ**で、水槽内の水をくみ出す装置のことである。

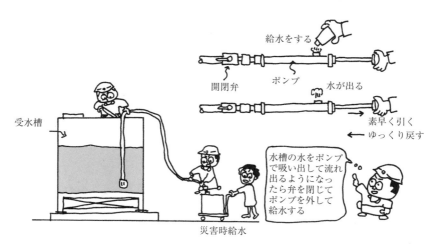

図14・3・8　受水槽用緊急取水装置

6) 自宅における水確保

① 電気温水器の固定を確実に実施し、**非常用水**として確保する。

355

第14話　給排水衛生設備工事：トピックス10

② 給水管の途中に**ヘッダー**を設け日常使用しながら、非常時には**備蓄水**を非常兼用水栓から取水する。

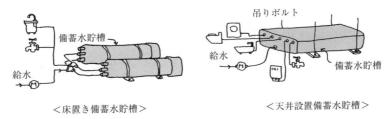

<床置き備蓄水貯槽>　　　　　　　　<天井設置備蓄水貯槽>

図14・3・9　備蓄水貯留給水ヘッダー

14・4　特殊なトイレの話

ここでは、人間が避けて通れない**排泄（excretion）**の話、すなわち**トイレの話**の中で、特殊な**トイレの話**を紹介してみたい。

（1）大自然の中のトイレ

筆者の若い頃の趣味は、専ら**山歩き**であった。ところで、グループで**山歩き**をしている時にどうしても途中で**トイレ**に行きたくなる時がある。

この場合、山男なら"**俺ちょっと雉打ちに行ってくる！**"といえば通じる。これは、用を足す時に**草むら**にしゃがみ込む姿が、漁師（hunter）が雉（pheasant）を打つ姿勢に似ているからだと言われている。

ちなみに、**大便**の場合には**大雉を打つ**、**小便**の場合には**小雉を打つ**と表現する。英語では、このような場合、**大便**とか**小便**とかに拘わらず、"Nature calls me！（直訳：自然が私を呼んでいる！）"とだけ言えば事足りるのである。

それでは、**山ガール**の場合には、どう表現すればいいのであろうか……？　女性の場合には"**ちょっとお花を摘みに行ってくる！**"といえばいいのである。

そのような場合、男性は"**私も一緒に花を摘みに行く！**"と決して言ってはならない。

ちなみに、筆者の次男の同級女子学生が、二人でたまたま**モンゴル**に出かけ、**モンゴル**に滞在中に3日間、**ゲル（テント住居）**に体験宿泊したそうである。

注：**ゲル**は、モンゴル語で**家**の意。中国語では**包（パオ）**という。

二人の女子学生は**便意**を催したので、ジェスチュアでその意を伝えると、ご主人は、や

第14話　給排水衛生設備工事：トピックス10

おら**スコップ**を二丁取り出してきて彼女たちに手渡した由。

　一人の女子学生は、**ゲル**から十分離れた所まで行き、スコップで穴を掘り用を足した後、**ゲル**まで戻ってきたが、もう一人の女学生はその勇気（？）が無く用も足さずに、スコップを持ったままで**ゲル**まで戻ってきたそうである。

　結論から先にいうと、この女学生は"我慢強い人"で、**ウランバートル**にあるホテルに戻るまで**お持ち帰り**をした由。

図14・4・1　大自然のトイレ：厠

（2）山岳トイレ

　大分寄り道をしてしまったが、ここでの本論は**山岳トイレ**の話である。

　環境省では**山岳環境保全対策支援事業**として、自然公園内において**民間の山小屋**を**公衆トイレ**としても利用できる**環境保全施設（トイレ）**の新設を行う場合に、国がその事業経費の1/2を援助する事業を進めており、1999年（平成11年）～2014年（平成26年）までに、129件のトイレが新設されたという。

　新設されたトイレには、**バイオトイレ（bio-toilet）**というシステムが採用されているが、**バイオトイレ**は便槽の中に**オガクズ**などが入れられており、排泄された糞尿をオガクズとともに**手動ハンドル**や**電動モータ**で攪拌し、**好気性微生物（aeribic microbes）**を活性化させて**分解・堆肥化**するものである。

　なお、**堆肥化（コンポスト化）**する時に、

図14・4・2　山岳トイレの構造

電気で**高温加熱**する方法と加熱しない方法や**糞尿**を一緒に処理する方法と**固形物**と**尿**に分けて処理する方法などがあるが、最終的には**土化**した**オガクズ**または**堆肥**となる。

（3）地震時の避難所のトイレ

この原稿を執筆中の2018年（平成30年）9月6日未明に北海道胆振地方を**震源（seismic center）**とする**最大震度：7**の大地震が発生してしまった。

ちなみに、日本では、**阪神淡路大震災（発生：1995年1月）**および**東日本大震災（発生：2011年3月）**の後、**避難所のトイレ**の重要性が改めて認識されている。

災害に対応した**トイレ**には、**携帯トイレ**、し尿を機械的にパッキングする**簡易トイレ**や**組立てトイレ**などがある。

しかし、最近は非常時にだけ使用する**仮設トイレ**だけでなく、平常時も使用しながら非常時にも対応可能な**汚物放流用**の水も考慮した**トイレシステム**の開発も進められているという。興味ある資料であるが、阪神・淡路大震災の際の神戸市の例では、**避難場所のトイレ**は、100人に1基の段階で**トイレに関する苦情**が減り、75人に1基設置されると苦情がほぼなくなった由。

図14・4・3　避難所のトイレ

（4）宇宙船のトイレ

地球上で**排便**する場合には多少力めば（？）、**排泄物**は地球の重力によって、ごく自然に**便器**の中に落とし込まれる。それでは、**宇宙飛行士（astronaut）**が重力の無い**宇宙船（spacecraft）**内で、用を足すにはどうすればいいであろうか？

以下の**宇宙船のトイレ**の話は、筆者の体験談ではないが、是非皆さんに聞いてほしい興味ある話題である。**宇宙船の便器**は、真空式で**空気**とうんちが吸い込まれるが、便座の孔が非常に小さいので孔の中心に**照準**をあてるように、便座にすわる**お尻の位置**を訓練してから、宇宙に飛び立つ必要があるそうである。

換言すれば、"けつ曲がりな人（a queer person）"は、**宇宙飛行士**の資格には向いていないということか……。

ところで、**空気**とうんちが混ざった**排泄物**は**回転式粉砕機**で**タンク内**に導かれるそうであるが、うんちを貯める**タンク内壁**にへばりつくので、分離機で分離させ、フィルタを経

由して、吸引装置まで導かれるという。

　ちなみに、**うんち**は**真空凍結乾燥**され、宇宙に**不法投棄（？）**することは許されず、地球まで**お持ち帰り**になるとか。

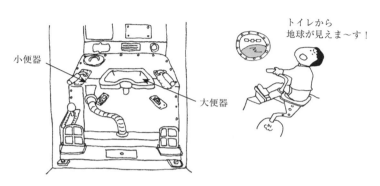

図14・4・4　宇宙船のトイレの仕組みと構造

14・5　衛生設備用特殊用途ポンプ類

　一般に建築設備に汎用されるポンプ類は、**ターボ形・容積形・特殊形**に大別されるが、ここでは**衛生設備**ならではの、**特殊用途ポンプ類**について記述しておきたい。

　（1）給水ポンプユニット

　これは**給水ポンプ・圧力水槽**・自動制御運転に必要な**機器**および**制御盤**を一つのユニットに組み込んだ**直接給水式**の自動給水装置である。

　運転制御の方式としては、**圧力スイッチ**と**フロースイッチ**を組み合わせて、**使用水量**の増減に応じて給水ポンプの**自動運転**をする**圧力水槽方式**と可変速電動機やインバーター方式による**可変周波数制御装置**および**検出器**および**制御盤**などを備えた**速度制御方式**がある。

　また、使用水量の変化によって生ずる**給水圧力変動**を極力緩和する目的で、給水ポンプの吐出圧力を常に一定になるように制御する**吐出圧力一定制御**と、給水ポンプから最も遠方にある**配管末端部分**の圧力がほぼ一定になるように制御する**推定末端圧一定制御**があり、この制御の方が**吐出圧力一定制御**に比べ、**省エネルギー性**に優れている。

　ポンプの運転組合わせ方式としては、2台のポンプを交互に運転して1台を予備機とする**単独交互運転方式**の他に、2台の給水ポンプを並列に配管し、通常は1台ずつ**単独交互**

運転を行い、使用量の増加に応じて2台のポンプの並列運転ができるようにした**並列交互運転方式**とがある。

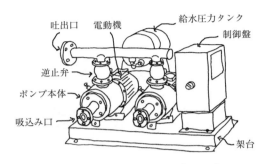

図14・5・1　給水ポンプユニット

(2) 井戸用ポンプ

井戸用ポンプは、**浅井戸用ポンプ**と**深井戸用ポンプ**に大別され、**浅井戸用**としては一般に**うず巻ポンプ**や**家庭用井戸ポンプ**が使用される。

しかしながら、**深井戸用**としては**ボアホールポンプ（bore hole pump）**や**水中モータポンプ（sbumergible motor pump）**が一般的に使用される。

【技術用語解説】

◇**ボアホールポンプ（bore hole pump）**
　電動機が地上にある**深井戸用**のくみ上げポンプである。(JIS B 0131)

◇**水中モータポンプ（submergible motor pump）**
　ポンプと**駆動軸**が一体に組み込まれ、水中にて使用されるポンプで、一口に**水中ポンプ**といっても、その機能により、①うず巻タイプ、②ノンクロッグタイプ、③渦流タイプ、④スクリュタイプ、⑤ 異物破砕機能付き等々、多彩な品揃えがある。
　水中電動ポンプ・水中ポンプとも呼ばれる。(JIS B 0131)

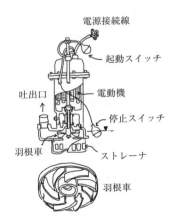

図14・5・2　雑排水用水中モータポンプ

（3）排水ポンプ

排水ポンプには、**雑排水**などを排水する**雑排水ポンプ**と**汚水**を排水する**汚水排水ポンプ**および**汚物**を排水する**汚物排水ポンプ**に区分され、構造的には**水中形・縦軸形・横軸形**の3種類がある。

雑排水ポンプは**一般排水**を揚水するもので、**汚水排水ポンプ**は、清水と変わらないような排水を揚水するもので、**ポンプの構造**に多少の差はあるものの、用途上の明確な定義はない。

しかしながら、**汚物排水ポンプ（non-clogging sewage pump）**は、**汚物**や**固形物**を含んだ排水を揚水するもので、**固形物**が詰まらない構造になっている。

汚物ポンプの**羽根車**は、**うず巻ポンプ**の羽根車とはまったく異なった形状の**ブレードレス形・クロレス形**などを採用し、**固形物**を容易に排出できる構造となっている。最近では、羽根車の翼間を汚物が直接通らずに、羽根車が発生する**渦の旋回の流れ**によって**揚水作用**を起こす**ボルテックス形**のものもある。

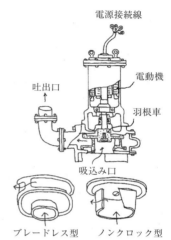

図14・5・3　汚物排水用水中ポンプ

（4）汚水排水ポンプ・汚物排水ポンプの今昔

ここで**汚水排水ポンプ**と**汚物排水ポンプ**の開発の歴史について、その一端を紹介してみたい。**汚水・汚物排水ポンプ**は、時代とともに変化しており、その変遷は大きく2つ：ハード部分（機械部）とソフト部分（性能）との別れる。

具体的にいうと、**ハード部分はポンプ全体構造・電動機・軸封部・材質**などであり、ソフト部分は、**異物通過性能・ポンプ性能・制御**などである。

汚水・汚物排水ポンプの変遷を電動機構造・軸封の観点から見てみると、まず**立軸ポンプ**が挙げられる。このポンプは、**軸が垂直に置かれているポンプで深い所**からの揚水に便利で、**据付け面積**が小さいなどの利点を具備している。しかしながら、このポンプの時代には、水中に電動機を沈める技術はまだなかった。

このような時代背景の元では、どうしても**中間軸受け**が必要で**メンテナンス性**が悪いという欠点があった。

そこで登場したのが**水中ポンプ（submergible motor pump）**である。まず、軸封には**油封式**を採用し、電動機内部は**油漬け**とし、電動機・軸受けの**冷却効果**を向上させたのである。次に採用されたのが**キャンド式電動機（canned motor）**で、電動機の**巻線部分**を完全に密封し、水との接触を皆無にすることであった。そして、いよいよ図14・5・4に示すような**乾式水中排水ポンプ**の登場である。

この登場により、電動機・軸受けの**温度上昇**に対する信頼性が増し、**軸封部**の信頼性が向上したため、**メンテナンス性**も向上し、簡単な構造のポンプとなった。

さらに、**ポンプ構造**の視点から見ると**縦軸ポンプ⇒水中ポンプ**となり、**排水槽**の水を抜かなくてもポンプを引上げメンテナンスできる**着脱装置**が開発され、現在では**軽量化・作業性向上・さびの問題**の解消をターゲットにした**樹脂製ポンプ**の時代となっている。さらに**異物性通過性**の問題であるが、これは**羽根車**の構造に起因している。近年においても、**異物の閉塞防止対策**は必ずしも完全なものではなく**試行錯誤**が続いている。

ところで、従来の**汚水・汚物排水ポンプ**は、特に**繊維物**が引っ掛かりやすいが、既述のように空中に渦を作り異物を吐き出す**ボルテックス・ポンプ（voltex pump）**が開発され、**異物通過性能**が一段と向上してきている。

ちなみに、最新情報では、**繊維物**に対する**異物通過性能**を改善した、**ノンクロック羽根水中汚水汚物排水ポンプ**も開発されてきているとか……。

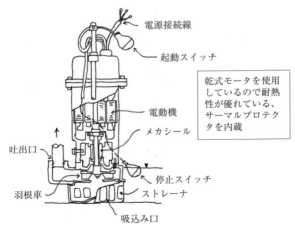

図14・5・4　乾式水中排水ポンプ

（5）自吸水ポンプ

　普通のうず巻ポンプでは**呼び水**（priming water）を行い、**ポンプ胴体**と**吸込み管**の空気を抜き、満水にした後にポンプ運転をする必要がある。

　ところが、**自吸水ポンプ**（self-priming pump）では、**揚液中**のインペラーが**真空ポンプ**として働くので、起動前に**ポンプケーシング**内へ少量の水を注入すれば、**吸込み管**の空気はポンプ自身で自動的に排出し、揚水することができる。

　したがって、**フート弁**（foot valve）を設置することは一切不要となる。

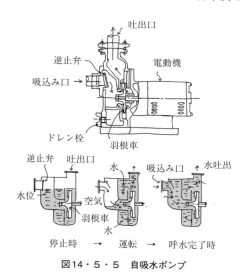

図14・5・5　自吸水ポンプ

14・6　水に関するトピックス：あれこれ

（1）バーチャル・ウォーターと水ESCOの話

1）バーチャル・ウォーター

　バーチャル（Virtual）というと、ほとんどの人がバーチャル・リアリティー（Virtual Reality：仮想現実）ということを連想するのでないであろうか……。

　ここでは、そのバーチャル・リアリティーではなく、まず**バーチャル・ウォーター**（Virtual Water）という用語を紹介しておきたい。

　バーチャル・ウォーターとは、日本のように食料を輸入している国（消費国）において、

もしその**輸入食料**を現地生産するとしたら、どの程度の水が必要となるかを推定したものである。これは、ロンドン大学東洋アフリカ学科名誉教授：アンソニー・アラン氏がはじめて紹介した観念である言われている。

例えば、1kgの**トウモロコシ**を生産するには、少なくとも**灌漑用水：1,800リットル**が必要となる。また、牛はこうした穀物を大量に消費しながら育つため、牛肉：1kg生産するためには、その約20,000倍もの水が必要となる。

つまり、日本は海外から**食料**を輸入することによって、その生産に必要な水を使わないで済んでいるのである。換言すれば、**食料の輸入**は、形を変えて**水**を輸入していると考えることができる。

図14・6・1　バーチャル・ウォーターとは？

2）バーチャル・ウォーターの現状

衆知のように、日本の**カロリーベース**の**食料自給率**は**40％程度**であるから、日本人は**海外の水**に依存して生きているということもできる。つまり、日本は**バーチャル・ウォーター**の輸入を通じて海外とリンクしており、海外での**水不足**や**水質汚染**などの水問題は、日本と決して無関係ではないのである。

ちなみに、2005年（平成17年）において、海外から日本に輸入された**バーチャル・ウォーター量**は、約800億立方メートルであり、その大半は**食料**に起因しており、これは日本国内で使用される**年間水使用量**と同程度といわれている。

3）水ESCOの話

省エネルギー計画を立案して、**削減されたエネルギー費**で**設備投資**を回収しようとする事業に**ESCO事業：Eergy Service COmpany**がある。

その考え方と同様に、**水使用量**を診断して、**節水器具**に取り替えることなどを提案して、**上下水道料金**が削減された分で、**投資金額**を回収しようとする**水ESCO**と呼ばれる事業を行う会社も最近出てきている。

(2) おいしい水とは?

京都の**上醍醐寺**の湧水を飲んだ僧侶が"**醍醐ある味かな!**"といった話はすでに紹介済みであるが、ここでは"おいしい水とは何か?"について紹介してみたい。

水の味は、含まれている成分やその量の**微妙なバランス**によって決まる。**水のおいしさ**も個人差が大きく、飲んだ時の**体調**や**気温**などにも左右される。

ちなみに、1985年(昭和60年)に**厚生省(現厚生労働省)**から、おいしい水に関する**七つの要件**とその**基準値**が発表された。

水を口に含んだ時に感じる**におい**は、**残留塩素**が関係して**おいしさ**を大きく左右する。

においの主な原因は、**藻類**がつくり出す**かび臭**や消毒による**塩素臭**などがある。また、**有機物**の量が多くなると**水の味**が悪くなる。

水の味は**ミネラル**が少ないと味が**淡泊**になり、多すぎると**苦味**を感じる。おいしく飲める**まろやかな水**は、**ミネラル分**が比較的少なめな**軟水**である。水に溶けている**炭酸**は、**湧水**や**地下水**に多く含まれており、水に**適度**な柔らかさを与えるが、多すぎると**刺激**が強くなる。

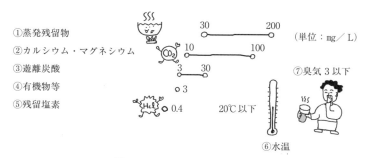

図14・6・2 おいしい水の七つの要件

(3) 純水とその製造法

純水(pure water)とは、不純物をほぼ完全に除去した水で、一般的には25℃においてpH:7(中性)、比抵抗:$10 \times 10^4 \Omega \cdot cm$以上の水のことをいう。

第14話　給排水衛生設備工事：トピックス10

　何のために**純水**を必要とするかは、その**用途**によって異なり、その**用途**により水中の何を除去するか、何を測るかにも違いがある。

　ちなみに、**半導体工場（IC工場）**などでは、純水は主として**洗浄用**に使用されるし、**医薬品製造**では、**洗浄用**に加えて**薬品**の原料の一つになる。**純水の質**を表す指標としてよく採用されるのは、**電気伝導率（電導率）**である。

　電気伝導率は、電気の流れ易さを示すものであり、**不純物（impurity）**すなわち**イオン**が少なければ、この値も小さくなることを利用して**水の純水度**を測定する。また、半導体工場では、**比抵抗**がよく使われるが、**比抵抗**は電気伝導率の逆数で**電気の流れにくさ**を表す指標で、**不純物**すなわち**イオン**が少なければ、電流が流れにくくなるので、この価は当然大きくなる。ところで、実際に製造される**純水**は、50mプール中に含まれることが許される**不純物**の量が2.5gとか0.25gとかというオーダーなので、まさに**不純物**がゼロといってもいい水なのである。

　純水の製造法には、**蒸留法・イオン交換樹脂法・RO（逆浸透膜法）・UF（限界ろ過膜法）**などがある。

　まず、後の処理工程に影響を与える**残留塩素**を除去する**活性炭処理**などの前処理を行った後に、本格的に水の不純物を除去する**イオン交換・RO（逆浸透膜法）・UF（限外ろ過膜法）・紫外線殺菌**を経て製造され、**純水**が配管内などに滞留して**微生物**が繁殖したり、**水質**が変化することがないように**ループ配管**にするなどの方法で供給されている。

図14・6・3　純水ってどんな水？

　しかしながら、**純水**は**不純物**が少ないので、**飲料水**という観点からは、"味も素っ気もない"まずい水なのである。

（4）昭和の名水百選と平成の名水百選

　日本名水百選は、1985年（昭和60年）3月に**環境省（当時環境庁）**が全国各地：100ヶ所の**湧水**や**河川水を名水百選**として選定したものである。

　その選定目的は、日本全国に多くの形態で存在する**清澄な水**について、その**再発見**に務め国民にそれらを紹介し、**啓蒙普及**を図るとともに、このことを通じ**国民の水質保全**への認識を深め、併せて**優良な水環境**を積極的に庇護すること等、今後の**水質保全行政**の発展に資することであった。

表14・6・1　日本名水百選一覧

	北海道地方
1	北海道／虻田郡京極町　羊蹄のふきだし湧水
2	北海道／利尻郡利尻富士町　甘露泉水
3	北海道／千歳市　ナイベツ川湧水

	東北地方
4	青森県／弘前市　富田の清水
5	青森県／平川市　渾神の清水
6	岩手県／下閉伊郡岩泉町　龍泉洞地底湖の水
7	岩手県／八幡平市　金沢清水
8	宮城県／栗原市　桂葉清水
9	宮城県／仙台市　広瀬川
10	秋田県／仙北郡美郷町　六郷湧水群
11	秋田県／湯沢市　犬υ水
12	山形県／西村山郡西川町　月山山麓湧水群
13	山形県／東根市　小見川
14	福島県／耶麻郡磐梯町　磐梯西山麓湧水群
15	福島県／耶麻郡北塩原村　小野川湧水

	関東・甲信地方
16	茨城県／久慈郡大子町　八溝川湧水群
17	栃木県／佐野市　出流原弁天池湧水
18	栃木県／塩谷郡塩谷町　尚仁沢湧水
19	群馬県／甘楽郡甘楽町　雄川堰
20	群馬県／吾妻郡東吾妻町　箱島湧水
21	埼玉県／大里郡寄居町　風布川／日本水
22	千葉県／長生郡長南町　熊野の清水
23	東京都／国分寺市　お鷹の道／真姿の池湧水群
24	東京都／青梅市　御岳渓流
25	神奈川県／秦野市　秦野盆地湧水群
26	神奈川県／足柄上郡山北町　洒水の滝／滝沢川
27	山梨県／南都留郡忍野村　忍野八海
28	山梨県／北杜市　八ヶ岳南麓高原湧水群
29	山梨県／北杜市　白州／尾白川
30	長野県／飯田市　猿庫の泉
31	長野県／安曇野市　安曇野わさび田湧水群
32	長野県／北安曇郡白馬村　姫川源流湧水

	北陸地方
33	新潟県／中魚沼郡津南町　龍ヶ窪の水
34	新潟県／長岡市　杜々の森湧水
35	富山県／黒部市・下新川郡入善町　黒部川扇状地湧水群
36	富山県／中新川郡上市町　穴の谷の霊水
37	富山県／中新川郡立山町　立山玉殿湧水
38	富山県／砺波郡庄川町　瓜裂の清水
39	石川県／白山市　弘法池の水
40	石川県／輪島市門前町　古和秀水
41	石川県／七尾市　御手洗池
42	福井県／三方上中郡若狭町　瓜割ノ滝
43	福井県／大野市　お清水
44	福井県／小浜市　鵜の瀬

	東海地方
45	岐阜県／郡上市　宗祇水（白雲水）
46	岐阜県／美濃市・関市・岐阜市　長良川（中流域）
47	岐阜県／養老郡養老町　養老の滝／菊水泉
48	静岡県／駿東郡清水町　柿田川湧水群
49	愛知県／犬山市～可児川合流点　木曽川（中流域）
50	三重県／四日市市　智積養水
51	三重県／志摩市　恵利原の水穴（天の岩戸）

	近畿地方
52	滋賀県／彦根市　十王村の水
53	滋賀県／米原市　泉神社湧水
54	京都府／京都市伏見区　伏見の御香水
55	京都府／宮津市　磯清水
56	大阪府／三島郡島本町　離宮の水
57	兵庫県／西宮市　宮水
58	兵庫県／神戸市　布引渓流
59	兵庫県／宍粟市　千種川
60	奈良県／吉野郡天川村　洞川湧水群
61	和歌山県／田辺市　野中の清水
62	和歌山県／和歌山市　紀三井寺の三井水

	中国・四国地方
63	鳥取県／米子市淀江町　天の真名井
64	島根県／隠岐郡海士町　天川の水
65	島根県／隠岐の島町　壇鏡の滝湧水
66	岡山県／真庭市　塩釜の冷泉
67	岡山県／岡山市　雄町の冷泉
68	岡山県／苫田郡鏡野町　岩井
69	広島県／広島市　太田川（中流域）
70	広島県／安芸府中町　今出川清水
71	山口県／美祢郡秋芳町　別府弁天池湧水
72	山口県／岩国市　桜井戸
73	山口県／岩国市錦町　寂地川
74	徳島県／吉川市　江川の湧水
75	徳島県／三好市東祖谷山　剣山御神水
76	香川県／小豆郡小豆島町　湯船の水
77	愛媛県／西条市　うちぬき
78	愛媛県／松山市　杖ノ渕
79	愛媛県／西予市　観音水
80	高知県／県西部　四万十川
81	高知県／高岡郡越知町　安徳水

	九州地方
82	福岡県／うきは市　清水湧水
83	福岡県／福岡市　不老水
84	佐賀県／西松浦郡有田町　竜門の清水
85	佐賀県／小城市　清水川
86	長崎県／島原市　島原湧水群
87	長崎県／諫早市　轟渓流
88	熊本県／宇土市　轟水源
89	熊本県／阿蘇郡南阿蘇村　白川水源
90	熊本県／菊池市　菊池水源
91	熊本県／阿蘇郡産山村　池山水源
92	大分県／由布市　男池湧水群
93	大分県／竹田市　竹田湧水群
94	大分県／豊後大野市　白山川
95	宮崎県／小林市　出の山湧水
96	宮崎県／東諸県郡綾町　綾川湧水群
97	鹿児島県／熊毛郡屋久島・上屋久町　屋久島宮之浦岳流水
98	鹿児島県／姶良郡牧園町　霧島山麓丸池湧水
99	鹿児島県／川辺郡川辺町　清水の湧水

	沖縄地方
100	沖縄県／南城市　垣花樋川

日本名水百選

ところで、**名水百選**と耳にしただけで**湧水**を連想し、そのまま即**飲用可**と思い込みがちであるが、それは誤解であるので以下のことに留意して欲しい。

① 名水百選の種類としては、**湧水（74件）・河川水（18件）・用水（2件）・地下水（5件）・自噴水（1件）**の4種類がある。
② 各都道府県別に、最低1件は名水を選出することが前提になっている。
　例：日本最南端の名水百選は、沖縄県南城市にある**湧水：垣花樋川（かきのはなひーじゃと読む）**である。
③ 名水百選の多い都道府県は、**富山県：4件**および**熊本県：4件**である。
④ 名水百選の種類が**湧水**であっても、必ずしも飲用可とは限らない。

【知っておきたい豆知識】

日本名水百選の横綱は、東の横綱
　柿田川湧水群（湧水・静岡県駿東郡清水町）と西の横綱：うちぬき（自噴水・愛媛県西条市）と言われている。上述の**名水**はいずれも素晴らしいが、筆者の一押しの**名水**は、なんといってもその迫力から言って、**羊蹄の吹き出し湧水（湧水・北海道虻田郡京極町）**で、北海道の道南を旅行される機会があれば、是非訪れてほしい**必見スポット**である。筆者は若い頃山行が趣味で**深田久弥：日本百名山**は完登しているが、**日本名水百選**にも非常に興味があり、日本各地を旅行した際に**タクシー**などを飛ばしては、日本各地の**名水百選**を訪ね歩いている。ただし、その数は残念ながら現在60余件で頓挫している。

なお、2008年（平成20年）には、**水環境保全**の一層の推進を図る事を目的に、地域の生活に溶け込んでいる**清澄な水**や**水環境**の中で、特に地域住民等により**主体的**かつ**持続的**な水環境の**保全活動**が行われているものを、既述の**名水百選**に加え**平成の名水百選（名水一覧は割愛）**として選定し、現在では併せて**名水200選**となっている。

なお、**名水百選**も**平成の名水百選**も、飲用に適することを保証するものではないので、飲用される場合には**所管の自治体**に確認する必要がある。

14・7　東京ドーム球場：排水トラップの封水深・東京スカイツリー：排水配管方法

ここでは、給排水衛生設備に関わる興味あるトピックスを2例紹介しておきたい。

（1）東京ドーム球場の排水トラップの封水深

東京ドーム（通称：Big Egg）球場のような**膜構造**の球場建物では、送風機で球場内の

空気を加圧し屋根を膨らませ(inflation)ている。このために、**排水トラップを従来のように大気圧基準(通常：50mm～100mm)**で決定すると、**排水トラップ**の中の封水(sealed water)はすべて流れ出てしまうことになる。

したがって、**東京ドーム球場**では、排水トラップの**封水深**は、一般の建物の封水深より深く設定され、図14・7・1に示すような**通気チャンバー**による**封水保護システム**を採用している。

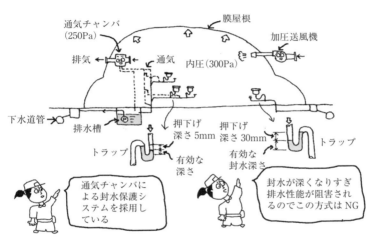

図14・7・1　東京ドーム球場の排水トップの封水深

(2) 東京スカイツリーの排水配管方法

1964年(昭和39年)に内藤多仲先生の設計によって建設された**東京タワー**に代わって、最近建設された**東京スカイツリー**が**東京の観光名所**となって久しい。実はこの**東京スカイツリー**の排水方式について、まず紹介しておきたい。

通常、排水配管内の**排水流速**が大きくなりすぎると**排水管内**が真空となり、大便器の**トラップ封水**を吸い上げる可能性が生じる。

最近では、**超高層マンション**の排水用に**減速ガイド付き特殊排水管継手**が開発されているが、この**特殊排水配管継手**は、排水配管内の**排水流下速度**が上がりすぎるのを防止する機能を具備している。

ちなみに、**東京スカイツリー**の**トイレ排水**は、**地下ピット**に設置されている**汚水槽**まで**排水管**でつながれている。しかし、地上350mと450mの二つの展望台（observation deck）の間は、トイレからの**排水横引管**が接続しているため、**減速ガイド付**の**特殊排水継手**が採用されている。

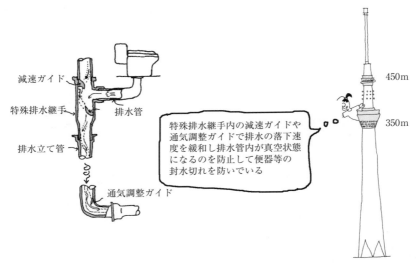

図14・7・2　東京スカイツリーの排水配管

14・8　温泉の種類と温泉の誕生

世界中に温泉に**温泉（The Spa）**は存在するが、日本人ほど身近な生活の中に**温泉**と深くかかわりあっている民族は少ないと思われる。さらに言及すると、日本独自の**温泉文化**は他の国には絶対に存在しない。

かくいう筆者は、日本の国内の温泉は北は北海道から南は沖縄まで、**300湯**以上を訪れているが、外国の温泉というと、ハンガリーの**ゼーチェニ温泉**・カナダのバンフの**Upper Hot Springs**・韓国の**利川温泉**・**儒城温泉**および台湾の**北投温泉**程度しか訪れていない。**台湾の温泉（あの小さな島内だけで100近い温泉があるそうであるが……）**を除いて、そのいずれもが、水着を着用して入る日本の**温泉プール**や**スーパー銭湯**といった雰囲気である。

（1）温泉の誕生

まず**温泉**は、**火山性温泉**と**非火山性**とに大別される。そして、そのほとんどの**温泉**が雪

や雪解け水が水中に**しみ込んだ地下水**に**地中の成分**が溶け込み、温度が上昇して地上に出てきたものである。

火山性温泉は、地下水が**マグマ（maga）**の熱で温められ、地下の**断層（fault）**を伝わって地上に湧き出てきたもので**マグマのガス成分**や**岩石の成分**が溶け込んで泉質を形成している。

一方、**非火山性温泉**は、**深層地下水型**と**化石海水型**に分類されるが、地中では100m深くなるごとに、**約3℃**ずつ温度が上昇するといわれている。

例えば、地表温度が10℃であれば、深さ：1,000mの地中では40℃になるといわれているので、**地下水**がこの**地熱**やマグマが冷えた**高温岩帯**で温められたものが**深層地下水型**の**非火山性温泉**である。また、太古に海水が**地殻変動**で地中に封じ込められ、地中で温められたものが**化石海水型**の**非火山性温泉**である。

地中の数百mの浅い所で封じ込められた**海水**や海岸に近く新しい**海水**が入り込んでいるところなどでは、25℃以上ない場合もある。

しかし、**海水**は**塩分**や**ミネラル分**を含んでいるので、**温泉法（第13・4話（4）で詳述）**に規定する成分を定量以上含んでいれば**温泉**ということになる。

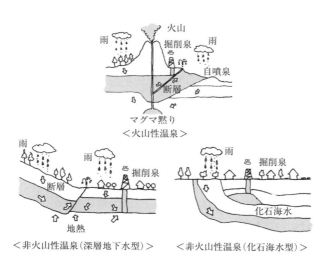

図14・8・1　温泉の種類

【知っておくとお得！】

タイの温泉

　筆者は**タイ国**を通算5回訪れているが、タイで**温泉**に入った経験はない。以下で紹介する記事は、あくまで筆者の友人から入手した知見である。

　タイには**火山**がないのに温泉が100以上あるという。特にタイ北部の**チェンマイ付近**には60箇所以上の温泉が集中しているといわれ、**自噴している温泉**や**間欠泉**が点在している由。その泉温も45～100℃まであり、**竹籠**に卵や筍を入れて茹でている**源泉**まであるそうである。

　さらに、有料の浴場や温泉リゾート施設もできているが、**大浴場**はなくその**個室浴場**がほとんどで、**入浴者**が自ら温泉を張って入浴する仕組みになっているとか……。最近では、タイの首都：バンコックに日本の**スーパー銭湯**を模した温泉入浴施設も開業して賑わっていたが、浴場には**塩素臭**が残っており、おそらく水道水の循環浴槽と思われる。タイではこのような**入浴施設**の成功につれて、**温泉ブーム**が起こりかけているようである。

（2）温泉表はあてにならない……？

　筆者は、日本の温泉を訪れた際に、脱衣場に掲げてある**温泉表**の中で、①泉質、②泉温、③pHの三項目だけは必ずメモをとるようにしている。

　温泉泉質表の掲示は、**温泉法**で定められているためであるが、この泉質表は**源泉井**で採取した温泉質を分析した結果で、決して**浴槽内の泉質を示すものではないのである**。源泉から長い配管で送られてくる**温泉**は、そのほとんどが変質していて、特に**循環式の浴槽**では薄まったり変質したり、**消毒用**の注入する**塩素**で**源泉**とは異なった泉質となっている場合が多い。

　また、何十年も前に分析した**温泉泉質表**を後生大事に、無神経に掲示している**温泉施設**も多くあり、あまりあてにならない。

　ちなみに、最近では、**浴槽内のそのものの温泉泉質**を表示すべきであるという動きもあり、**かけ流し浴槽**では実際の泉質を知ることができるであろう。

　しかしながら、**循環式浴槽**では**塩素の注入**が規定されているため、**正確な泉質**を知ることはまったく不可能である。

　前述の調査によれば、全国の**温泉流出量**は毎分2,650m^{3}で、ポンプでくみ上げる**動力温泉**が多く、**自噴泉**はそのうち28％（730m^3/分）に過ぎず、ここ数年**湧出量**は頭打ちとなっている由。ちなみに、泉温に関しては**43℃以上**の温泉は、源泉のうち52％程度と減少傾向を示しているという。

第14話　給排水衛生設備工事：トピックス10

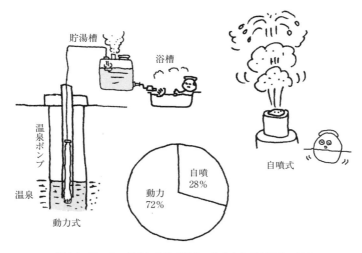

図14・8・2　日本における温泉：自噴泉と動力温泉の割合

(3) クアハウス (Kur Haus) とは？

　クアハウスとは、ドイツ語で**Kur**は、"健康に意を配ること：養生・治療"のことで、**Haus**は"家・施設"の意、すなわち**"養生するための家"**である。ちなみに、**クアハウス**は、ドイツでは300年近い歴史があり、多くの人に利用されているという。

　日本でも昔から各地の温泉場に**湯治場**があって、**リフレッシュ**の場として、あるいは**病後療養**などに利用されており、江戸時代には**湯治場ガイドブック**が売られていたほどにぎわっていた由。日本でもドイツとは多少趣は変わっていても、昔から**クアハウス**は存在したのである。現在、日本で**クアハウス**と呼ばれる施設は、**日本健康開発公団**が商標登録している名称で、温泉を利用した各種の**温浴施設**を利用して**ストレス**を解消し、健康的な肉体づくりをする目的で、全国26箇所 (2014年現在) の施設が設置されている。

　日本版クアハウスは、基本的には休憩室やラウンジ・レストランなどの休憩の場としての**ふれあいゾーン**、健康相談室や教室などの**健康管理ゾーン**および浴室や温水プール・トレーニングジムなどがある**健康づくりゾーン**の大きく三つのゾーンで構成されている。我々は**クアハウス**というと、いろいろな浴槽がある**浴場**を連想しがちであるが、**浴場**はあくまで**施設の一部**なのである。

第14話　給排水衛生設備工事：トピックス10

そして、この浴室・温水プールのある部分を、ドイツ語で浴室部分を指す**バーデゾーン**（**その詳細説明は割愛させていただく**）と呼んでいる。

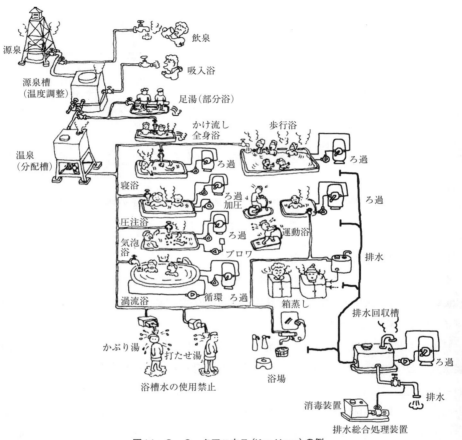

図14・8・3　クアハウス（Kur Haus）の例

14・9　海洋深層水
（1）海洋深層水：導入の歴史
現在新しい**水資源**として注目を浴びている**海洋深層水（Deep Sea Water）**とは、"光合成による**有機物生産**が行われず分解が卓越し、かつ冬季の**鉛直混合の到達深度以深の海洋水**"（2001年（平成13年）4月水産庁発表の定義）のことである。一般的には、水深：約

200m以深の海水を指すが、**海洋深層水**とは、水深：200m以深は**深海**と呼ばれることから**深海にある海水**を意味する**資源利用**のための造語（coined words）である。

海洋深層水は、歴史的には、1970年（昭和45年）代にハワイで本格的研究が開始された。日本では最初1970年（昭和45年）代のはじめに、**通産省（現経済産業省）**が**海洋温度差発電（OTEC：Ocean Thermal Energy Conversion）**の研究を**サンシャイン計画**で始め、1986年（昭和61年）から**科学技術庁（現文部科学省）**が温度差発電以外の**深層水**の資源利用研究を開始した。

【知っておきたい豆知識】

サンシャイン計画
　通商産業省が1973年（昭和48年）の**第一次石油危機**後に進めていた、**新エネルギー技術研究開発**のことである。
　地熱エネルギーの利用・石炭ガス化・石炭液化技術・水素の製造から利用までの**技術**の他、**風力エネルギー・海洋エネルギー・オイルシェール**などの技術の開発を行い、実用化をはかった。1993年（平成5年）度からは、**ニューサンシャイン計画**に統合、2030年には、**日本のエネルギー消費量**を当時の1/3、**二酸化炭素排出量**を1/2に削減することを目標にした。

その後1989年（平成1年）に**科学技術庁**による**陸上研究施設（高知県海洋深層水研究所）**が高知県室戸岬町三津に完成し、**深層水の資源利用**の基礎・応用研究が本格的に推進されることになった。

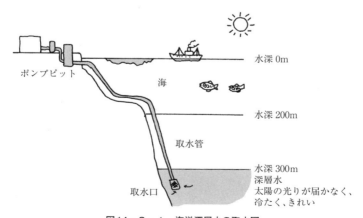

図14・9・1　海洋深層水の取水図

（2）海洋深層水：用途とその利用

　当初は水深：320mから、一日に460トンの**深層水**が汲み上げられ、1994年（平成6年）には、同所に2本目の**取水管**が設置され、汲み上げ量が2倍の920トンになった。

【技術用語解説】

逆浸透ろ過（RO）による飲料水製造
　筆者は上述の**室戸岬町三津**の**海洋深層水**の取水現場を訪れたことがあるが、そこで耳にした話では、**海洋深層水**は3％程度の塩分を含んでいるので、**飲料用**と利用するためには**逆浸透ろ過膜**（Reverse Oomosis Membrene）で、塩分濃度：1％程度に**海洋深層水**をろ過し供給している由。
　技術的には、**海洋深層水**を塩分濃度：0％にすることは可能だが、塩分濃度を0％とすると**飲料水**としては無味でまずいのだとか……。

　ちなみに、1995年（平成7年）からは、**深層水**の一部が民間にも分けられるようになり**飲食品**への利用の道が開かれた。その後、**久米焼酎**で有名な沖縄の久米島はじめ、日本でもいたるところに海洋深層水の**陸上取水施設**が建設されるようになっていった。ところで、**海洋深層水**の資源性のなかで、注目に値するのは、その**清浄性・高純度**である。現在では、**飲料水・酒・しょう油・豆腐・パン・干物・漬物・塩**等々、100種以上**飲食品**に利用されている。
　これらは、すべて海洋深層水の**清浄性**と海水中に含まれている**水・塩・ミネラル**といった物質の利用である。
　興味あることに、**室戸海洋深層水**の現場を訪問した際、小型の給水車を運転して、ある**漬物製造業者**が**海洋深層水取水スタンド**（自動車給油揚の**ガソリンスタンド**とそっくり）に、取水の訪れている光景に遭遇した。
　この業者にいわせると、ここの**海洋深層水**は塩分を含むので、漬物の**下洗い**するのには**真水**を使用するより、はるかに都合がいいのだとか……。

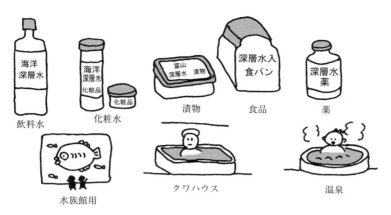

図14・9・2　海洋深層水利用の飲食品の例

14・10　海水淡水化利用

かつて"安全と水はただ！"と言われた日本であるが、**水資源**に比較的恵まれているせいか、日本人は**海水淡水化利用**については比較的無関心のようである。

大型レジャー施設：**長崎ハウステンボス**では、**海水淡水化装置**が設置されているが、現地担当者の話によると、この装置は日頃ほとんど利用されていない由。

（1）**海水淡水化とは？**

海水淡水化とは、飲料用等で**真水 (fresh water)** が必要とされる場所の近くに**淡水源 (河川・湖沼等)** が無く、気候などの関係で**天水 (雨水)** などの利用も難しい場合に、もしその場所が**海辺 (seashore)** であれば、その**海水 (seawater)** を採取・処理して**淡水 (fresh water)** を作り出すことが行われている。

このプロセスを**海水淡水化**というが、海水には通常約3.5%の**塩分**が含まれており、そのままでは**飲用水 (potable water)** としては適さない。

したがって、**海水**を**飲用水**とするためには、**塩分濃度**を0.05%以下にまで下げる必要がある。**海水淡水化プロセス**の基本は、海水からの**脱塩処理**である。

（2）**海水淡水化方式の種類**

実用化されている**海水淡水化方式**としては、**多段フラッシュ方式**と**逆浸透方式**が主に採用されている。

1) 多段フラシュ方式（MSF：Multi-Stage Flash system）

　この方式は、**海水**を熱して**蒸発（フラッシュ）**させ、再び冷やして**真水**にする、つまり**海水**を**蒸留（distillation）**して**淡水**を作りだす方式である。

　ちなみに、**熱効率**をよくする目的で**減圧蒸留**されているが、実用淡水化プラントでは、多数の**減圧室**を組み合わせているので、**多段フラッシュ方式**と呼ばれている。生成された**塩分濃度**は低く、5ppm未満程度である。

　この方式は、**大量の淡水**を作り出すことができ、**熱効率**が非常に悪いので、**多量のエネルギー**を投入する必要がある。したがって、この方式は**エネルギー資源**に余裕のある**中東の産油国**で多く採用されている。

　その代表的な例は、サウジアラビアの**海水淡水化公団**で、**多段フラッシュ方式**の**大型海水淡水化プラント**を多数稼動させている。

図14・10・1　ドバイ：ジュベル・アリの海水淡水施設（多段フラッシュ方式）

【ちょっとお耳を拝借！】

　大分以前の話であるが、中東諸国では**飲料水確保**の目的で**南極の氷山**を南極から船で曳航して来ようかなどという、真剣な論議が持ち上がったことがある由。
　ちなみに、今から40数年前筆者がシンガポールで仕事した時、南極越冬隊員が帰シンガポール港に寄港し、その際、シンガポールの**日本料理店**に立ち寄った越冬隊員と同席したことがある。その時彼が**南極の氷**を持ち込んできて、その氷で**オン・ザ・ロック**を作り、賞味させていただいたが非常に美味しいと感じた思い出がある。

第14話　給排水衛生設備工事：トピックス10

図14・10・2　南極の氷で作ったオン・ザ・ロックは美味だった！

2）逆浸透方式（RO：Reverse Osmosis system）

この方式は、海水に圧力をかけて**逆浸透膜**（Reverse Osmosis Membrane）と呼ばれるろ過膜の一種に通し、海水の**塩分**を濃縮（concentration）して捨て、**淡水**を作り出す方式である。この**淡水化法**は、上述の**フラッシュ法**より**エネルギー効率**は確かに優れているが以下のような欠点がある。

① **RO膜**が海水中の**微生物**や**析出物**で、**目詰まり**しないように入念に**前処理**を行う必要があること。

② 淡水化施設の整備にコストがかかりすぎること。

ちなみに、生成された淡水の**塩分濃度**は、**フラッシュ法**と比較して若干高く、100ppm未満である。1990年（平成2年）代までは、比較的小規模の施設が多かったが、近年では日量：1万トンを超える**大型プラント**は、世界的に大部分がこの方式で建設されているという。この方式を採用する場合、技術的に特に留意して欲しいのは、元の海水の**塩分濃度**が高いほど、また得ようとする淡水の**塩分濃度**が低いほど、**高い圧力**をかけてろ過する必要があることである。

例えば、平均的な海水塩分：3.5％の海水から、**日本の飲料基準**に適合する0.01％の淡水を得ようとする場合には、最低55気圧程度の圧力をかける必要がある。

このため、**RO膜**がこの圧力に耐えるため、**中空糸膜構造**ないしは**スパイラル膜構造**のものが使用されている。

第14話　給排水衛生設備工事：トピックス10

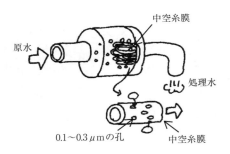

図14・10・3　中空糸膜およびスパイラル膜

【技術用語解説】

その他の特殊海水淡水化法：2例
◇多重効用法（MED：Mliti Effect Disalination）
　多重効用蒸発法とも呼ばれているが、技法としては既述の**蒸発法**と全く同じであるが、複数の**効果缶**を連結する構造を取っている。
◇超音波霧化分離法
　この方法は、**超音波**を**液体**に照射することで、**液体が霧化・分離**する**超音波霧化・分離**を利用したものである。

（3）海水淡水化の世界的動向

　最新動向というには、大分データが古いのであるが、2005年（平成17年）時点で、世界最大の**逆浸透法海水淡水化プラント**は、イスラエル（注）の**アシュケロン**にあり、日量：23万トンの**淡水**を**工業用**や**家庭用**に供給している由。

　注：イスラエルでは、既得の**海水淡水化技術**を生かして、現在この技術を**輸出産業**の主力にしようとしているとか……。

　他では、**中東地域・地中海沿岸・シンガポール**などに大型プラントが多いというが、水資源に恵まれていない国々なので当然のことと思われる。

　一方、日本で最大のものは、**福岡市東区**にある**まみずピア**で、淡水供給量は日量：5万トンだそうである。ちなみに、2006年（平成18年）で、世界で海水淡水化用の**逆浸透膜**をもっとも多く製造している国は日本である推定されている。

　しかしながら、生産国が日米欧以外の国々に拡大し、それらの国々での**統計データ**が不明であることから、上述のことは必ずしも正確とはいえない。

380

おわりに

　"**読みかえしてみて**" 改めてご了解いただけたことと思いますが、本書は「**給排水衛生設備読本**」というタイトルの示す通り、初心者向けの "給排水衛生設備入門" とか "給排水衛生設備概論" とは異なり、給排水衛生設備技術者が "**給排水衛生設備技術の実学**" をマスターするために寄与することをターゲットにした読本です。

　したがって、本書の一大特徴として、**給排水衛生設備入門書・概論書**では、ほとんど触れる機会の少ない**上水道設備・下水道設備**さらには**浄化槽設備工事**にまで、詳しく言及させていただいでいます。

　また、第13話特殊設備工事では、**箱物（ビル）**以外の給排水衛生設備工事に関しましても、解説をさせていただいております。さらに、特に第１４話給排水衛生設備工事：トピックス10では、給排水衛生設備技術者なら、是非知っておいてほしいトピックスを10項目精選して取り上げさせていただきました。

　この第14話14・１項では、"**給排水衛生設備：特有のバルブ類・栓類**" というタイトルで小岩井隆氏に特別に執筆をお願いいたしました。

　この紙面をお借りして、小岩井氏に改めて御礼を申しあげます。

　我々が執筆させていただいた本書が、今後給排水衛生設備工事の**入門書**としてはもとより、特にその**施工**およびその**維持管理**を担当される方々にとって少しでもお役に立てば、筆者一同これに勝る喜びはございません。

【引用・参考文献】

(1) 「図解：空調・給排水の大百科」空気調和・衛生工学会編・発行：オーム社・平成10年7月
(2) 「100万人の給排水」小川正晃編著・イラスト：瀬谷昌男・発行：オーム社・平成27年8月
(3) 「管工事施工管理技術テキスト」技術編（改定第4版）・国土交通省所管・㈶地域開発研究所・管工事施工管理技術研究会・発行：平成13年4月
(4) 「管工事施工管理技術テキスト」施工篇（改定第4版）・国土交通省所管：㈶地域開発研究所・管工事施工管理技術研究会・発行：平成13年4月
(5) 厚生労働大臣登録【空調給排水管理監督者講習会テキスト】第4版第5版・（公財）日本建築衛生管理教育センター・発行：平成30年4月
(6) ―空調衛生設備技術者必携―【建築設備配管工事読本】安藤紀雄監修・安藤紀雄・小岩井隆・瀬谷昌男・堀尾佐喜夫・水上邦夫共著・平成29年1月
(7) 「ねじ配管施工マニュアル」ねじ施工会研究会著・発行：日本工業出版・平成25年10月
(8) イラストで見る【空調・給排水】空気調和と衛生工学会編・発行：㈱オーム社・平成20年3月
(9) 「空気調和・衛生用語辞典」㈶空気調和・衛生工学会編・発行：㈱オーム社・1990年8月
(10) 「建築学用語辞典」日本「建築学会編・岩波書店・1993年12月
(11) 図解「建築設備用語辞典」安藤紀雄監修・清水亨・瀬谷昌男・堀尾佐喜夫共著・発行：オーム社・平成15年5月
(12) 「化学用語小辞典（Dictionary of Chemistry）」編：ジョン・ディンティス・編訳：山崎昶・発行：講談社・昭和62年4月
(13) 「新・初歩と実用のバルブ講座」新・バルブ講座編集委員会編・発行：日本工業出版・年月
(14) 保全マン必携：「配管・バルブべからず集」安藤紀雄・小岩井隆・瀬谷昌男共著・発行：JIPMソリューション・2012年6月（初版第4刷）
(15) 「トコトンやさしいバルブの本」小岩井隆著・発行：日刊工業新聞社・2017年8月
(16) 目で見てわかる「配管作業」（Visual Books）・安藤紀雄編著・瀬谷昌男・南雲一郎・発行：日刊工業新聞社・2014年8月
(17) 初歩から学ぶ「防錆の科学」藤井哲雄著・㈱工業調査会・2002年2月
(18) 金属の腐食「事例と対策」藤井哲雄著・㈱工業調査会・2002年7月
(19) 「建築設備設計マニュアル：給排水衛生設備編」建築設備技術者協会編著・発行：井上書院・2013年11月

引用・参考文献

(20)　マンションを長持ちさせる「設備改修ノウハウ」柳下雅孝著・発行：㈱エクスナレッジ・2012年7月
(21)　「浄化槽の設計・施工上の運用指針(2015年版)」編集：日本建築行政会議・平成27年4月
(22)　「空気調和・衛生工学(第79巻第8号)」安楽敏夫・発行：(公社)空気調和・衛生工学会・平成17年8月
(23)　「空気調和・衛生工学(第78巻第8号)」野知啓子著・発行：(公社)空気調和・衛生工学会・平成16年8月
(24)　「空気調和・衛生工学(第88巻第8号)」和田吉弘著・発行：(公社)空気調和・衛生工学会・平成26年8月
(25)　「東京都清掃事業百年史」発行：東京都環境公社
(26)　「空気調和・衛生工学(第92巻第10号)」伊予亨著・発行：(公社)空気調和・衛生工学会・平成30年10月
(27)　「横浜市浄化槽指導基準」編集：横浜市 資源循環局 環境創造局
(28)　「空気調和・衛生工学(第92巻第10号)」岡崎孝雄著・発行：(公社)空気調和・衛生工学会・平成30年10月
(29)　参考資料：【11～50人槽メーカ別浄化槽容量表】発行：(公社)徳島県環境技術センター
(30)　JASOパンフレット：：「熊本地震調査報告」【ライフラインを地震から守るための対策2：水の備蓄編】発行：JASO(耐震総合安全機構)・2017年3月
(31)　JASO講演会資料：「熊本地震調査報告その3：設備の面から」発行：JASO(耐震総合安全機構)・平成28年9月
(32)　「熊本地震：鋼板製一体型タンク調査報告」発行：㈱エヌ・ワイ・ケイ・2016年4～5月
(33)　地震工学研究会発表会：論文【実機貯水槽を用いての"バルジング"振動に関する振動実験】塩野谷遼・平野廣和・井田剛史共著・2016年9月
(34)　NYKパンフレット：「WATER GET—Ⅱ」発行：㈱エヌ・ワイ・ケイ・2008年12月
(35)　パンフレット：「浮体式波動抑制装置～タンクセーバー～波平さん」発行：㈱エヌ・ワイ・ケイ・㈱十川ゴム・2014年5月
(36)　「小型浄化槽水質の簡易型BODセンサを用いた遠隔管理システムの構築」二木圭三他著（EICA.Vol.3,No.4,2009年)・発行：環境システム計測制御工学会
(37)　技術士PE：第617巻第11号「IoTが実現する豊かな社会」本宮裕二著・発行：(公社)日本技術士会・2018年
(38)　空気調和・衛生工学第92巻第6号「ビル・施設分野にけるIoT/ICTやAIの活用」野田肇著・発行：(公社)：空気調和・衛生工学会・2018年

【索引】

【あ】

相(合)番作業 ……………………… 188
悪臭侵入防止 ……………………… 113
アクリルガラス …………………… 297
浅井戸水 …………………………… 27
足尾鉱毒事件 ……………………… 21
アスベスト ………………………… 277
圧送式排水方式 …………………… 108
圧力式下水道 ……………………… 52
圧力タンク給水方式 ……………… 68
泡消火設備 ………………………… 241
暗きょ ……………………………… 48
異常気象 …………………………… 10
石綿 ………………………………… 277
一時硬度 …………………………… 19
一列待ち …………………………… 165
一酸化炭素(CO)中毒 …………… 267
一斉開放弁 ………………………… 238
一般廃棄物 ………………………… 277
井戸用ポンプ ……………………… 360
医療ガス設備 ……………………… 328
医療用水の種類 …………………… 327
院内感染 …………………………… 329
インバート ………………………… 49
インバートます …………………… 130
インフラストラクチュア ………… 146
ウォーターハンマ防止器 ………… 59
ウォータショー …………………… 304
ウォータスクリーン ……………… 304
ウォータパーク …………………… 295
ウォッベ指数 ……………………… 250
雨水 ………………………… 103, 104
雨水調整池 ………………………… 129
雨水制御弁 ………………………… 342
雨水槽廻りの自動制御 …………… 344
雨水排水配管 ……………………… 126
雨水ます …………………………… 130
雨水用トラップ …………………… 128
雨水流出係数 ……………………… 127

雨水流出抑制型型下水道 ………… 129
宇宙船のトイレ …………………… 358
エアベントキャップ ……………… 140
エアロゾル ………………………… 102
永久硬度 …………………………… 19
衛生害虫 …………………………… 109
衛生設備器具類 …………………… 159
衛生設備ユニット ………………… 188
衛生設備用水槽類の耐震 ………… 350
衛生設備用配管類の耐震 ………… 352
液状化現象 ………………………… 353
液化石油ガス ……………… 250, 251
液化天然ガス ……………………… 252
おいしい水 ………………………… 365
オイル阻集器 ……………………… 113
屋外消火栓設備 …………………… 232
屋外用ガス機器 …………………… 268
屋内温水プールの環境制御 ……… 295
屋内消火栓設備 …………………… 231
汚水 ………………………… 103, 104
汚水処理施設 ……………………… 196
汚水槽／雑排水廻りの自動制御 … 345
汚水排水ポンプ・汚物排水ポンプの今昔 … 361
オゾン消毒 ………………………… 39
汚濁負荷 …………………………… 22
乙種消防設備士 …………………… 231
オフセット配管 …………… 118, 140
オペレーション・リサーチ ……… 169
温泉の影に潜むリスク …………… 313
温泉の最適温度 …………………… 312
温泉の種類 ………………………… 370
温泉の誕生 ………………………… 370
温泉表 ……………………………… 372
温泉法 ……………………………… 312

【か】

加圧式排水システム ……………… 103
カートリッジ・フィルタ ………… 310
開きょ ……………………………… 48

索引

海水淡水化方式の種類 … 377
海水淡水化利用 … 377
回転数制御方式 … 68
開放型スプリンクラー消火設備 … 237
開放式ガス機器 … 267
海洋温度差発電 … 375
海洋深層水 … 374
海洋深層水取水スタンド … 376
海洋投棄 … 198
化学的酸素供給量 … 201
架橋ポリエチレン管 … 95
火災の種類 … 225
火災の進行 … 226
火災発生の条件 … 224
火山性温泉 … 371
ガス使用機器と給排気 … 266
ガス設備 … 249
ガス内管工事資格制度 … 273
ガス燃焼性 … 250
ガスの安全対策設備 … 269
ガスの供給方式 … 256
ガスの種類 … 249
ガス配管の設計 … 261
ガス漏れ警報器 … 271, 272
ガス用緊急遮断弁 … 340
ガスを使用する消火設備 … 241
各個通気管 … 136
合併処理浄化槽 … 104, 194, 205
家庭ごみ … 280
カナート … 28
ガバナ … 258
カレーズ … 28
簡易水道事業 … 30
簡易専用水道 … 31
管きょ関連設備 … 196
環境容量 … 12
韓国清渓川の親水空間の創出 … 307
乾式スプリンクラー消火設備 … 238
間接排水 … 105, 106
緩速ろ過方式 … 36
関東大震災と同潤会アパート … 316
気液二層流 … 118
器具数の選定 … 167

気水分離器 … 95
逆浸透法 … 7, 151
逆浸透方式 … 379
逆流防止器 … 66
給水器具 … 171
給水車対応型水槽 … 354
給水主管の配管方式 … 75
給水設備工事 … 54
給水装置 … 40
給水の多元化 … 69
給水ポンプユニット … 359
急速ろ過方式 … 36
給湯温度 … 81, 85
給湯器具 … 171
給湯消費エネルギー係数 … 89
給湯設備 … 78
給湯方式 … 93
給排水衛生設備と自動制御 … 342, 347
公共用水域 … 107
業務用ちゅう房排水 … 132
業務用ちゅう房排水処理 … 134
共用水栓 … 169
共用通気管 … 138
局所式給湯方式 … 93
局地的大雨 … 126
魚類の最適な水温 … 301
緊急ガス遮断装置 … 271
緊急遮断弁 … 340
緊急遮断弁制御システム … 353
金属ガス配管の土壌腐食 … 270
クアハウス … 373
クラスタ水 … 4
グリーストラップ（阻集器） … 104
グリース阻集器 … 113, 115
クリプトスポリジウム … 39
クロスコネクション … 54
結合残留塩素 … 38
下水 … 42
下水道 … 29, 42, 193
下水道法 … 42
下水道未整備地域 … 192
結合通気管 … 138
ゲリラ豪雨 … 10, 126

減圧式給水逆流防止器…………………… 339
限外ろ過膜…………………………………… 151
嫌気ろ床接触ばっ気方式…………………… 195
嫌気ろ床槽……………………………… 209, 214
建築物衛生法（旧ビル管理法）……………… 63
建築物環境衛生管理基準…………………… 74
限定利用形態………………………………… 167
広域循環方式………………………………… 145
公共下水道…………………………………… 43
公共下水道の水質基準……………………… 45
公共トイレ…………………………………… 164
工業用水………………………………… 56, 146
硬質ポリ塩化ビニル管……………………… 138
公衆浴場……………………………………… 308
甲種消防設備士……………………………… 231
硬水…………………………………………… 20
高置水槽……………………………………… 64
高置水槽給水方式…………………………… 67
高度処理型合併浄化槽…………………… 205, 208
高濃度原水…………………………………… 157
合流式排水…………………………………… 47
高齢者・加齢者対応住宅…………………… 324
コージェネレーション……………………… 88
湖沼水質保全特別措置法…………………… 199
誤接続配管…………………………………… 154
個別循環方式………………………………… 145
ごみおよびごみのリサイクル……………… 279
ごみのコンポスト化………………………… 280
ごみの有料化………………………………… 282
コミュニティプラント……………………… 193
ごみ処理設備工事…………………………… 276
コロイド状物質……………………………… 151

【さ】

在郷軍人病…………………………………… 101
最小勾配……………………………………… 118
最低必要流量………………………………… 60
サイホン雨水排水システム………………… 111
サイホン式洗濯排水トラップ……………… 111
サイホン式トラップ………………………… 111
サイホン排水方式…………………………… 111
サウナ風呂…………………………………… 311
先分岐方式…………………………………… 96

雑排水………………………………………… 103
雑排水………………………………………… 104
雑用水道……………………………………… 146
さや管ヘッダ工法（方式）……………… 76, 95, 96
山岳トイレ…………………………………… 357
産業廃棄物…………………………………… 277
産業廃棄物管理票…………………………… 278
三元化給水…………………………………… 70
三次処理施設………………………………… 147
サンシャイン計画…………………………… 375
三重点………………………………………… 2
散水障害物…………………………………… 237
散水用水……………………………………… 153
酸性雨………………………………………… 11
酸性河川……………………………………… 9
残留塩素……………………………………… 75
残留塩素濃度………………………………… 39
紫外線処理設備……………………………… 39
敷地排水………………………………… 128, 129
自吸水ポンプ………………………………… 363
自己サイフォン作用………………………… 110
地震時の避難所のトイレ…………………… 358
システムキッチン…………………………… 182
シックシンドローム症候群………………… 319
10分間最大降雨量…………………………… 127
シティホテルの売上げ……………………… 324
自動検針……………………………………… 264
水道事業者…………………………………… 30
し尿…………………………………………… 194
屎尿浄化槽構造基準………………………… 199
湿り通気管…………………………………… 138
蛇口…………………………………………… 170
シャワー………………………………… 185, 186
修景用水……………………………………… 153
集合住宅（マンション）設備工事 ………… 315
集合住宅（マンション）と設備…………… 317
住戸セントラル給湯方式…………………… 94
集中豪雨……………………………………… 126
集中利用形態………………………………… 167
住棟セントラル給湯方式…………………… 94
終末処理場……………………………… 45, 196
重力排水方式………………………………… 107
取水施設……………………………………… 33

受水槽	64	水景施設（修景施設）の意義	302
受水槽廻りの自動制御	343	水景施設設備工事	302
受水槽用緊急時取水装置の採用	355	水質汚濁防止法	23
循環式	97	水質の環境基準	13
純水	7	水槽波消し装置	354
純水とその製造法	365	水族館設備工事	296
浄水施設	35	水族館設備余談	301
浄化槽	192	水族館の設備	297
浄化槽設置時の補助金制度	221	水族館の水処理設備	299
浄化槽設備士	220	水中モータポンプ	360
浄化槽の関連法令	201	水道事業	30
浄化槽の種類	205	水道水の水質管理	62
浄化槽の処理方式	211	水道の布設工事	31
浄化槽の設置場所と放流先	202	水道法	30
浄化槽の放流先	203	水道メータユニット	334
浄化槽の歴史	197	水道用直結型スプリンクラー消火設備	239
上水道	29	水道用耐熱性硬質塩化ビニル	
上水道の種類	41	ライニング鋼管	123
消毒槽	212	スケルトン渡しマンション	320
蒸発法	7	ストック価値	323
小便器	177	砂阻集器	113
小便器の洗浄装置	178	スプリンクラー消火設備	234
消防設備工事	224	スロッシング現象	350
消防設備士	230	スロッシング現象	351
消防の用に供する設備	229	生活排水	17
消防用水	229	生活用水	56
昭和の名水百選と平成の名水百選	366	生物膜法	149
除害施設	107	生物ろ過槽	209
除害施設の設置	50	生物処理法	148
消火活動上必要な施設	229	セクショナルキッチン	183
食物連鎖	22	セクスチュア排水方式	120
処理水槽	209	設計用給水量	57
人員数の算定基準	168	設計用給湯量	85
シンギュラリティ	347	接触ばっ気槽	212
シンク	182	節水こま	88
真空式温水器	90, 92	節水こま装着水栓とは	336
真空式下水道	52	節水便器	124, 176
真空式排水システム（方式）	103, 107	節湯水栓	337
シングルレバー式水栓	172	設備面から見た病院の特徴	327
伸縮継手	97, 100	精密ろ過法	149
潰食	95	洗浄弁	338
伸長通気管	136, 138	洗浄弁方式	175
深夜電力	81	洗濯場阻集器	113

索引

セントラル給湯方式	93
洗面器	180
洗面化粧台	181
層間変位	122
層間変形角	122
送水施設	40
阻集器	113
阻集構造	111
ソベント排水方式	120
ソルベントクラック	124

【た】

大空間の消火設備	245
台数制御方式	68
大腸菌群	152
耐熱性ポリ塩化ビニル管	123
耐熱用樹脂管	95
大便器	173
太陽熱温水器	92
大浴場・温泉施設設備工事	308
大浴場の設備	309
ダイリュートガス供給方式	259
多重効用法	380
多段フラッシュ方式	378
脱窒ろ床槽	214
建物区分	263
建物排水	104
単管式	96
タンクレスブースタ方式	68
タンク方式	175
担体流動生物ろ過方式	218
単独処理浄化槽	104, 194
地域循環方式	145
地下浸透	43
地下浸透処理	130
地下二重ピット	106
窒息消火	228
窒息・冷却併用消火法	228
中央式給湯設備	88
中央式給湯方式	93
中水	145
中水道	146
調圧器	258

超音波霧化分離法	380
長周期地震と共振問題	322
尿結石	179
超純水	7
跳水現象	119
直結給水方式	65
直結増圧給水方式	66
貯湯槽の給湯温度制御	346
賃貸マンション	323
沈殿槽	212
沈殿分離槽	212
通過型利用形態	167
通気管	135
通気設備	135
通気立管	138
通気弁	141
手洗い器	180
定水位弁	173
ディスポーザ	284
ディスポーザによる環境破壊	287
ディスポーザ排水処理	283
ディップ	110
低濃度原水	155
適正器具数	166
適正水圧	59
東京スカイツリーの排水配管方法	369
東京ドーム球場の排水トラップの封水深	368
導水施設	34
特殊なトイレの話	356
特殊な浴場設備	310
特殊排水	103, 104, 131
特殊排水管継手	119
特殊排水方式	107
特別一般廃棄物	277
特別産業廃棄物	277
特別な配慮が不可欠な排水	51
凍結深度	40
都市ガス	250
都市ガスの供給方式	256
都市型洪水	129
ドラムトラップ	111
トリハロメタン	102
ドルゴ通気弁	142

【な】

項目	ページ
ドレネージ継手	139
ドレンチャ設備	238
ナイフゲートバルブ	341
流し	182
ナフサ	250
生ガス供給方式	258
生ごみ	283
生ごみ破砕機	284
鉛フリーバルブ	332
軟水	20
逃し管	99
逃がし通気管	138
二酸化炭素消火設備	242
24時間換気	319
二連戸住宅	317
任意利用形態	167
燃焼範囲	255
燃料電池	88
農業集落排水施設	193
ノルマルヘキサン抽出物質量	132

【は】

項目	ページ
パーケージ型自動消火設備	246
バーチャル・ウォーター	363
バーデゾーン	374
バイオ・クリーンルーム	328
バイオトイレ	357
バイオフィルム	294
配管の膨張対策	99
廃棄物処理法	276
排水再利用設備	145
配水施設	40
排水設備工事	103
排水・通気用耐火二層管	138
排水トラップ	109
排水に関する受忍義務	49
排水のカスケード利用	144
排水の三次処理	148
排水ヘッダ継手	125
排水配管材料	121
排水ポンプ	361
排水ポンプの自動交互運転	345
排水用硬質塩化ビニルライニング鋼管	138
排水量の規制	130
ハウスレギュレータ	258
バカヨケ対策	155
バキュームブレーカ	72, 338
バスタブ	185
バタフライ弁のゴム劣化トラブル	335
パッケージ型消火設備	246
破封	110
バルジング現象	351
バルブ	331
バルブの脱亜鉛現象	333
ハロゲン化物消火設備	243
半満流	116
半密閉式ガス機器	267
ヒートポンプ式給湯器	92
ビオトープ	305
非火山性温泉	371
不活性ガス消火設備	243
引込み管ガス遮断装置	271
必要器具数	166
非封水式トラップ	111
ヒューズガス栓	273
病院の構成	326
病原性原虫	39
病原性微生物	152
表面張力	5
ビルごみ	281
琵琶湖疎水とインクライン	35
封水	110
封水強度	110
封水深	110
ブータンの露天風呂・ドッツオ	313
プール設備工事	289
深井戸水	27
吹き出し	110
付臭剤	254
大自然の中のトイレ	356
不等沈下防止対策	265
プラスター阻集器	113
フラッシュ・オーバー	227
フラッシュバルブ	338

索引

フラッシュバルブ方式	175
フロック	36
ブロワ	156
分譲マンション	323
粉末消火設備	244
分流式排水	47
閉鎖型スプリンクラー消火設備	235
閉鎖性水域汚染	15
並列待ち	165
ベーパライザ	264
ベクレル（Bq）	134
ペット（PET）ボトル	280
ヘンリー（Henry）	6
ボアホールポンプ	360
放射性排水処理	134
放射性排水	131
放射性排水の単位	134
膨張管	99
ホースエンドガス栓	341
ボールタップ弁	173
ホテルの給排水設備	325
ホテルの省エネルギー	325
ホテルの設備工事	324
ボトルトラップ	111
ポリブテン管	95
ポンプ直送給水方式	68

【ま】

マイコンメータ	271
膜分離活性汚泥方式	218
待ち時間	164
待ち時間の限界	165
マッピングシステム	261
マニフェスト制度	278
マンション	316
満流	116
水受け容器	160, 171
水鏡池	305
水空間の演出	303
水ESCO	364
水の汚染	70
水の気体溶解度	6
水の硬度	19

水の三態	2
水の色度と水の濁度	20
水の相変化	2
水の富栄養化	26
水の沸騰と凝縮	3
水のpH	18
水の密度と温度	2
水噴霧消火設備	240
水用緊急遮断弁	341
水を使用する消火設備	231
密閉式ガス機器	268
密閉容器	78
みなし指定地域特定施設	200
みなし浄化槽	194, 205
脈動テスト	96
無圧式温水器	90, 92
免震ビルへのガス供給	265
毛細管現象	5
毛細管作用	110
毛髪阻集器	113

【や・ら・わ】

ヤーンシール	160
薬品排水	131
薬品排水の処理	132
遊泳プールの設備	291
湧水	106
誘導サイフォン作用	110
遊離残留塩素	38
湯待ち時間	102
溶化素地質	163
用水の分類	24
溶存酸素	95
浴槽	185
横引き配管	118
予作動弁	238
四大公害訴訟	14
ライフサイクルコスト	323, 329
ランダム利用形態	167
リトマス	19
リニューアル工事	323
リバースリターン方式	97
硫化水素中毒	314

リン除去脱窒ろ床ばっ気方式	219	FRP製タンクの寿命	351
ルーフドレン	127	HTLP	123
ループ通気管	136	HTVP	123
冷却消火	228	ICU設備	328
レジオネラ属菌	101	IGF	251
レジオネラ属菌と温泉	313	IH調理器具	321
連結散水消火設備	239	Iot	349
連結送水管設備	233	LCC	323
ローカル給湯方式	93	LNGタンカー	253
ワークトライアングル	182	LPGガスの新バルク供給システム	260
わんトラップ	111	ＬＰガスの供給方式	258
		MRSA	330
【英字】		Ｐトラップ	111
AI	349	SS	23, 194
BOD	23, 194	Ｓトラップ	111
CEC/HW	89	TOC	24
COD	23, 194, 201	TOD	24
DO	24	Ｕトラップ	111
FDPA	138	VP	138

＜筆者紹介＞

安藤紀雄（あんどう　のりお）

【学歴】
　1963年3月　早稲田大学第一理工学部建築学科卒業
　1965年3月　早稲田大学理工系大学院建設学科修士課程修了
【職歴】
　1965年4月　高砂熱学工業㈱入社
　以降主として、空気調和換気設備工事の設計・施工業務に従事。
　途中、シンガポールで超高層建築2棟の空調設備の施工経験あり。
　2000年3月　高砂熱学工業㈱定年退職
【講師歴】
　高砂熱学工業㈱在勤中から、退職後を含め早稲田大学・ものつくり大学・神奈川大学建築学科非常勤講師を延べ15年間従事
【資格】
　一級管工事施工管理技士・SHASE技術フェロー（建築設備全般施工技術）
　日本酒指導師範（菊正宗酒造認定）
【委員会活動】
　給排水設備研究会、元 耐震総合安全機構
【著作関係】
　空気調和衛生設備・ダクト工事・配管工事などに関する著作多数
【その他・趣味など】
　外国語習得（英語・中国語・韓国語など）、温泉旅行、日本酒研究など

瀬谷昌男（せや　まさお）

【学歴】
　1959年3月　東京都立工芸高等学校機械科卒業
【職歴】
　1964年2月　大成温調株式会社入社
　以降特殊空調・衛生設備の設計・施工および品質管理常務に従事
　2001年6月　大成温調株式会社定年退職
【資格】
　建築設備士・一級管工事施工管理技士・消防設備士・建築設備検査資格者
【委員会活動】
　給排水設備研究会、耐震総合安全機構
【著作関係】
　空調衛生設備・建築設備耐震・配管工事などに関する著作イラスト
【その他・趣味など】
　浮世絵・歌舞伎扇子画・ポスターや酒ラベル画・写真撮影・古典芸能の鑑賞・自転車旅行・猫

筆者紹介

堀尾佐喜夫（ほりお　さきお）

【学歴】
　1969年3月　中央大学理工学部土木工学科卒業
【職歴】
　2009年7月　堀尾総合技術士事務所　所長
　主として建築設備の技術監査、技術者研修、建築設備耐震診断・設計・監理業務に従事
【講師歴】
市区町村技術職員の技術研修、東京都・耐震総合安全機構のマンション耐震セミナー
【資格】
　技術士（総合技術監理部門、衛生工学部門）、SHASE技術フェロー（空気調和・衛生工学会）、JABMEE SENIOR（建築設備技術者協会）
【委員会活動】
日本技術士会、空気調和・衛生工学会、耐震総合安全機構、給排水設備研究会、建築再生総合設計協同組合
【著作関係】
　「考え方・進め方　建築耐震・設備耐震」（共著）他
【その他・趣味など】
　ゴルフ少々

水上邦夫（みずかみ　くにお）

【学歴】
　1964年3月　工学院大学機械工学科卒業
【職歴】
　1964年4月　清水建設(株)本社設計部入社
　主として、空気調和・衛生設備工事の設計業務に従事。途中大阪支店、フコク生命本社ビル（超高層ビル）建設プロジェクト、中国北京での京城大が（超高層ビル）設計プロジェクト及びコンサル業務など
　1999年3月　退職
　1999年4月　日本容器工業グループ　(株)エヌ・ワイ・ケイ（蓮田工場）勤務
　2005年7月　同上　非常勤（技術顧問）
【講師歴】
　ものつくり大学建設技能工芸学非常勤講師など
【資格】
　技術士（衛生工学部門）、建築設備士、一級管工事施工管理技士など
【委員会活動】
　空気調和・衛生工学会、給排水設備研究会、耐震総合安全機構、建築設備技術者協会
【著作関係】
　主に衛生設備工事、耐震関連、東日本大震災被害調査関連など
【その他・趣味など】
　絵画（旅のスケッチ）、山行、旅行、野菜作りなど

393

給排水・衛生設備工事読本

2019年10月31日　初版第1刷発行

定価　本体3,500円＋税　《検印省略》

著　者　安藤紀雄・瀬谷昌男・堀尾佐喜夫・水上邦夫　共著

発 行 人　小 林 大 作
発 行 所　日本工業出版株式会社
　　　　　https://www.nikko-pb.co.jp/　e-mail: info@nikko-pb.co.jp
　　　本　　社　〒113-8610　東京都文京区本駒込6-3-26
　　　　　　　　TEL：03-3944-1181　FAX：03-3944-6826
　　　大阪営業所　〒541-0046　大阪市中央区平野町1-6-8
　　　　　　　　TEL：06-6202-8218　FAX：06-6202-8287
　　　振　　替　00110-6-14874

■乱丁本はお取替えいたします。

ISBN978-4-8190-3118-9　C3052　¥3500E